汇集高校哲学社会科学优秀原创学术成果
搭建高校哲学社会科学学术著作出版平台
探索高校哲学社会科学专著出版的新模式
扩大高校哲学社会科学学科研成果的影响力

杨鸿台／等著

法律视野中的我国未成年人道德体系建设

Study in Legal Vision of Minors in the Moral System

光明日报出版社

图书在版编目（CIP）数据

法律视野中的我国未成年人道德体系建设 ／ 杨鸿台
等著．－－北京：光明日报出版社，2012.12（2024.6重印）
（高校社科文库）
ISBN 978－7－5112－3549－7

Ⅰ.①法… Ⅱ.①杨… Ⅲ.①青少年—道德建设—研
究—中国 Ⅳ.①D432.62

中国版本图书馆 CIP 数据核字（2012）第 290039 号

法律视野中的我国未成年人道德体系建设
FALÜ SHIYE ZHONGDE WOGUO WEICHENGNIANREN DAODE TIXI
JIANSHE

著　　者：杨鸿台　等

责任编辑：宋　悦　　　　　　　责任校对：傅泉泽
封面设计：小宝工作室　　　　　责任印制：曹　净

出版发行：光明日报出版社
地　　址：北京市西城区永安路 106 号，100050
电　　话：010-63169890（咨询），010-63131930（邮购）
传　　真：010-63131930
网　　址：http：// book. gmw. cn
E － mail：gmrbcbs@ gmw. cn
法律顾问：北京市兰台律师事务所龚柳方律师

印　　刷：三河市华东印刷有限公司
装　　订：三河市华东印刷有限公司
本书如有破损、缺页、装订错误，请与本社联系调换，电话：010-63131930

开　　本：165mm×230mm
字　　数：328 千字　　　　　　印　　张：18.25
版　　次：2012 年 12 月第 1 版　印　　次：2024 年 6 月第 3 次印刷
书　　号：ISBN 978－7－5112－3549－7－01
定　　价：78.00 元

CONTENTS 目 录

第一章

建国以来的未成年人道德建设

　　未成年人道德建设内涵随着道德概念的历史演变而发生相应变化，它与社会经济、政治、文化、法律等紧密相连。我国未成年人道德建设大致可以分成"建国初期的道德建设"、"文化大革命中的道德建设"和"改革开放以来的道德建设"等三个历史阶段。

第一节　建国初期未成年人道德法治化
建设的雏形（1949～1965 年）

　　1949 年 9 月 29 日中国人民政治协商会议第一届全体会议通过的《中国人民政治协商会议共同纲领》第四十二条规定：提倡爱祖国、爱人民、爱劳动、爱科学、爱护公共财物为中华人民共和国全体国民的公德。1982 通过的《宪法》第二十四条规定：国家提倡爱祖国、爱人民、爱劳动、爱科学、爱社会主义的公德，在人民中进行爱国主义、集体主义和国际主义、共产主义的教育。这是首次将全体公民的道德规范用法律文件形式规定下了。可以说，我国包括未成年人在内的公民道德法治化建设从建国之初就已呈现良好的开端。

　　新中国成立初期，面对国际、国内复杂的政治和经济形势，为了迅速恢复国民经济，对农业、手工业、资本主义工商业的社会主义改造，对反对旧社会遗留的陈旧、腐朽的思想和资产阶级思想，中国共产党党组织开展思想政治教育和思想改造运动，教育、激发人民建设社会主义的劳动热情和创造精神，社会主义革命与建设在较短的时期内取得了巨大的成就。1955 年毛泽东在《中国农村的社会主义高潮》一书的按语中提出一个著名论断，即"政治工作是一切经济工作的生命线"。建国初期的道德建设是思想政治教育的一部分，即进行共产主义理想和革命人生观教育，进行共产主义道德风尚教育以及进行劳动和集体主义教育等等。当时党的思想政治工作的直接目的，就是帮助人们自觉地改造主观世界。党的思想政治工作另一个重要理论依据，就是马克思列宁主义政党学说中关于先锋队向群众灌输马克思主义的原理。当时实施的道德教育具体方法是采取自上而下的灌输教育法。毛泽东对青少年的道德培养一贯寄于高度期望、热情和支持。早在 1917 年，毛泽东就在《新青年》发表上"体育之研究"，批判传统教育制度和课程对青少年学生的摧残："我国学制课程密如牛毛，虽成年之人，顽强之身，犹莫能举，况未成年者乎？况弱者乎？观其意，教者若特设此繁重之课，以困学生，蹂躏其身而残贼其生，有不受者则罚之；智力过人者，则令加读某种某种之书，甘言以恬之，厚赏以诱之。嗟乎，此所谓贼夫人之子欤！"毛泽东在文中疾呼："欲文明其精神，先自野蛮其体魄。"毛泽东身体力行，坚持冷水浴、到中流击水、登山越岭，练就了一副强壮的身板。建国后，毛泽东更是把体育作为全面培养青少年的首要环节。1953 年，他在《青年团的工作要照顾青年的特点》一文中说："十四岁到二十五岁的青年们，要学习，要工作，但青年时期是长身体的时期，如果对青年长身体不重视，那很危险。青年比成年人更需要学习，要学会成年人已经学会了的许多东西。但是，他们的学习和工作的负担都不能过重。尤其是十四岁到十八岁的青年，劳动强度不能同成年人一样。青年人就是要多玩一点，要多娱乐一点，要跳跳蹦蹦，不然他们就不高兴。我给青年们讲几句话：一、祝贺他们身体好；二、祝贺他们学习好；三、祝贺他们工作好。我提议，学生的睡眠时间再增加一小时。现在是八小时，实际上只有六七小时，普遍感到睡不够。因为知识青年容易神经衰弱，他们往往睡不着，醒不来。一定要规定九小时睡眠时间。"毛泽东把"身体好"排在"三好"中的第一位，这与后来他所强调的德智体全面发展的排序有所不同，是有深意的，从关心青年以及道德培养的根本宗旨来说，身体好是首要前提。1957 年毛泽东在《关于正确处理人民内部矛盾的问题》中说："我们的教育方针，应该使受教育者在德育、智育、体育几方面都得到发展，成为有社会主义觉悟的有文化的劳动者。"在开始全面建设社会主义时期，毛泽东同志和全党十分重视全国上下的共产主义道德教育。20 世纪 60 年代初期，为了克服经济困难和战胜自然灾害，党中央号召全国人民团结起来、为国分忧、艰苦奋斗，宣传"延安精神"，缅怀革命前辈和先列的光辉业绩，加强了共产主义道德教育，提出了"树立标兵"、"典型引路"等工作方法。相继树立起郝建秀、向秀丽、邢燕子、刘文学、焦裕禄、王进喜、王杰等先进个人典型，为进行共产主义道德教育树立了一面又一面旗帜。毛泽东同志于 1963 年发出的"向雷锋同志学习"的号召，更是广泛和有力地推动了用先进典型进行全心全意为人民服务的共产主义道德教育活动，成为全党、全军和全国人民、尤其是广大未成年人的学习榜样。

第二节 "文革"时期未成年人道德法治化建设的破坏与虚无状态（1966～1977年）

历时十年的"文化大革命"，对当时尚未成年的红卫兵与知识青年受害最深，他们既是"文革"的主要参与者，也是最直接的受害者，又是当时法律虚无主义特定年代的道德畸变者。究其当时的道德畸变原因，主要有如下几种动因：

第一，法律虚无主义造成对未成年人道德建设的严重破坏。由于林彪、"四人帮"一伙出于篡党夺权的目的，提出砸烂公检法，大搞形"左"实"右"的法西斯专政，使我国经济、政治、文化遭到了巨大的破坏，国民经济面临崩溃的边缘，社会道德建设也受到严重的损失。林彪、"四人帮"鼓吹"一切为了权"的道德观，推行法西斯式强权道德；污蔑道德修养就是不讲阶级斗争，就是"修正主义"；煽动"打砸抢"风气，宣扬"文盲"、"痞子流氓"道德观；在树立先进典型时，把先进经验绝对化、公式化、模式化以致弄虚作假。从而导致人们的道德是非观念混淆，道德判断失准，心理失衡，道德和信仰危机加剧，并且对此后我国道德建设产生重大消极影响。

第二，未成年人对领袖的极度个人崇拜。未成年人对领袖的极度个人崇拜也是道德崇拜。由于毛泽东在对待个人崇拜问题上的失误，加之林彪、康生等人的极力鼓吹拔高，使得全国上下对毛泽东的个人崇拜之风迅速蔓延，尤其在天真幼稚的广大未成年人中产生了极大的消极影响。在绝大多数未成年心目中，只有毛泽东才是唯一正确、绝对正确、永远正确的化身。毛泽东的"舍得一身剐敢把皇帝拉下马"、"造反有理"等造反言行，不仅是最高指示，也是未成年人在社会上冲冲杀杀的道德楷模和行为依据。

第三，革命功利主义成为道德价值评判标准。为达到革命胜利的目标，凡是符合这个目的的行为就是善的、有价值的行为，凡是不符合这个目的的行为就是恶的行为，这种以革命功利主义作为道德价值的评判标准，自然而然地内化为未成年人的价值观。

第四，虚无缥缈的理想主义革命情操。由于环境的封闭和教育的片面，未成年人很难了解到现代文明和人类优秀的文化成果的全貌，容易以偏概全，把自己周围的一切事物看成是世界上最美好的。对未成年人的政治思想教育只进行新旧社会的纵向对比，缺乏与发达国家的横向的客观对比；只注意正面的灌输，缺乏对自身存在的消极阴暗面的客观认识和实事求是的分析。在学校开展的各种学英雄、求进步的活动中，掺杂了许多形式主义的东西。

第五，绝对化的集体主义教育。"文革"期间片面地宣扬集体主义精神和毫不利己、专门利人的品德，所有人都必须服从集体利益，所谓"集体的事再小也是大事，个人的事再大也是小事"，动辄狠批"私字一闪念"，"从灵魂深处爆发革命"，当个人利益与集体利益发生冲突时，理所当然地应当牺牲个人利益，服从集体利益，其实质是否定个人利益的价值正当性，从而误导并形成了一代未成年人的非理性道德观。

第六，狭隘的阶级道德教育。在阶级斗争扩大化理论的影响下，把许多不是阶级斗争的问题当作阶级斗争问题去认识和对待，结果是混淆了不同性质的矛盾，混淆了是非。在阶级教育的内容上，只讲"不忘阶级苦，牢记血泪仇"，广泛宣传"没有无缘无故的爱，也没有无缘无故的恨"，将地主、富农、资本家、反革命分子、右派分子及他们的子女划入另册，残酷斗争、无情打击，从精神上甚至肉体上进行凌辱、摧残甚至是消灭。

第七，片面的价值观教育。理想的价值观教育理念应该同事具备科学和人文两种精神特质，但"文革"时期所体现出的价值观教育却与之相悖。具体表现为：一是对人文精神的背离，人文精神是一个人价值观的核心内容，缺乏人文精神的政治价值取向教育，使未成年人的价值观教育失去了理性基础，除了陷于政治狂热，很少有人对自己人生的意义有人文精神的理性思考。二是表现为对科学精神的否定，科学精神旨在追求客观真理，并通过实验、观察事实加以验证，"文革"时期"左倾"理论的践行者出于阶级斗争的需要，以政治化的实用主义，压抑、打击了科学精神的教育，体力劳动被奉为神圣、高尚的第一劳动，知识分子精神的创造活动及教育活动则被视为异端邪说，导致许多未成年人形成"知识无用论"、"读书无用论"、"知识越多越反动"、"大老粗光荣"等非理性、被扭曲的价值观。

第八，提出绝对化的集体主义道德取向。"文革"时期提出的绝对化的大公无私和集体主义，是一个虚幻的政治概念，忽视乃至否定了正当和必须的个人利益，在集体主义的价值观下，只能压抑个性，迷失自我，来迎合、顺从集体主义道德取向的高压。

"文革"时期未成年人道德建设的是非颠倒和歪曲异化，给人们留下了太多的历史教训：其一，构建未成年人社会主义道德体系，离不开法律保障及实施道德法治化，这是一个值得严肃对待和深刻思考的课题。其二，教育应保持相对独立性，一旦教育被政治所渗透或替代，必然会造成完整社会的失衡。其三，教育应以对人的关怀为前提，未成年人社会化的过程，其实也是塑造其独立人格的过程："社会化的正式定义就是一个人获得自己的人格和学会参与社会或群体的方法的社会互动过程。"①

第三节　社会转型期的我国未成年人道德法治化建设

改革开放以来，步入社会转型期的我国未成年人道德法治化建设经历了三个发展阶段，并开始步入正轨，但是也存在一些亟待解决的理论问题和现实问题。

一、未成年人道德法治化建设的三个发展阶段

第一个发展阶段（1978 年至 1986 年上半年），其特征是广泛开展群众性思想道德活动，此项活动持续多年，有声有色、影响广泛、深入人心，使人际环境日益和谐，未成年人的社会道德风尚逐渐提高。

第二个发展阶段（1986 下半年至 2000 年），其特征是蓬勃开展社会主义精神文明创建活动。在《中共中央关于社会主义精神文明建设指导方针的决议》（1986 年 9 月）和《中共中央关于加强社会主义精神文明建设若干重要问题的决议》（1996 年 10 月）的精神指引下，广泛开展以文明创建为载体，群众性文明单位、文明行业、文明城区、文明社区、文明村等文明创建活动，有力地提高了未成年人的文明程度和道德水平。

第三个发展阶段（2001 年至今），其特征为公民道德建设。2001 年 1 月，党中央提出以德治国与依法治国相结合的治国方略。同年 9 月，中共中央印发《公民道德建设实施纲要》。2004 年 3 月 22 日发布的《中共中央国务院关于进一步加强和改进未成年人思想道德建设的若干意见》，是未成年人道德法治化建设具有里程碑意义的纲领性文件。《意见》共 28 条，分为十个部分，包括：加强和改进未成年人思想道德建设是一项重大而紧迫的战略任务；加强和改进未成年人思想道德建设的指导思想、基本原则和主要任务；扎实推进中小学思

---

① 戴维·波谱诺著、李强等译：《社会学》，中国人民大学出版社 1999 年版，第 142 页。

想道德教育；充分发挥共青团和少先队在未成年人思想道德建设中的重要作用；重视和发展家庭教育；广泛深入开展未成年人道德实践活动；加强以爱国主义教育基地为重点的未成年人活动场所建设、使用和管理；积极营造有利于未成年人思想道德建设的社会氛围；净化未成年人的成长环境；切实加强对未成年人思想道德建设工作的领导。《意见》提出了未成年人思想道德建设的主要任务是：从增强爱国情感做起，弘扬和培育以爱国主义为核心的伟大民族精神。从确立远大志向做起，树立和培育正确的理想信念。从规范行为习惯做起，培养良好的道德品质和文明行为。全国中小学教育领各中小学未成年人道德法治化开始步入正轨：全国各中小学德育课程标准被修订，思想品德、语文、历史等课程教材管理得以加强，学生综合素质和学校教育质量考核评价办法进一步合理化；中小学生守则、日常行为规范以及教师行为规范被重新修订，新时期学生道德行为要求和教师育人职责更加明确，班主任队伍建设得到加强。"①

二、社会转型期未成年人道德失范现象分析

自我国进入社会转型期以来，都对未成年人道德建设问题给予了高度重视。未成年人道德建设，可以说是目前我国党和政府乃至全社会社会最为关注、最为重视、最令人忧虑的社会重大问题之一。未成年人道德建设也是我国当公民道德建设中最重要的构成部分之一，因为未成年人道德建设不仅直接关乎未成年人道德建设直接关乎我国的未来和命运。相对于成年公民道德建设而言，未成年人道德建设难度更大，效果更难显现。正由于此，党和政府从战略高度出发，颁布了一系列未成年人思想道德建设以及大学生思想政治教育的纲要和意见；全国人大立法机关先后出台了未成年人保护法和未成年人预防法等一系列法律文件，社会各界也才如此深刻地认识到未成年人道德建设的重要和急迫。

（一）目前我国未成年人道德体系建设研究的诸种缺陷

综观目前我国未成年人道德体系建设的理论研究和实践探索，可以发现至少存在如下不足：

1. 研究方法问题

很多学者及有关工作者在分析寻找未成年人道德方面存在的问题时，往往

---

① 《为祖国明天更美好——我国加强和改进未成年人思想道德建设综述》，《人民日报》2009 年 11 月 29 日。

只是众口一词地从家庭、学校、社会等定性角度，罗列和分析千篇一律、众所皆知的笼统原因，然后从家庭、社会、学校"三位一体"地构筑道德教育防线，自认为已经找到了问题存在的根本症结和作出了正确的结论。缺失对该问题的定量实证分析研究，尤其是缺少对未成年人道德建设的长期跟踪调查研究和比较研究，因此此类论著的理论价值和实际参考价值均十分有限。

2. 脱离社会转型实际的浮夸性研究色彩浓厚

所谓浮夸性的研究，较多地表现在对上级意图的领会和贯彻落实，停留在空泛宣传教育的层面，缺少对未成年人道德体系建设的学理研究深度。笔者遍查 CNKI 中国期刊全文数据库，据大致统计，截止 2011 年底，被 CNKI 全文收录的其内容与未成年人道德体系建设有关的论文共 901 篇，其中青少年道德建设（28 篇）、青少年伦理（10 篇）、未成年人道德（126 篇）、未成年人伦理（1 篇）、青少年道德教育（205 篇）、未成年人道德教育（49 篇）、青少年伦理教育（1 篇）、伦理体系（73 篇）、道德体系（406 篇）、道德规范（1 篇）、伦理（249 篇）。专著部分共 260 种，其中道德建设（10 种）、道德规范（1 种）、伦理（249 种），而直接研究未成年人道德建设的专著则付诸阙如。在已发表的论著中，对未成年人道德体系建设的研究多停留于纯理论思辨，直面探究中国"社会转型"深刻影响未成年人道德建设为数甚少，反映出研究者对未成年人道德建设与社会转型或社会变迁的重大现实背景的忽视、脱离和割裂，未能对未成年人道德建设的诸多问题给出深刻的解释。"譬如在传统社会本来并不存在的未成年人道德建设问题，为什么只是到了现代社会才如此明显和必然地凸现出来？为什么在中国未成年人道德建设问题与改革开放的实际进程如此地密切相关？一句话，为什么未成年人道德建设在中国蓦然间成为整个社会热议的'问题'？对于诸如此类严肃的问题，脱离"社会转型"这一重大现实背景，是无法得到全面和深刻阐释的。"①

3. 关于成年人道德对未成年人道德建设负面影响的关系未能给予应有的重视

《中共中央国务院关于进一步加强和改进未成年人思想道德建设的若干意见》指出："一些成年人价值观发生扭曲，拜金主义、享乐主义、极端个人主义滋长，以权谋私等消极腐败现象屡禁不止等等，也给未成年人的成长带来不可忽视的负面影响。"并就家庭道德教育指出：要"注意加强对成年人的思想

---

① 廖小平：《未成年人道德建设研究及其路径的批判性审视》，《天津社会科学》2008 年第 4 期。

道德教育，引导家长以良好的思想道德修养为子女作表率"。这两段论述可见十分明确地揭示出未成年人道德建设与成年人道德建设的关系，从正面和负面两个方面指出了二者道德状况的关系。可见，必须重视成年人道德建设对未成年人道德建设的积极影响和消极影响，尤其是成年人道德的负面影响，往往是人们所长期忽略的问题。在我国，不可否认，自古至今我国成年人对未成年人的道德建设拥有绝对话语权和绝对影响力。"如果承认在一定情况下成年人的道德状况对未成年人道德建设存在负面作用，就不能不分析研究这种负面作用有多大？不能不考虑成年人对未成年人的道德建设应该承担什么责任？承担什么样的责任"？① 有鉴于此，对我国未成年人道德建设的研究，需要一改以往的研究方法，抱以全方位、历史的、现实的科学理性研究态度，立足社会转型的实际，通过深刻揭示社会政治、经济、文化等各种客观环境因素对未成年人道德的影响，全面客观研究未成年人道德问题。比如"从成年人与未成年人所构成的代际关系视角来研究未成年人道德建设。这种研究路径旨在将未成年人道德建设放在成年人与未成年人的相互关系中来加以分析，进而为未成年人道德建设提供一种代际机制或进路。"②

（二）从新的角度寻找和分析未成年人道德建设问题

寻找与未成年人道德建设问题相关的新的重要原因，可以尝试从如下角度进行分析研究。

1. 未成年人现代道德发展与传统道德影响的关系

一般来说，道德的发展轨迹和社会经济的发展轨迹是同向的，但决非简单同步。旧的道德观念将长久地影响未成年人，而新的道德观念转换成为未成年人的内心信念和行为规范，则往往需要一个比较长的历史时期。

2. 未成年人道德建设与社会体制机制不健全的关系

在我国社会转型时期，未成年人道德问题往往折射出社会经济、政治和文化的体制机制等深层次问题。比如广为人们诟病的一些官员贪污腐败的问题，表面上是官德问题，但深层次重要原因是市场经济条件下相应的监督制约机制跟不上官员他律和自律的需要。又如社会诚信缺失问题，表面上是企业道德和商业道德问题，但深层次重要原因是市场经济条件下社会信等信用体系的严重缺失。再如见危不救、不守公共秩序等问题，表面上是社会成员公德缺失问题，

---

① 廖小平：《未成年人道德建设研究及其路径的批判性审视》，《天津社会科学》2008 年第 4 期。
② 同上

但深层次重要原因是目前我国社会中的社会控制和约束体系逐渐弱化。还有所谓的仇官仇富现象，表面上是一些社会成员的非理性心态所致，但深层次重要原因是社会分配不公、贫富不均造成的社会心态失衡、扭曲乃至走向极端。

3. 未成年人教育领域法治和德治相冲突的紊乱关系

目前我国社会上确实存在重法治轻德治的倾向，甚至有人对德治不认同，错误地认为德治就是人治，把德治放在法治的对立面。另一个突出的问题是，当前未成年人实施非道德行为的受惩戒成本过低，并与违法行为代价过低的情况交织在一起。况且无论从数量上还是从内容上，我国现有的兼有法律惩戒和道德教化作用的未成年人道德法律法规，远远不能适应未成年人道德建设和行为自律的实际需要。

三、未成年人道德法治化专题研究——"90 后独生子女公民意识家庭教育调查报告"

由杨鸿台承担课题组长的由上海市家庭教育学会招标的"2010 年度上海市家庭文明建设重点立项课题"，课题名称为"家庭道德教育对子女公民意识的积极影响与消极影响"。本课题调查为期 1 年，重点围绕不同的家庭教育方式对"90 后"独生子女公民意识产生的积极或消极影响，调查内容主要涉及国家意识、民族意识、国际意识、民主意识、责任意识、文明意识、法律意识、交通意识、生态意识、文明意识、权利意识、公平意识、参与意识。经对上海特定区县 437 户家庭的抽样调查统计，其中 279 名被调查者家庭属于积极型教育方式家庭（表现为家长主动、经常和子女交流人生规划、尊重子女的意见）；158 名被调查者家庭属于消极型教育方式家庭（表现为缺乏和子女交流，很少甚至从不帮助子女规划人生）。以下为本课题开展的有关调查数据。

附一："90 后独生子女公民意识家庭教育调查报告"

本次调查对象主要是在校中学生以及大学生。在对中学生的调查中共发放问卷 310 份；在对大学生的调查中，共发送问卷 210 份；调查对象为嘉定一中（嘉一联中）、上海市外国语大学嘉定外国语实验高级中学、上海新侨学院、华东政法大学、上海对外贸易学院、上海立信会计学院、上海工业技术大学等校的"90 后"学生。本次调研情况和调研数据及分析结果情况如下：

（一）基本信息部分

1. "90" 后的家庭状况

A. 正常

B. 离异随父

C. 离异随母

D. 其他

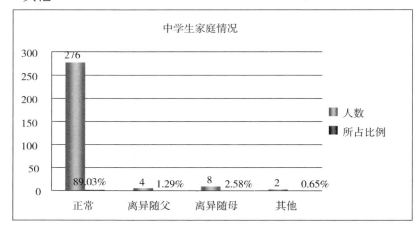

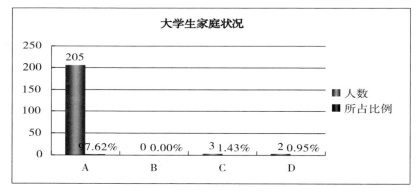

目前 "90 后" 的家庭情况比较稳定，中学生中 276 位学生的家庭属于正常，但依然有 12 个家庭属于单亲家庭；在大学生的家庭情况中，205 位学生的家庭为完整家庭，3 个家庭为单亲家庭。

2. 父亲的学历

A. 小学

B. 初中

C. 高中或中专

D. 大专

E. 大学本科

F. 硕士研究生及以上

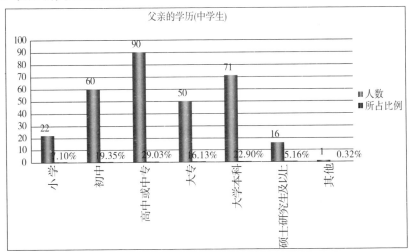

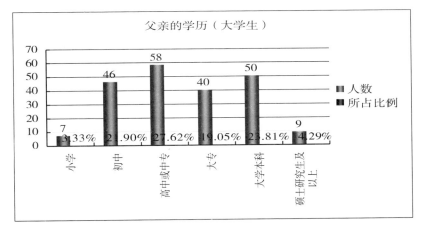

　　在中学生家庭中，22位父亲为小学学历；60人为初中学历；90人为高中或中专学历；50人为大专学历；71人为大学本科学历；硕士研究生及以上学历有16人。

　　在大学生家庭中，7人为小学学历；46人为初中学历；58人为高中或中专学历；40人为大专学历；50人为大学本科学历；9人为硕士研究生及以上学历。

3. 父亲的职业

A. 工人

B. 职员（如公司职员、售货员）

C. 专业人员（如教师、医生、律师、工程师、科研人员）

D. 企事业管理人员（如公司经理、厂长）

E. 政府公务员（如警察、机关干部）

F. 下岗或待业

G. 其他

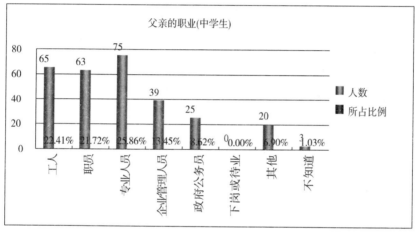

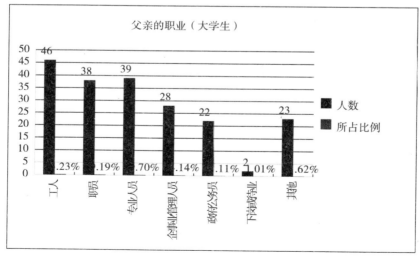

（中学生中 20 人未作答；大学生中 12 人未作答）从图中可以看出，在学生的父亲的职业中，工人、职员、专业人员、所占的比例较大，企事业管理人员、公务员也占了很大的比例。

4. 母亲的学历

A. 小学

B. 初中

C. 高中或中专

D. 大专

E. 大学本科

F. 硕士研究生及以上

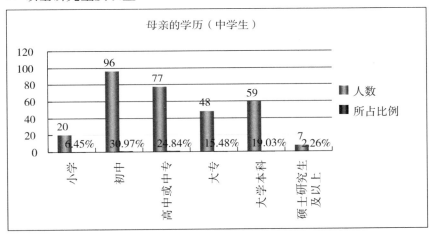

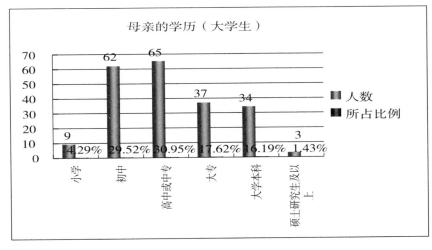

5. 母亲的职业

A. 工人

B. 职员（如公司职员，售货员）

C. 专业人员（如教师，医生，律师，工程师，科研人员）

D. 企事业管理人员（如公司经理，厂长）

E. 政府公务员（如警察，机关干部）

G. 下岗或待业

H. 其他

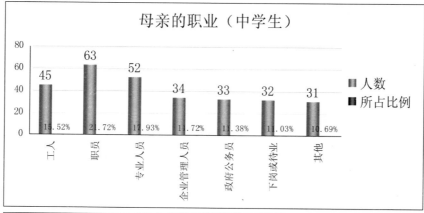

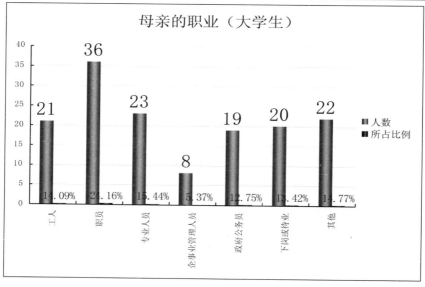

从调查结果来看，目前被调查者的母亲学历以初中、中专、高中居多；从事的职业多为职员。

"女性在高学历结构中所占比例仍较低。目前，我国女性各类知识人才有169.5万人，只占女性总数的30.4%；还有大量未能接受高等教育，甚至文盲和半文盲的妇女存在。笔者曾参与过上海市举办的'关爱女孩'活动，发放的问卷中，超过四分之三的人认为女性的受教育水平应该低于男性。在农村，由于拮据的经济收入和重男轻女的传统思想，仍有为数不少的女孩子辍学在家。"①

（二）项目信息部分

国家意识

作为一名中国人，如果在和别人（外国人）交流时，谈到以下哪些内容时你会感到自豪？（请依次排出前三项）

A. 数千年的历史

B. 琴棋书画

C. 饮食文化

D. 丰富的矿藏

E. 热爱和平与友善待人

F. 航天业

G. 姚明与刘翔

H. 名山大河

I. 中国武术

J. 《中庸》和《易经》

K. 中医

L. 北京奥运与上海世博

M. 中国军人

N. 熊猫

O. 以上都不是

P. 其他

---

① 《关于女性地位提高的思考》，深圳信息港，见 http://www.szinfo.com/c/2009/6/21/5618_1.html，2012 年 2 月 8 日。

作为一名中国人，如果在和别人（外国人）交流时，谈到以下哪些内容时你会感到自豪？（请依次排出前三项）（中学生）	得票数
第一：A 数千年的历史	111
并列第二：L北京奥运与上海世博	38
并列第二：M 中国军人	38

从中学生的反馈来看，排第一选项为"数千年的历史"（得票数111）；"北京奥运与上海世博"与"中国军人"并列第二。

作为一名中国人，如果在和别人（外国人）交流时，谈到以下哪些内容时你会感到自豪？（请依次排出前三项）（大学生）	得票数
第一：A 数千年的历史	53
第二：C 饮食文化	17
第三：I 中国武术	11

和中学生相比，大学生同样认为"数千年的历史"是最自豪的选项；不同的是，大学生们更为认同中国的饮食文化（得票数17）以及博大精深的武术（得票数11）。

2. 民族意识

你是否想出国移民？

A. 非常想，并正在准备中

B. 比较想，但还要看情况

C. 无所谓，但爸妈希望我将来出国移民

D. 不想，也没有打算

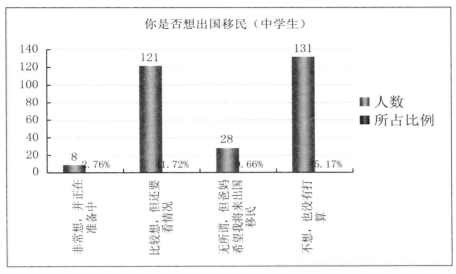

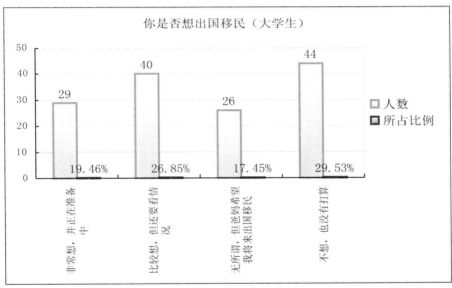

从结果中我们发现，45.17%的中学生和29.53%的大学生不打算出国移民。选择"不想，也没有打算"出国移民的学生占了最大的比例。另外，由于大学生比中学生的就业压力大，愿意选择出国移民的比例比中学生略多。（大学生占了46.31%）

3. 国际意识

2010世博会在上海召开，与外国人相处是否更注重自己的言行？

A. 非常注意

B. 比较注意

C. 不太注意

D. 无所谓

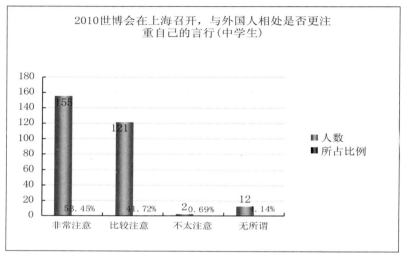

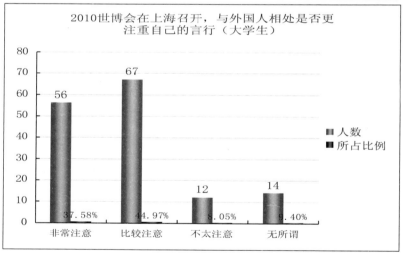

本次在上海举办的"世博"每天几乎都要接待数十万的参观者，我们与外国人相处时的言行不仅代表了自己，更是代表了国家的形象。95.17%的中学生和82.55%的大学生都会注意自己的言行。

4. 民主意识

你认为班干部应该如何产生？

A. 由老师指定

B. 同学选举产生

C. 无所谓

D. 其他

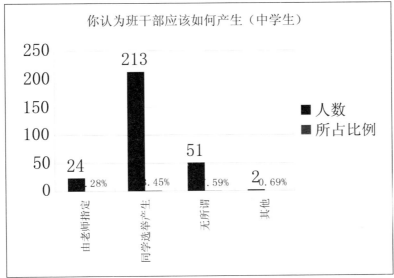

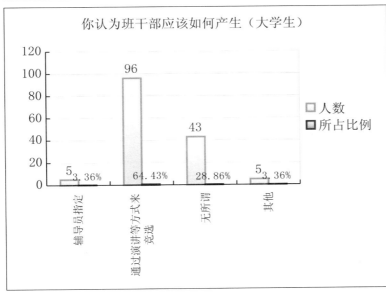

随着我国的民主与法制建设的进展，"民主选举"的观念在学生中已经普及，73.45%的中学生以及64.43%的大学生认可班干部应当由同学选举的方式产生。

5. 权利意识

（中学生部分）对学校考试成绩排名次的做法是否认可？

A. 认可，但不应公布，个别知晓

B. 无所谓

C. 不认可

D. 认可，且应公布

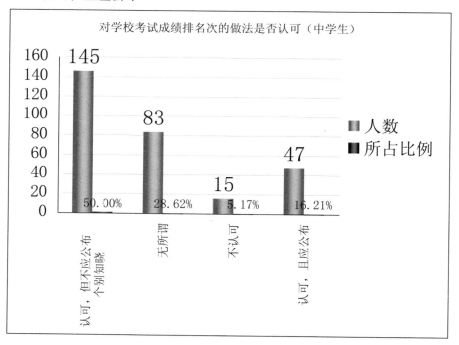

过去学校经常把每次（重要）考试的结果排名，并且无视学生的感受公布出来。而现在的学生比过去更为懂得重视、保护个人的权利。半数的（50%）学生认可学校进行排名，但是不应当象过去那样随便就公布出来。

（大学生部分）消费完以后，你会索要发票吗？

A. 会

B. 无所谓

C. 不会

D. 看情况

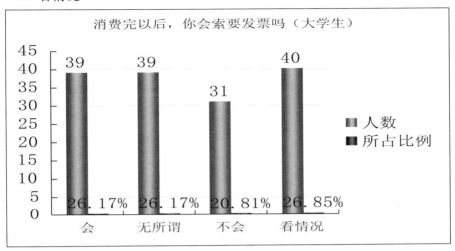

消费完以后，你会索要发票吗（大学生）

发票是指一切单位和个人在购销商品、提供劳务或接受劳务、服务以及从事其他经营活动，所提供给对方的收付款的书面证明，是财务收支的法定凭证，是会计核算的原始依据，也是审计机关、税务机关执法检查的重要依据。索取发票也是百姓维护自身权利的表现。在大学生的反馈中，虽然并非绝大多数的学生一定会索取发票（26.85% 的学生会看情况索取发票），但是大家都有了可以索取发票的意识。

6. 责任意识

如果要检查班级卫生了，你会怎么做？（中学生部分）

A. 和同学一起打扫卫生

B. 自己一个人打扫

C. 不打扫，检查卫生与我无关

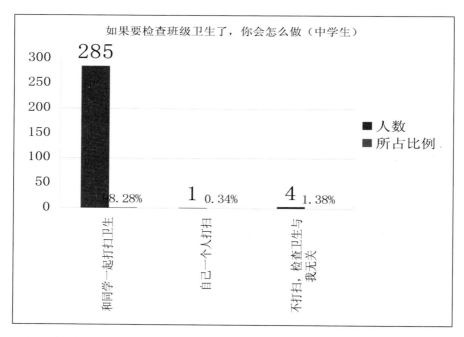

如果要检查班级卫生了，你会怎么做（中学生）

由于中学的特殊关系，相对大学而言更注重"集体"这个概念，98.28%的中学生在检查班级卫生前会和大家一起打扫卫生。

（大学生部分）如果要检查宿舍卫生了，你会怎么做？

A. 和室友一起打扫卫生

B. 轮到谁值日就谁打扫

C. 与我无关，不打扫

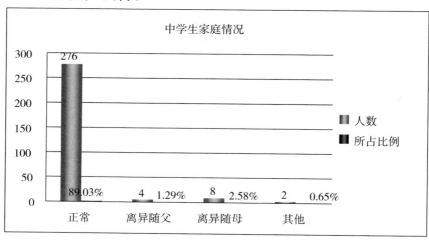

中学生家庭情况

由于进入大学生活后，学生会比过去感受到更多的自由，同时自己的责任意识也得到进一步的强化。相比过去被动服从班级逐渐转向自觉行动。同时在现在的大学生活中，宿舍卫生也是对学生的考察项目之一。59.46%的学生会在宿舍检查卫生前和室友一起打扫宿舍。同样也有不少寝室实行的"轮流制"，32.43%的被调查者选择了应该由当天值日的学生来打扫宿舍卫生。

（大学生部分）为了集体事务，你会主动建议或者找学校相关部门交涉吗？

A. 会，且经常

B. 会，偶尔会去一两次

C. 从不去交涉

D. 看是否跟自己有关

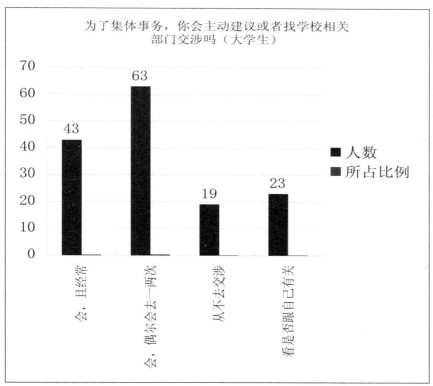

进入大学生活后，对学生的实践能力也提高了要求，尤其是班干部，更需要为班级活动而奔走。71.62%的被调查者选择了会为集体事务主动建议或者找学校相关部门交涉。

7. 法律意识

小张在老师办公室捡到 5000 元，不知是谁的，于是他没有告诉任何人，自己把钱花了，你如何认为这一行为？

A. 这是不道德的行为，应受谴责

B. 这可能是违法犯罪的行为

C. 这是违法犯罪行为

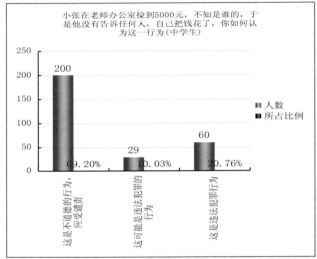

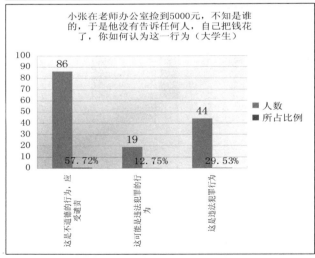

问卷中小张是在老师办公室拣到的 5000 元，是遗失物。依据物权法，如

果有人认领且确认是失主的话应当归还。但你可以要求对方支付你因为保管等方面的必要的支出费用。如果是遗弃物可以占有、使用和处分。

附：《物权法》第一百零九条：拾得遗失物，应当返还权利人。拾得人应当及时通知权利人领取，或者送交公安等有关部门。

第一百一十条：有关部门收到遗失物，知道权利人的，应当及时通知其领取；不知道的，应当及时发布招领公告。

第一百一十一条：拾得人在遗失物送交有关部门前，有关部门在遗失物被领取前，应当妥善保管遗失物。因故意或者重大过失致使遗失物毁损、灭失的，应当承担民事责任。

第一百一十二条：权利人领取遗失物时，应当向拾得人或者有关部门支付保管遗失物等支出的必要费用。

权利人悬赏寻找遗失物的，领取遗失物时应当按照承诺履行义务。

拾得人侵占遗失物的，无权请求保管遗失物等支出的费用，也无权请求权利人按照承诺履行义务。

第一百一十三条：遗失物自发布招领公告之日起六个月内无人认领的，归国家所有。

8. 道德意识

（中学生部分）如何看待在公交车和地铁上吃东西的行为？

A. 这是为了节约时间，很正常

B. 无所谓

C. 这很不文明

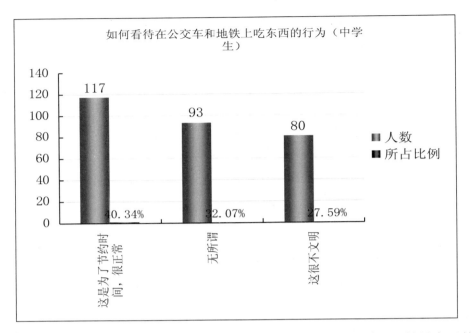

如今地铁已经成为人们生活的常用交通工具之一，文明乘坐地铁是市民的道德素质的体现。在狭小的空间、尤其是上下班的高峰期，一个人吃东西容易给身边的人带来不便。中学生的反馈结果让人比较担忧，40.34%的被调查者认为在地铁上吃东西很正常；32.07%的被调查者认为无所谓。

"'地下'文明出行指数将纳入全市体系：对于复旦大学与《I时代报》共同发布上海地铁文明出行指数，市文明办表示，世博后，上海将规划正式建立有关的轨道交通文明指数，并纳入到上海市精神文明建设的指标体系中。届时，地面的道路交通文明指数将和地下的轨道交通文明指数一起，共同组成完整的上海市公共交通文明指标体系。"①

（中学生部分）你认为学生穿着睡衣、拖鞋上街好吗？

A. 很正常

B. 无所谓

C. 很不文明

---

① 《10月份上海地铁文明出行指数出炉》，新华网，见 http：//www. xinhuanet. com/chinanews/ 2010～10/25/content_ 21218791_ 1. htm，2012 年 2 月 11 日。

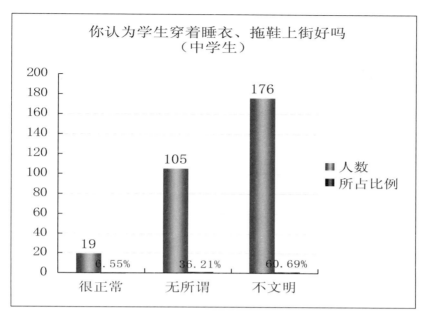

（大学生部分）你认为大学生穿着睡衣、拖鞋上街好吗?

A. 很正常

B. 无所谓

C. 很不文明

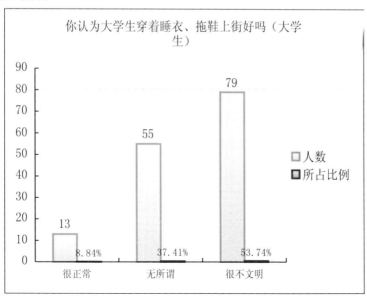

在调查中，60.69%的中学生和53.74%大学生被调查者认为："穿睡衣、拖鞋上街"是不文明的。

20 世纪 30 年代的上海，睡衣是舞女的风情和富人的标签；直到上世纪 80 年代末 90 年代初，普通市民穿睡衣上街才成为一种普遍现象，十多年前，穿着睡衣逛外滩的上海人更是成了中外游客眼中一道特别的风景。上海社科院社会发展研究所 2006 年一项调查显示，16.5%的人表示自己或家人经常穿睡衣外出，25%的人表示有时会。

上海人为什么爱穿睡衣上街？有学者分析认为原因主要有两个：一是居住条件的限制。改革开放之初，上海人均居住面积不过五六平方米，一大家子挤在一间卧室中，根本没地方换衣服，上街时只能穿睡衣；二是生活质量提高的体现。他说，以前因为不富裕，是不穿睡衣睡觉的，富起来以后发现可以穿睡衣睡觉。其实穿睡衣是生活质量提高的体现，也带有炫耀的意思。①

9. 公平意识

（中学生部分）你认为按照成绩分班合理吗？

A. 应该

B. 不应该

C. 无所谓

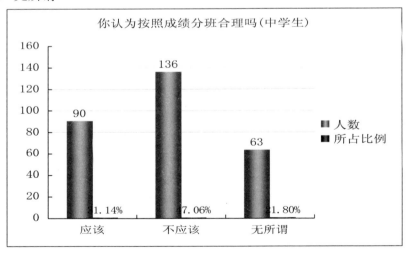

① 《上海劝阻市民穿睡衣上街引发热议》，腾讯网，见 http://news.qq.com/a/20100203/000181.htm，2012 年 2 月 11 日。

由于竞争的激烈，不少学校为了提高升学率以及自己的知名度，在学生入学时就按照学生的成绩来分班。但是在学生看来，47.06%的被调查者认为这样做是不合理的。成绩可以是一个标准，但是光按照成绩来决定一个学生的能力好与坏是不公平的。

（大学生部分）如果进行学生品德自评与互评，你能做到客观公正吗？

A. 当然能做到公平公正

B. 比较公正

C. 我是看平时和大家的关系如何

D. 无所谓的，本来就是乱写的

E. 我参照我的好朋友的，他/她怎么评，我就怎么写

F. 其他

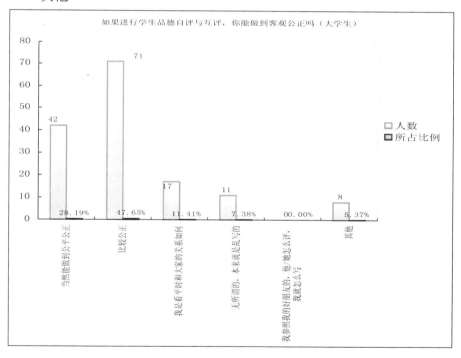

现在学生的道德测评已经成了不少大学评奖学金、优秀学生的必要条件之一。品德测评不仅是要对自己公正，更要对其他同学做到公平与公正。在被调查者中，75.84%的学生认为自己还是能做到公正的。仍然有11.41%的被调查者认为自己在测评中还是看平时和大家的关系来打分。

10. 参与意识

（中学生部分）你喜欢参加学校以及社团活动吗？

A. 都去

B. 一般

C. 很少去

D. 从不去

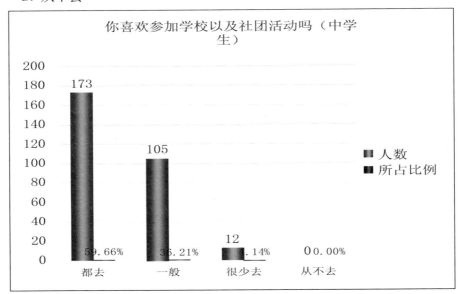

（大学生部分）你热心参加公益活动吗？

A. 是的，经常参加，如世博会支援者等

B. 是的，但很少有机会和时间参加

C. 学业才是首要，这些无关紧要

D. 无所谓

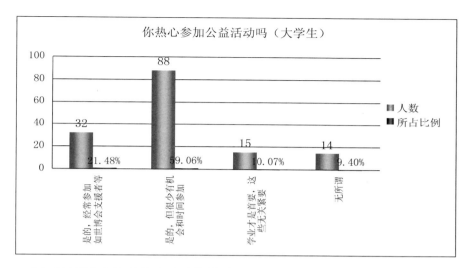

参加社团活动以及公益活动能锻炼学生的实践能力。随着时代的发展，社团活动以及社会公益活动的内容日益丰富，通过调查发现，95.87%的中学生以及80.54%的大学生都是愿意去参加的。中学相对大学来说，社团活动还有一定的强制性，大学中比较自由，大学生中不愿参加活动的人数比例（10.07%）比中学生（从不去的为0）略多。

11. 交通意识

平时你会闯红灯吗？

A. 经常这样

B. 偶尔会，仅限于赶时间的时候

C. 从不

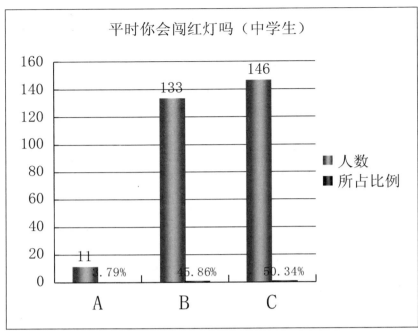

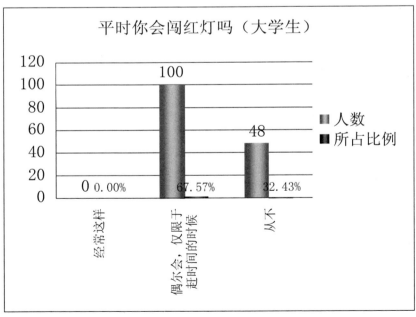

从调查结果看，学生是比较遵守交通规范的，但是依然有 45.86% 的中学

生和67.57%大学生会在赶时间的时候选择闯红灯。但是从安全角度来看，无论时间多紧急，还是应当避免闯红灯，毕竟人的生命只有一次。

12. 生态意识

你对超市提供收费塑料袋有何看法？

A. 反对，给我们带来诸多不便

B. 支持，有利于保护环境

C. 无所谓，对我影响不大

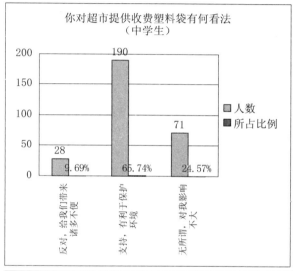

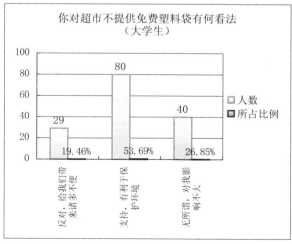

65.74%的中学生和53.69%的大学生调查中支持超市提供收费塑料袋。9.69%的中学生和19.46%的大学生在调查中反对超市提供收费塑料袋。

2007年12月31日，中华人民共和国国务院办公厅下发了《国务院办公厅关于限制生产销售使用塑料购物袋的通知》。这份被群众称为"限塑令"的通知明确规定："从2008年6月1日起，在全国范围内禁止生产、销售、使用厚度小于0.025毫米的塑料购物袋"；"自2008年6月1日起，在所有超市、商场、集贸市场等商品零售场所实行塑料购物袋有偿使用制度，一律不得免费提供塑料购物袋"。国家实行"限塑令"是为了限制和减少塑料袋的使用，遏制"白色污染"。

（三）其他部分

父母关注子女的方面

A. 学习成绩及学问修养

B. 道德品质

C. 为人处事

D. 社会实践

E. 参加各种竞赛以及获奖荣誉

F. 其他

现在你的父母更注重你哪方面的表现？（请依次排出前三项）（中学生）	得票数
第一：A 学习成绩及学问修养	136
第二：B 道德品质	108
第三：C 为人处事	69

现在你的父母更注重你哪方面的表现？（请依次排出前三项）（大学生）	得票数
第一：A 学习成绩及学问修养	44
第二：B 道德品质	39
第三：C 为人处事	23

通过统计发现，目前父母对子女的"学习成绩及学问修养"（中学生方面得票136；大学生方面得票442）最为关注，其次的是孩子的"为人处事"。

2. 学生对过去的思想政治课程的授课效果的感想

A. 老师上课生动，内容丰富，印象深刻

B. 课程内容不错，但老师授课水平一般，单调乏味

C. 内容很无聊，根本不想听

D. 让人反感

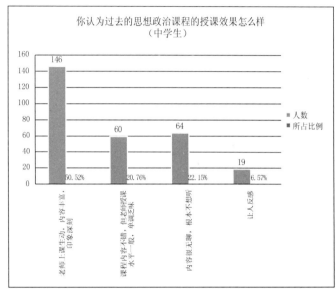

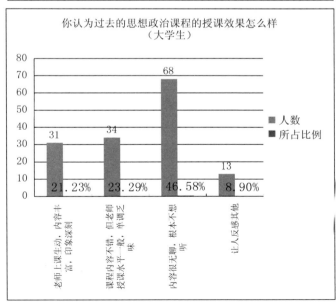

50.52%的中学生认为过去的思想政治课中老师上课生动、内容丰富。同样持此观点的大学生占21.23%。

认为授课一般的中学生占了20.76%，在大学生中则占23.39%。

对授课感到不满的中学生总共占28.72%，而大学生方面的不满比例明显高于中学生，总共占55.48%。

3.（大学生部分）如果将来你有了孩子之后，你会注重孩子的哪些方面的教育？

A. 学习成绩

B. 学各种语言

C. 培养才艺（如弹琴、绘画、书法、舞蹈）

D. 道德修养

E. 学各种实用技术

F. 个人健康

G. 把孩子交给他/她的爷爷奶奶管教

H. 随便养养就好了，无所谓的

I. 什么都不重要，关键是孩子自己喜欢而且开心，自己在一边引导就是了

J. 其他

如果将来你有了孩子之后，你会注重孩子的哪些方面的教育？（可多选）（大学生）	得票数
A 学习成绩	36
B 学各种语言	33
C 培养才艺（如弹琴、绘画、书法、舞蹈）	55
D 道德修养	41
E 学各种实用技术	39
F 个人健康	53
G 把孩子交给他/她的爷爷奶奶管教	3
H 随便养养就好了，无所谓的	1
I 什么都不重要，关键是孩子自己喜欢而且开心，自己在一边引导就是了	29
J 其他	1

调查中，大学生更关注将来对自己孩子才艺的培养（得票55）；个人健康

得票53排第二；第三的则是道德修养（得票41）；接下来的依次为实用技术、学习成绩、语言。

选择将自己孩子随便抚养或者交给爷爷奶奶抚养的票数分别为1和3，另外现在的大学生也比较重视孩子的自主选择（得票29）。

4. 你父母会和你一起讨论你的人生规划吗？

A. 经常，并且他们尊重我的意见

B. 经常，但他们自己为我计划而不管我的想法

C. 不太讨论，基本由我自己发展

D. 从不管我，更要说讨论这些话题了

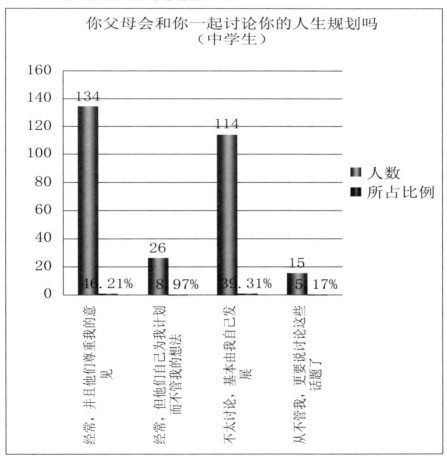

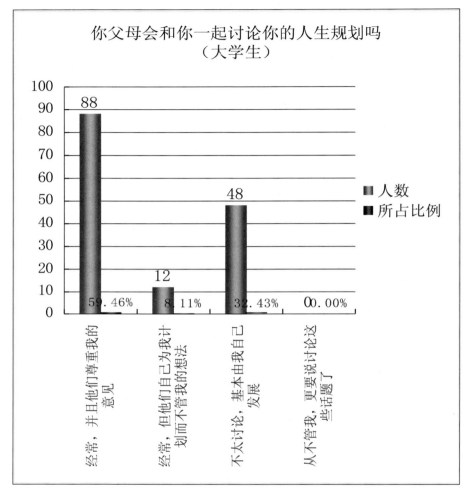

有46.21%的中学生和59.46%的大学生的父母会和他们的子女共同探讨人生规划并且尊重子女的选择。但是也有39.31%的中学生和32.43%大学生的父母很少和子女谈及人生规划。

被调查者的父母大多能尊重子女的选择，仅有8.97%的中学生和8.11%的大学生父母无视子女的意见。

5. 你的母亲最常跟你交流的是什么？

A. 学习

B. 国家大事

C. 社会新闻

D. 为人处事

E. 娱乐

F. 家常琐事

G. 如何赚钱

H. 其他

你的母亲最常跟你交流的是什么（中学生）	人数	所占比例
A 学习	132	45.52%
B 国家大事	4	1.38%
C 社会新闻	18	6.21%
D 为人处事	49	16.70%
E 娱乐	12	4.14%
F 家常琐事	72	24.83%
G 如何赚钱	1	0.34%
H 其他	2	0.68%

你的母亲最常跟你交流的是什么（大学生）	人数	所占比例
A 学习	35	23.65%
B 国家大事	12	8.11%
C 社会新闻	20	13.51%
D 为人处事	33	22.97%
E 娱乐	12	8.11%
F 家常琐事	32	21.62%
G 如何赚钱	1	0.68%
H 其他	1	0.68%

45.52%的中学生以及23.65%大学生选择了母亲和孩子最长交流的是学习，其次，母亲更多和自己的孩子谈到家常琐事以及为人处事。

6. 你的父亲最常跟你交流的是什么？

A. 学习

B. 国家大事

C. 社会新闻

D. 为人处事

E. 娱乐

F. 家常琐事

G. 如何赚钱

H. 其他

你的父亲最常跟你交流的是什么（中学生）	人数	所占比例
A 学习	110	37.93%
B 国家大事	17	5.86%
C 社会新闻	51	17.59%
D 为人处事	64	22.07%
E 娱乐	15	5.17%
F 家常琐事	27	9.31%
G 如何赚钱	7	2.41%
H 其他	3	1.03%

你的父亲最常跟你交流的是什么（大学生）	人数	所占比例
A 学习	42	28.38%
B 国家大事	17	11.49%
C 社会新闻	41	27.70%
D 为人处事	26	17.57%
E 娱乐	3	2.07%
F 家常琐事	17	11.49%
G 如何赚钱	1	0.68%
H 其他	1	0.68%

同母亲相比，中学生和大学生的父亲也最常和孩子交流学习上的事；其次大学生的父亲则会和自己的孩子更多谈及社会新闻以及为人处事方面的话题。

7. 父母多少时间跟你谈一次心？

A. 几乎每天

B. 每周都会

C. 很少

D. 几乎不会

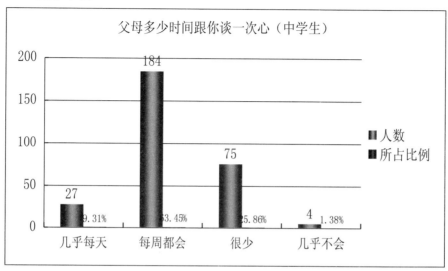

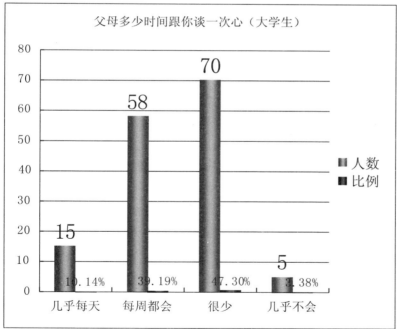

由于现在的高中和大学都有住宿条件，除了每天走读的学生，不少学生每周会回家和父母谈心（中学生占 63.45%，大学生占 39.19%）；不过随着年龄

的增长，一些大学生也会把事情憋在心里很少和父母交流（大学生这块占47.30%）。

8. 如果你犯错误了，父母通常会怎样？

A. 不问原因，先批评，甚至打骂

B. 从不会打骂我，而是心平气和的指出我的错误，并提出希望

C. 他们无所谓，不太管我

D. 有时候会好好说，有时候会打骂

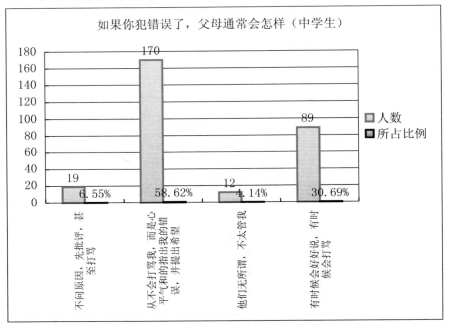

中学生的家长在处理孩子犯错方面存在两种极端，有时能好好讲，有时就会对孩子动粗（58.62%被调查者的家长从不会打骂，能心平气和的指出孩子的错误，并提出希望；而30.69%被调查者的家长有时候会好好说，有时候会打骂）。

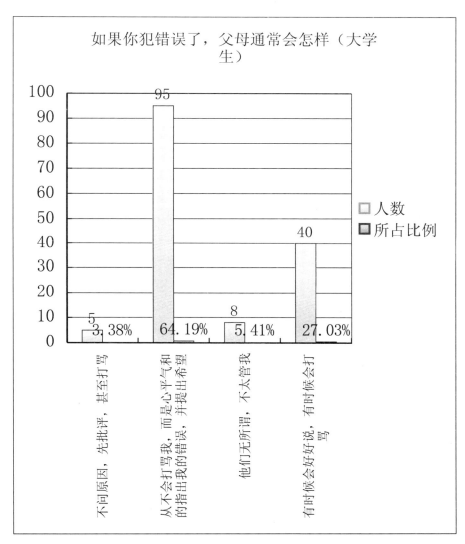

如果你犯错误了，父母通常会怎样（大学生）

相对中学生而言，大学生毕竟在年龄上已经不小了，不少家长不会再象过去一样简单的说教或打骂。64.19%的被调查者的家长已经不再打骂孩子，能心平气和地指导孩子。有时会打骂孩子的依然有27.03%的比例值。得注意的是，目前还有一些家长很少管教自己的孩子（占5.41%）。

附二：我国未成年人违法犯罪现状分析

2009 年 9 月至 11 月，在中央综治委预防办、有关省级团委和未成年犯管教所的支持下，中国青少年犯罪研究会组织人员，赴黑龙江、吉林、辽宁、北京、天津、河北、河南、江苏、上海、安徽、湖南、江西、福建、广东、云南、贵州、重庆、四川 18 个省、直辖市未成年犯管教所、女子监狱，对未成年人犯罪情况进行了深入调研，共发放问卷 1800 份，收回有效问卷 1793 份（其中男犯 1666 例、女犯 127 例）。调研组对不同犯罪类型的 180 名未成年犯进行了个案访谈，18 个省、直辖市未成年犯管教所也提供了相应的研究报告。抽样调查表明：我国未成年人犯罪占刑事犯罪比率近年来有所下降，但多数地区未成年人犯罪处于增长态势。我国未成年人犯罪数量时有起伏，呈波浪式变化，未成年人犯罪占刑事犯罪的比重虽然从 2006 年起连续 3 年持续下降，但未成年人犯罪形势依然不容乐观。一是大部分地区未成年人犯罪总量持续增长；二是未成年人犯罪占刑事犯罪的比率变化不大，一直维持在较高水平；这一判断也得到部分地区数据的支持。①

对我国未成年人违法犯罪现状、类型与走向，中国青少年犯罪学会操学诚作了如下详尽描述和具体分析：

1. 未成年犯文化程度普遍偏低

其中文化程度偏低的农村籍未成年人犯罪占较高比例。在 1793 名未成年犯中，"小学没毕业"占 13.78%，"小学毕业"占 14.73%，"初中没毕业"占 43.37%，"初中毕业"占 17.07%，"高中或中专没毕业"占 5.46%，"高中或中专毕业"占 1.5%，"大专以上"占 0.05%。未成年犯初中以下学历占 93%（见图 1）。

从被采取刑事强制措施前的身份看，农村籍未成年人、无业闲散未成年人犯罪占较高比例。农村籍未成年人犯罪之所以占据较高比例是由于随着城市化、工业化的发展，城市中农村人口日益增多，流动人口中的未成年人犯罪数量增加，我们在北京、天津、上海、广东、江苏等地的调研也发现了这一趋势（见图 2）。

---

① 《我国未成年人犯罪数量呈波浪式变化》，法制网，见 http://www.legaldaily.com.cn/bm/content/2010~09/01/content_2268587.htm? node=20737，2012 年 2 月 13 日。

2. 共同犯罪现象比较普遍

在未成年人犯罪案件中，共同犯罪发案率占有相当大比例

据不完全统计，2003 年以来，共同犯罪一般占未成年人犯罪总数的 70%，个别地区甚至达到了 80% 以上。目前一些地方已经出现了未成年人模仿黑社会帮会，建立未成年人帮会的情况。据调查，1793 名未成年犯中，"有过组建或加入黑社会性质组织想法"的 632 人，占 36.03%；"已经加入黑社会性质组织"的 147 人，占 8.38%；"没有组建或加入黑社会组织想法"的 975 人，占 55.58%（见图 3）。

3. 未成年人实施犯罪的暴力化恶性化程度加剧

根据有关方面统计和抽样调查发现：未成年人犯罪暴力性日趋明显，严重暴力犯罪比例明显上升。近年来，犯抢劫、强奸、奸淫幼女、故意杀人、故意伤害五类严重暴力犯罪的未成年罪犯约占全部罪犯的 50% 左右。未成年人实施的重大恶性案件时有发生，相当一部分省份都出现了未成年人残酷杀害祖父母、父母及其他亲属的案例。比如，河北省唐山市年仅 15 岁的莫某因父亲长期虐待母亲和自己，为了让柔弱无助的母亲和自己能够得到解脱，莫某伙同两名男性未成年伙伴，杀死了自己的亲生父亲。

4. 未成年人犯罪多集中在经济发展迅猛 外来人口集聚的城乡结合部或新兴城镇

未成年犯居住地域大多集中在乡村和城乡结合部。据调查，1793 名未成年犯中，居住"乡村"932 人，占 52.21%；"城乡结合部居民区"454 人，占 25.43%；"商业居民区"203 人，占 11.37%；"工业居民区"154 人，占 25.43%；"机关学校居民区"42 人，占 2.35%。

调研中还发现，经济发展迅猛、外来人口集聚的城乡结合部或新兴城镇的未成年人犯罪，要远远多于原来经济、文化管理相对较好的老城区。据统计，山东省在押未成年犯中犯罪作案地点属于"城乡结合部"、"新兴城镇"的占 72.29%。

5. 犯罪类型仍以侵犯财产罪、侵犯公民人身权利罪和妨害社会管理秩序罪为主

从具体罪名看，主要集中于抢劫、盗窃、故意伤害、故意杀人、强奸、寻衅滋事等八个罪名。各省普遍情况是，抢劫、盗窃轮流排在未成年人各类犯罪的第一和第二位，排在第三位的一般是故意伤害、寻衅滋事或者强奸。

全国未成年人犯罪罪名由 1998 年的 100 个发展到 2008 年末的 130 个，增

幅达30%。以往未成年人犯罪以盗窃、抢劫、强奸、流氓、伤害等类型为主，近年来出现的利用计算机网络诈骗、危害计算机网络安全等智力化犯罪不断增加。

与此同时，一人犯数罪现象日趋增多，多种类型犯罪混合交织在同一罪犯身上。如未成年人在实施侵犯财产罪时兼有抢劫、强奸、故意伤害、故意杀人等暴力行为，在进行人身伤害时兼有对财产的侵犯。例如，江西省永修县3名未成年人在公路上劫持一辆面包车，从司机身上抢得现金260元、手机1部，并用布单和匕首将司机残忍地杀死。为毁灭证据，又将尸体和出租车一起推入河中。

6. 大多数未成年犯法律意识淡薄

因一时冲动而犯罪占有较大比重。通过对1793名未成年犯的调查表明，"不知道"、"不太清楚"未成年人保护法的分别占36.97%和38.05%，两者相加共有75.02%（见图4）。

在180例个案访谈中，80%以上的未成年犯不知道预防未成年人犯罪法。对某市100名在押未成年犯的调查显示：认为学校能够"经常进行法制教育"的仅占11%，"有时进行法制教育"的占24%，"很少进行法制教育"的占40%（图5）。因一时冲动而犯罪的占33.52%，未成年犯中绝大多数在犯罪时，不知道或不考虑犯罪行为的后果和应当承担的法律责任。

在对未成年犯的访谈中发现，一些未成年犯平时表现不错，甚至很老实，但在特殊情况下，他们一时冲动，导致激情犯罪，这既显示了"90后"未成年犯心理素质较差，缺少与人沟通和解决突发事件的能力，同时也容易导致令人扼腕叹息的结果。这样的孩子一旦进了监狱，就有可能交叉感染，或因为有前科难以被社会接纳，变成一个"真正的坏孩子"。

7. 未成年犯弑亲案折射出一部分"90后"具有严重的心理和人格缺陷

调查数据表明：未成年犯与父母、老师的关系并不乐观。在对未成年犯和父母、老师关系的调查中，认为父母没能尽到监护和抚养责任的超过40%，怨恨父母的达32%（图6），与老师关系好的只占28%（图7）。在是否会选择重新回到学校的选项中，"不会"和"没想好"的分别占37.81%和33.05%，二者加起来也超过70%。很多未成年犯在回答网络聊天、交友目的的选项中，"缓解压力找人倾诉"的占49.83%。

随着社会转型的深入，社会变化、社会节奏、社会流动日益加快，社会压力普遍增大，人与人之间、亲情之间的交流时间被大量挤占，父母、老师没有足够的时间与孩子交流，一些独生子女普遍存在一种焦虑和孤独感，缺少对生命的感恩和对价值的正确判断，一些"90后"未成年犯往往采用简单、极端和暴力的方式解决生活中的一些平常性矛盾，弑亲杀师，表现出人格缺陷、焦虑暴躁、思维偏执的消极性格和不良情绪。

8. 接触网络不良信息 邀约犯罪成为未成年人犯罪新动向

调查发现，80%以上的未成年人犯罪与接触网络不良信息有关。在未成年犯中，"经常进网吧"占93%，"沉迷网络"占85%，上网主要目的是"聊天、游戏、浏览黄色网页、邀约犯罪"达92%（图8）。在与网络有关的未成年人犯罪案件中，80%以上都有通过QQ等即时通讯工具进行联系的情况，一些未成年人利用QQ群结成帮派、聚集犯罪。一些未成年人对网络依赖程度极高，沉迷网络暴力游戏、"网络偷菜"等游戏，将游戏情景带入现实生活，体验暴力的快感，受游戏诱惑而体验犯罪。

例如，2009年11月，河南省新乡市红旗区人民法院不公开审理了一起自命为"黑社会"的QQ群吸纳二十余名未成年人，作案46起，利用网络发布指令，实施聚众斗殴、组织卖淫、故意伤害、非法拘禁、寻衅滋事等违法犯罪活动的案件。上海市卢湾区人民检察院在审查一起青少年围殴事件时，发现一个名为"尊龙名社"的网络社团，只要"堂主"发一个帖子，数十名手下就会拿上家伙，迅速聚集，为了网络世界里的"帮派利益"和"哥们义气"，打打杀杀。一些未成年人通过QQ群等聊天工具，在网上联络沟通，网下实施犯罪，未成年人"网络结社"的现象呈扩散之势。

9. 未成年人犯罪带有普遍性的前兆

问卷调查数据和个案访谈表明：未成年人犯罪不仅有年龄的标志，十三四岁是个比较危险的年龄，同时，他们还有行为上的共同点。在对1793名未成年犯问卷调查犯罪前有过不良行为的选项中，"夜不归宿"占63.11%，"接触不良青少年"占10.72%、"逃学旷课"的占5.67%。而"经常离家出走"的占31.69%，这些数据表明，大多数未成年人犯罪都有明显征兆（见图9）。

家庭残缺和家庭教育缺位使一些未成年人在犯罪前有不良行为时缺少及时有效的教育引导。调查和个案访谈发现，很多未成年犯在违法犯罪前因父母离异和其他原因同祖辈一起生活，形成"隔代管"现象。如江西省何某，父亲长期在外做生意，父母不合离婚，与爷爷奶奶一起生活。缺乏家庭管束的何某沉迷于网络，经常与校外不良青少年接触，最终锒铛入狱。

2008年2月全国妇联发布的《全国农村留守儿童状况研究报告》显示，

我国当前农村留守儿童约五千八百万。另据统计，我国目前流动人口已逾 1.47 亿，18 岁以下的未成年人达 2000 万。大量的留守儿童和流动未成年人得不到有效的监护和教育，存在一定的犯罪风险。

10. 一些未成年刑释解教人员缺乏有效监管

世界各地的犯罪研究表明："初次犯罪的年龄越小，再次犯罪的可能性越大；再次犯罪的次数越多，终止犯罪的可能性越小。"调查了解到，我国一些地方未成年犯重新犯罪率有所上升，未成年犯重新犯罪的一个特点就是所犯新罪常常比以前犯的罪性质要严重。

调研中还发现，由于刑释解教人员流动性较大，绝大多数无法跟踪随访，大部分未管所无法掌握未成年刑释解教人员重新犯罪信息，特别是一些青少年惯犯刑释解教后没有被有效跟踪和监管，给社会稳定带来一定的隐患。

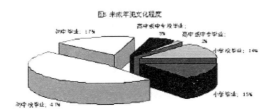

图 1：未成年犯文化程度

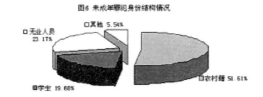

图 2：未成年罪犯身份结构情况

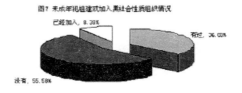

图 3：未成年犯组建或加入黑社会性质组织情况

图10 未成年犯对《未成年人保护法》的知晓情况

图4：未成年犯对未成年保护法的知晓情况

图11 未成年犯评价学校开展法制教育情况

图5：未成年犯评价学校开展法制教育情况

图13 未成年犯对父母履行监护责任和抚养责任的评价

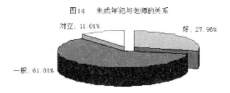

图6：未成年犯对父母履行监护责任和抚养责任的评价

图14 未成年犯与老师的关系

对立：11.01%　　　　　好：27.98%

一般：61.01%

图7：未成年犯与老师的关系

图 8：未成年犯上网主要目的

图 9：未成年犯犯罪前离家出走情况①

---

① 以上数据均来自《操学诚：我国未成年人犯罪动向数据报告》，法制网，见 http：// www. legaldaily. com. cn/fxy/content/2010 ~ 09/01/content_ 2268803. htm？ node = 21209，2012 年 2 月 13 日。

第二章

中国传统道德对未成年人道德的影响分析

中华文化博大精深，其中的传统道德部分也源远流长，而随着中国特色社会主义事业的发展，未成年人道德建设问题的日益浮现，建设一个古今结合、中西合璧的未成年人道德教育系统也成必要，但是前提之一是对现状有较清楚的认识，下文将在中国传统道德的基础上，就其对未成年影响之现状进行简要介绍。

第一节　中国传统道德述略

在先秦文献中，古人多是将"道"与"德"分开来讲，如"天道无亲，唯德是授"①、"至于道，据于德"②。随着社会历史发展进程，"道"与"德"二字开始连称，并举为"道德"一词，如"道德出于君，制令传于相"③、"积礼义，尊道德，百姓莫不贵敬，莫不亲誉"④。若进行定量统计，则有《文子》使用"道德"多达31次；《庄子》使用"道德"一词16次；《荀子》中则是11次⑤，等等。至于"道德"之含义，在《荀子》前后的著作，如《易传》、《韩非子》、《礼记》、《战国策》等书中，其义与而今的含义均类似、相同。⑥

纵览历史进程，春秋时期，百家争鸣，儒、墨、道、法等各家学派通过多方面的探讨，构建了自己的理论体系；秦灭六国，为了维护专制统一的集权政

① 《国语·晋语》
② 《论语·述而》
③ 《管子·君臣上》
④ 《荀子·议兵》
⑤ 于洪燕：《中国传统"道德"内涵的现代解读与转换》，西南大学博士学位论文。
⑥ 参见张锡勤：《中国传统道德举要》，黑龙江大学出版社2009年第1版，第2页。

治，排除不同的政治思想和见解，焚书坑儒；西汉董仲舒，提出"罢黜百家，独尊儒术"，而后被汉武帝采纳，自此儒家思想在中国封建社会确立其正统地位，成为了国家不可更移的国宪，儒家的纲常伦理道德规范成为神圣不可侵犯的教条。中国传统道德受到当时两汉经学之影响，以及而后经历诸如魏晋玄学、隋唐佛学、宋明理学等各种文化思潮的冲击、洗礼、融合，而不断丰富发展，构成了一个以上述各家之著作为物质载体，以儒家道德文化为主体内容，并以墨家、道家、法家等其他学派道德文化为补充而有机结合的庞大的道德文化体系。

所谓中国传统道德，是中华民族在社会实践中，基于过去特定的客观环境和历史条件逐步形成的，经过长期发展而为人们所接受并认同的相对确定而持久的价值观念与行为准则、规范。它是华夏五千年来文明积淀被历代人民所传承的而形成的一种内化的品行；是各民族生活方式、理想信仰、价值观念中相关部分的文化浓缩；是中华民族传统思想文化的重要组成部分；乃至从某种意义上来说，其亦为"中华民族思想文化传统的核心"①。

一、中国传统道德的探源

（一）儒家传统道德

儒家传统道德源于孔子，其生活在奴隶制向封建制过渡的春秋末期。通过承继殷国奴隶制时期的天命观和先祖崇拜，结合氏族血缘的宗法观念，孔子对源于巫术神化的"周礼"进行了相应的改造和完善，剔除了原始宗教的虚幻色彩等内容，保留了其中符合血缘、先祖崇拜的部分，并广泛推及到日常道德生活中，使之进一步世俗生活化、日常伦理化，从而创立了儒家文化。② 随着孟子、荀子等人在孔子为先秦儒家伦理思想奠定的基础之上发展，以及以董仲舒为代表的汉儒的对这些思想进行改造，经过历朝历代的演变和儒家学者的深入研究与不断完善，儒家学说逐渐形成一个完整的理论体系。

"仁"是孔子道德思想的核心范畴。孔子多次强调"仁"的重要性，并且平生谈论最多的就是"仁"，通过定量统计分析得出：《论语》中讲"仁"的共计58章，"仁"字出现109处（除《里仁》章题中一字重复外，实为108

---

① 罗国杰：《罗国杰自选集》，中国人民大学出版社2007年第1版，第169页。
② 张伟：《儒家道德思想及其现代意义》，山东大学硕士学位论文。

处）。① 对于"仁"的各方面之蕴意，孔子则通过"颜渊问仁"②、"樊迟问仁"③、"子张问仁"④ 等学生问答的方式，做出了多维度的解释。如"子贡曰：'如有博施于民，而能济众，何如？可谓仁乎？'子曰：'何事于仁！必也圣乎！尧舜其犹病诸！夫仁者己欲立而立人，己欲达而达人。能近取譬，可谓仁之方也已。'"⑤ 即孔子认为假若有一个人，他能给老百姓很多好处又能周济大众，那么他不但可以称为仁人，甚至就是圣人了！尧、舜尚且难以做到这些！至于仁人，就是要想自己站得住，也要帮助他人一同站得住；要想自己过得好，也要帮助他人一同过得好，凡事能就近以自己作比，而推己及人，可以说就是实行仁的方法了。这就是孔子从正反两方面结合上对"仁"进行的分析。

对于"仁"之具体含义，《论语》则通过"樊迟问仁。子曰：'爱人。'"⑥ 进行了解读，即孔子认为"仁"的重要内容是"爱人"，而对其中"人"字的解释，多数学者认为不能狭义的解释为奴隶主贵族阶级，而是泛指自己以外的所有人，除了包括奴隶主贵族之外，还应该包括平民，甚至是奴隶，而这点可以书面证据"厩焚，子退朝，曰：'伤人乎？'不问马。"⑦ 来证明。至于孔子的学生所言"君子务本，本立而道生。孝悌也者，其为仁之本与"⑧ 以及孔子自己所说的"君子笃于亲，则民兴于仁"⑨，即可认为"仁"作为一种道德意识，首先要做的是"爱亲"，这是以宗法血缘为基础的亲子之爱，为"仁"的最深厚的伦理基础，而其也正与当时以一家一户生产，自给自足的小农经济为基础的社会生活相适应。此时再回顾"爱人"之语，可见孔子已将"仁"由基础的"爱亲"推至到更高层级的"爱人"，这是一种由近而远的量的变化，并引起了与基督教"上帝就是爱"所类似的质的升华。至于"子曰：'弟子入则孝，出则悌，谨而信，泛爱众而亲仁，行有余力，则

---

① 王正平：《中国传统道德论探微》，上海三联书店 2004 年第 1 版，第 44 页。
② 《论语·颜渊》
③ 《论语·颜渊》
④ 《论语·阳货》
⑤ 《论语·雍也》
⑥ 《论语·颜渊》
⑦ 《论语·乡党》
⑧ 《论语·学而》
⑨ 《论语·泰伯》

以学文。'。"① 则将"爱亲"与"爱人"相结合，"仁"不仅要求"爱亲"，而且要"泛爱众"，"泛爱众"就是"爱人"的首要表现，其意思为普遍地博爱众人要超脱仅仅是"爱亲"所涉及的父子、兄弟等血缘关系，而应该去爱氏族的所有成员，即这里的"泛爱众"依旧限定在氏族成员之间，这种爱用以维护氏族内部的团结与稳定。当然，"爱人"除了"泛爱众"之表现外，还有"子张问仁于孔子，孔子曰：'能行五者于天下，为仁矣。'。"② 这里的"天下"就是"爱人"的进一步表现，这种德行天下的思想使得"仁"的适用范围脱离了氏族内部的宗法血缘关系，再结合"樊迟问仁。子曰：'居处恭，执事敬，与人忠，虽之夷狄，不可弃也。'。"③ 可见孔子已跳出以族类辨物的狭隘观念，主张将"仁"在"夷狄"之地继续进行，由此"仁"之适用范围在超脱宗法关系后，不仅适用于本民族、本国之内的人，还拓展到了华夏族以外如"夷狄"之类的氏族，达到了实质上"天下"的高度。总之，孔子通过"爱人"来解释说明"仁"，"仁"作为一种普遍的道德准则，表达了一种含有多层级的"爱"的道德要求。

此外，通过孔子的学生在说明其"吾道一以贯之"时，言"夫子之道，忠恕而已矣"④，从而提出"忠恕"是施行"爱人"的重要途径与方法，这也是孔子对"爱人"思想的阐发。通过参照"仲弓问仁。子曰：'出门如见大宾，使民如承大祭，己所不欲，勿施于人，在邦无怨，在家无怨。'。"⑤ 以及学生子贡之理解"我不欲人之加诸我也，吾亦欲无加诸人"⑥ 等的观点，所谓"恕"，是指"己所不欲，勿施于人"，所谓"忠"，孔子没有直接作出说明，通常也多以"夫仁者己欲立而立人，己欲达而达人"⑦ 进行解释。这样"忠"与"恕"相通而有别，分别从积极与消极两个方面展开了对"爱人"的论述。他的这一项重要的仁爱原则，建立在一个朴素而重要的思想前提之上，那就是人心相同、人欲相近、人格平等、人与人要将心比心，这样才能从"爱人"之心出发，"施于己而不欲"，推知人亦不欲，这样推己及人，"能今取譬"。通过"忠恕"之道来实行"爱人"的目的，达到人与人之间的相互理解、相

---

① 《论语·学而》
② 《论语·阳货》
③ 《论语·子路》
④ 《论语·里仁》
⑤ 《论语·颜渊》
⑥ 《论语·公冶长》
⑦ 《论语·雍也》

互宽容与相互尊重。

　　"仁"是孔子道德思想的核心，但是"仁"并不是孤立的。孔子提出"仁"的根本目的是要塑造一个能建立和维护良好社会秩序，承担历史使命所需要的理想人格——"君子"。在孔子看来，要变"天下无道"为"天下有道"，必须依靠具有君子这一理想人格的"仁人志士"的不懈努力。通过"子曰：'知者不惑，仁者不忧，勇者不惧。'。"① 我们可以得出君子的理想人格应当是"知、仁、勇"的有机统一之结论，其中"知"亦有学者译为"智"，综合各家观点，可将"知"认为一方面是"知礼"，认识人与人之间的伦理道德关系，另一方面为智慧，聪明才智。通过"知者利仁"②，我们可知有了"知"，就有利于"仁"的实施。同样对于"勇"，有"仁者必有勇，勇者不必有仁"③ 之言，即凡是真正具有仁德的人，必定是勇敢的；而仅仅勇敢的人，未必有仁的品德，"勇"必须符合"仁"。这样一来，"知"与"勇"就从属于"仁"，它们都是"仁者"所应该具备的品德，再通过"君子去仁，恶乎成名？君子无终食之间违仁，造次必于是，颠沛必于是"④，即君子之所以为君子，就在于具有"仁"的道德，在于时时刻刻不抛弃"仁"，那怕是仓促之间，颠沛流离之时，都坚持致力于"仁"，当然，这里所说的"君子"不是实称，正是上文中的"仁"的人格化，理想人格，从而"仁"成为了"知、仁、勇"三者的核心。

　　在孔子的理想人格"君子"中，还包括着他明确提出的一个必备道德要求与规范，那就是"中庸"。从"子曰：　'中庸之为德也，其至矣乎！……'。"⑤ 可见孔子对"中庸"的推崇，认定中庸是最高的德行，同时也是人们在生活实践中恰当掌握行为分寸与尺度所应遵循的一项比较重要的道德准则。从"子贡问：'师与商也孰贤？'子曰：'师也过，商也不及。'曰：'然则师愈与？'子曰：'过犹不及。'。"⑥ 可见"过"与"不及"是相反的量的极端，它们同样是不恰当的道德准则，孔子认为"中庸"之含义为"两端"取其中，也就是既无过，而又无不及。同样"子曰：'不得中行而与之，必也狂

---

①　《论语·子罕》

②　《论语·里仁》

③　《论语·宪问》

④　《论语·里仁》

⑤　《论语·雍也》

⑥　《论语·先进》

狷乎！狂者进取，狷者有所不为也。'。"① 其中"狂"即狂妄、激进，"狂"者敢作敢为，勇于进取，但却容易偏激冒进，而"狷"即拘谨、谨慎，思前顾后，小心谨慎，但易流于退缩无为，它们也是相互对立的两个极端。孔子的主张是，既不偏向于"狂"，也不偏向于"狷"，而是在两者之间，保持一种平衡状态，故在《论语》中，也将"中庸"谓之为"中行"。从"子张曰：'何谓五美？'曰：'君子惠而不费，劳而不怨，欲而不贪，泰而不骄，威而不猛。'。"② 之言，也可以看出孔子通过对君子应具有的"五美"的解释，同样表达了其反对偏于一端，而坚持不偏不倚，于对立品行中取"中庸"之原则。当然从"子温而厉，威而不猛，恭而安"③ 之言，可见孔子本人亦可被称为符合中庸之道的典范。

在如何分析处理"利"与"义"之间的关系上，孔子的基本原则是"义以为上"④，"见利思义"⑤。结合子路所言"君子之仕也，行其义也"⑥，"义"主要是指君子所应当履行的道德义务，而"利"则一般指功利或利益，在孔子那里，主要指个人的私利，因此"义"与"利"的关系，本质上就是道德义务与个人利益之间如何进行价值衡量的问题。孔子的"见利思义"道德观点教育人们在见到有利可图的事情的时候，一定要先考虑自己应尽的道德义务，对于符合道义的利益是可以适当考虑的，而对于不符合道义的利益一定要自觉舍弃，即在价值衡量中，当"义"与"利"发生冲突时，履行道德义务应该放到第一位，类似于宪法，是上位法；而个人利益应该放到第二位，是下位法。虽然孔子倡导"见利思义"，但是通过其所言"富与贵，是人之所欲也……贫与贱，是人之所恶也"⑦，可知他并不一概否定人对自身利益的欲求，但同时又接着言之"不以其道得之，不处也……不以其道得之，不去也"⑧，就是说一个人追求个人之利益，求富贵，去贫贱，是有前提的，那就是都必须

---

① 《论语·子路》
② 《论语·尧曰》
③ 《论语·述而》
④ 《论语·阳货》
⑤ 《论语·宪问》
⑥ 《论语·微子》
⑦ 《论语·里仁》
⑧ 《论语·里仁》

符合道义，"义然后取"①。同时，通过"不义而富且贵，于我如浮云"②，可见孔子在认可人们以"义"为一定限度的取利行为之时，坚决反对不顾仁义道德而追逐个人私利的行径。

（二）墨家传统道德

春秋战国之交，在思想活跃的百家争鸣氛围之中，墨家开始产生。当时其学者成员多来自于社会下层并指称为"墨者"，墨者中从事谈辩者，称为"墨辩"；从事武侠者，称为"墨侠"，他们都要服从首领"钜子"的领导。墨家是当时唯一可与儒家相抗衡的学派，因而与儒家其名，时称"儒墨显学"。墨家学派有前后期之分，前期思想主要涉及社会政治、伦理及认识论问题，后期墨家在逻辑学方面有重要贡献，并终成中国古代的主要哲学派别之一。墨子为墨家学派创始人，通常认为姓墨名翟，为战国时期鲁阳（今山东滕州）人。

墨子的核心道德观是"兼爱"，或称"兼相爱，交互利"，此亦为墨子肯定的处理社会人际关系时普适的道德原则，正如《吕氏春秋·不二》中所言"墨翟贵兼"。在"恶人而贼人者，兼与？别与？即必曰别也。然即之交别者，果生天下之大害者与？"③中，"交别"就是不仅是重于人际关系中的亲疏、厚薄之差别，还把彼此利益相对立，即是说只"爱己"，不"爱人"，是一种相对自私自利的观念，而墨子所认可的"兼爱"与"交别"相反，这样就从反面视角反映出了其仁爱思想与孔子的"爱人"类似，但是"兼爱"程度上更甚于孔子，又有"然则兼相爱、交相利之法将奈何哉？子墨子言：视人之国，若视其国。视人之家，若视其家。视人之身，若视其身。是故诸侯相爱，则不野战。家主相爱，则不相篡。人与人相爱，则不相贼。君臣相爱，则惠忠。父子相爱，则慈孝。兄弟相爱，则和调。天下之人皆相爱，强不执弱，众不劫寡，富不侮贫，贵不敖贱，诈不欺愚。"④为证。墨子在反对独知爱己的自私自利观念的基础上，要求视人若己，把别人的母国、家庭、人身都当成是自己的来同样看待，而人人不论在社会中的地位关系，若都能达到这种境界，就能创造出和谐美好的新生活，这样可见其超越了儒家亲疏有别的宗法血缘之观念。

对于"义"与"利"之辨，墨子"贵义"又"尚利"的功利主义思想对

---

① 《论语·宪问》
② 《论语·述而》
③ 《墨子·兼爱下》
④ 《墨子·兼爱中》

我国道德思想的形成和发展亦产生了重要的影响，其主张把仁义与利益相互结合，强调"义""利"的统一。由"今有一人，入人园圃，窃其桃李，众闻则非之，上为政者得则罚之。此何也？以亏人自利也。至攘人犬豕鸡豚者，其不义，又甚入人园圃窃桃李……当此天下之君子皆知而非之，谓之不义。"① 可见，墨子认为凡是符合"利人"、"利天下"的行为就是"义"，相反，"亏人自利"、"害天下"的行为则是"不义"，其中所谓"义"就是"利人"，再结合"若事上利天，中利鬼，下利人，三利而无所不利，是谓天德。故凡从事此者，圣知也，仁义也，忠惠也，慈孝也，是故聚敛天下之善名而加之。"② 可将"利人"扩大理解为"利天"、"利鬼"与"利人"，这个"利"早已超脱私利的范围，而是天下之利、天下百姓之利，而再与"若事上不利天，中不利鬼，下不利人，三不利而无所利，是谓之贼。故凡从事此者，寇乱也，盗贼也，不仁不义，不忠不惠，不慈不孝，是故聚敛天下之恶名而加之。"③ 相比较，"利人"还是"害人"，"利天下"还是"害天下"就成为了墨子区分"义"与"不义"的重要标准。结合"所谓贵良宝者，为其可以利也。而和氏之璧、隋侯之珠、三棘六异不可以利人，是非天下之良宝也。今用义为政于国家，人民必众，刑政必治，社稷必安。所为贵良宝者，可以利民也，而义可以利人，故曰，义天下之良宝也。"④ 可见"义"之所以是天下可贵的"良宝"，就在于可以"利人"、"利民"，也同样是"利天下"的道德至善的追求，这种义利合一之观点形成了我国传统道德观念中一个独具特色的功利主义。

（三）道家传统道德

道家的思想崇尚自然，有辩证法的因素和无神论的倾向，同时主张清静无为，反对斗争。道家思想不同于儒家社会哲学的进路，而是直接从天道运行的原理进行侧面切入，开展了以自然义、中性义为主的"道"的哲学，其核心是"道"，认为"道"是宇宙的本源，也是统治宇宙中一切运动的法则。老子是道家学说的创始人，据《史记·老子列传》载："老子者，楚，苦县厉乡曲仁里人也。姓李氏，名耳，字伯阳，谥曰聃，周守藏室之史也。"其姓李，名耳，字伯阳，谥曰聃，楚国苦县（今河南鹿邑）人。

老子的核心道德观是"无为"，"无为"取自其哲学体系的最高范畴

① 《墨子·非攻上》
② 《墨子·天志下》
③ 《墨子·天志下》
④ 《墨子·耕柱》

"道"，"道常无为而无不为。"① 一言，将"道"与"无为"相互沟通。老子称颂世界本源的道"生而不有，为而不恃，长而不宰，是谓玄德"②，即道生育万物而不占为己有，为万物的成长辛劳而不认为是自己的功劳，为万物之长却不对万物实行主宰，这才是至高至善的品德，老子称之为道的"玄德"，而且这种品德应该被包括人在内的万物所遵循、效法。老子又言"人法地，地法天，天法道，道法自然。"③，从人类社会到自然世界都应该把无欲无为即"自然"之道作为其活动的准则，"无为"才是人类社会与自然界发展的"大道"，而若操之相反，弃"无为"行"有为"，那么社会关系就会陷入混乱状态，各种不良现象就会产生，当然也会引发圣人智者制定出所谓的道德规范作为人们行为的准则，诸如儒家的仁义忠孝和"礼"德，同时也就有了仁义、孝慈和忠臣之称，有"大道废，有仁义。智慧出，有大伪。六亲不和，有孝慈。国家昏乱，有忠臣。"④ 为证。从"失道而后德，失德而后仁，失仁而后义，失义而后礼。夫礼者，忠信之薄而乱之首"⑤，道德的最高境界是"道"，即"无为"，然而因为上述的"有为"等原因，现实生活中不可能每一个个体都是"得道之人"人之间的行为总会与之有一定偏差，那就需要大家用下一个层级的"德"来调整，再不行，就"仁"、"义"，最后才是完全败坏了"无为"道德准则的"礼"，这里"无为"成为了圣人的最高美德，若人人做到"无为"，即朴素无欲、无意于为，则能"天下将自定"。

同样，"无为"也不是独立存在的，从"圣人之道，为而不争"⑥，可见其引发出了"不争"这一重要的道德规范。从"上善若水，水善利万物而不争"⑦ 之言，即善良的品德如流动的水，有利于万物的成长而不争地位，不求功名，以及"不自见，故明。不自是，故彰。不自伐，故有功。不自矜，故长。夫唯不争，故天下莫能与之争。"⑧ 之言，即一个人不坚持己见，才是明达；不自以为是，才得到彰显；不自我夸耀，才是真正有功德；不自高自大，才是胜人一筹，所以，只有真正不与他人争夺功名利禄的人，天下的人才无法

① 《老子》第三十七章
② 《老子》第五十一章
③ 《老子》第二十五章
④ 《老子》第十八章
⑤ 《老子》第三十八章
⑥ 《老子》第八十一章
⑦ 《老子》第八章
⑧ 《老子》第二十二章

与之争夺，可见老子提倡的"不争"就是所作所为要低调而行，不与他人争夺功名利禄等各种各样的利益，甚至不与自己的敌人争战，而其中的一个结果也会是社会人际关系的和谐。通过"福兮祸之所伏，祸兮福之所依。"① 所表达出的生活中富贵得失，"福"与"祸"相互转化的关系，老子把"不争"引申到了谦下不争、虚而不盈，就是"知足"、"知止"、"功成身退"与"勿矜"、"勿伐"、"勿骄"这样才能尽量避免灾祸，到达"自保"与"身存"之目的。

（四）法家传统道德

法家是中国春秋战国时代一个以君权为核心的政治思想学说，亦称为"霸道"，其为一种纯粹功利唯物主义的思想体系，内容核心主要是针对君主如何加强统治加以论证思辨，强调刑名之术，以效忠君王之权为归依。法家学派以主张"以法治国"的"法治"而闻名，否定了世袭贵族天然传承的等级制度，而提出了一整套其他的方法和理论替代，这为后来建立的中央集权的秦朝及其后各朝代提供了有效的理论依据。韩非，是法家思想的集大成者与代表人物，后世称"韩子"或"韩非子"，为战国末期韩国（河南省新郑）人。

韩非子虽师承荀子，但观念却与之大不相同，其核心道德观是以法代德的"不务德而务法"的非道德主义。为了说明用道德来调节人际关系是无济于事的，韩非子提出人性"自为"的观点，即人是不会主动自愿改变追求自己利益的这种利己的自然属性的。从"且臣尽死力以与君市，君垂爵禄以与臣市，君臣之际，非父子之亲也，计数之所出也。"② 所表达出来的君臣之间无非是一种类似的买卖关系，而后又结合"人为婴儿也，父母养之简，子长而怨。子盛壮成人，其供养薄，父母怒而诮之。子、父，至亲也，而或谯、或怨者，皆挟相为而不周於为己也。"③，即父母和子女之间都是通过对方对自己是否有利来相待，父母在子女年少时花费的金钱、精力等投入少，那等子女长大了赡养父母的时候也不会投入太多，由此进一步体现出，在韩非子眼中，人与人之间无非就是勾心斗角、尔虞我诈或者相互利用、买卖交换的赤裸裸的利害关系。

从"夫圣人之治国，不恃人之为吾善也，而用其不得为非也。恃人之为

---

① 《老子》第五十八章
② 《韩非子·难一》
③ 《韩非子·外储说左上》

吾善也，境内不什数；用人不得为非，一国可使齐。为治者用众而舍寡，故不务德而务法。"① 即圣人治理国家，不是要人们自觉为自己办事的善行这样的情况，而是要那种人们不敢做坏事的局面，要是靠人们自觉地为自己办事的善行，国内找不出多少人来，要是能形成人们不敢做坏事的局面，那么就可以使全国整齐一致，治理国家的人需要采用多数人都得遵守的措施，不能用只有少数人才能做到的办法，因此不应该推崇德治，而应该实行法治。可见韩非子在这里彻底否定了道德的作用，既然道德无法改变人之"自为"的本怹，那有效的手段就是"法"了，遂有"治民无常，惟法为治"②。再结合"母积爱而令穷，吏威严而民听从，严爱之策亦可决矣。"③，即母亲积聚母爱抚养子女后，命令其为一定行为却行不通，但是差役只要威严的命令，对应的民众就要听从之，这样威严和仁爱的策略到此就可以很显然的看出来了，可见韩非子认为，要达到相关目的，依靠道德教化不如采取严刑重罚之措施。

总之，在中华民族漫长的历史中，诸子百家，各放异彩，除上述外，还有董仲舒"天人和类"的道德观、王阳明"致良知"的道德观，孙中山"天下为公"的道德观等等，形成了博大精深、丰富多样的道德规范体系，并在中华民族的文明发展史上发挥了重要的作用，铸造了中国人特有的道德品质和民族精神。前述内容仅仅是对各家源头之探微与简要表述，仁者见仁、智者见智，在其后的历史进程中，这些学说又经过各家学者的努力，进行了补充、完善，都有了一定程度的发展，与此同时，不同学派也在一定程度上进行了融合，甚至有的观念趋于消失，最后形成了而今具有如下特点的中国传统道德。

二、中国传统道德的特点

（一）道德思想与政治思想的融合统一

西方社会的政治制度是以法制为基础，与之不同，我国连续几二年的封建社会则主要以宗法等级制度来维护其政治统治，政治思想也以道德伦理为其核心思想。④ 这体现出中国传统政治与传统道德伦理的紧密结合的悠久历史。剖析其形成的社会现实根源，不少学者多从以下两个方面来理解：其一，从根源上说，基于高度分散的、以家庭为单位进行生产的、农业为主的经济条件下，

---

① 《韩非子·显学》
② 《韩非子·心度》
③ 《韩非子·六反》
④ 杨慧：《试论中国传统道德教化的工具性》，《连云港职业技术学院学报》2009 年第 2 期。

形成了一定的以道德为主的血缘宗法关系，这种关系的再上一层建筑就是封建集权，而统治者为了形成相对稳固的社会结构，从而更好的维护其统治利益，必然要求作为基础血缘宗法关系的稳定，从而促使了传统道德思想与政治思想的紧密结合与统一。其二，则是因为中国传统思想的主要代表人物，大都是具有多重身份的，他们不但是思想家，同时又是政治家、社会活动家。他们在从事理论研究与学术争鸣的同时，另一方面又直接从事着治国理民的要务。他们的理论研究通常多围绕着各自所处时代的课题而展开，怀揣强烈的社会责任感，力求从世界观、人生观的高度，从"天道"中为"人道"找根据，进一步寻求根本性的治国良方，而这些都是直接为当时的社会政治所服务。

从具体情况上看，以文王、周公为代表的周初文化精英由殷之代夏、周之代殷的历史，进行了一次深刻、彻底的反思，对于夏、殷两代的废替，指出皆因："惟不敬厥德，乃早坠厥命。"① 即就是因为统治者没有采取敬从德治的方针，才导致了政权的提前更迭。在这里是否"敬德"，不仅仅是一个道德问题，而且是关系到政权兴衰的政治问题。随后孔子又提出要求统治者"为政以德，譬如北辰，居其所而众星共之。"② 即认为以道德原则治理国家，君主就会像北极星被群星围绕一样，受到爱戴。孟子又主张统治者以"以不忍人之心，行不忍人之政，治天下可运之掌上。"③ 即用怜悯体恤别人的心情，施行怜悯体恤百姓的政治，治理天下就可以像在手掌心里面运转东西一样容易了。同时，儒家历来强调"修身、齐家、治国、平天下"即以自我完善为基础，通过治理家庭，直到报效社会、平定天下。至汉代统治者把经由董仲舒归纳、推崇的"三纲五常"，作为"治国之要"，在这里传统道德规范直接变成了统治阶级实统治的工具。而自宋元以后，朱熹、程颢等理学家充分利用儒家的历史传统和社会基础，进一步强化了德育思想的权威性，并融合了道德文化与政治文化。这种中国传统道德思想与政治思想的融合统一，也使得中国传统道德有了顽强的生命力。

（二）"天人合一"的和谐交融

关于"天人合一"的最早说法，可参见"古者伏羲氏之王天下也，仰则观象于天，俯则观法于地，观鸟兽之文，与地之宜，近取诸身，于是始作八

---

① 《尚书·召诰》
② 《论语·为政》
③ 《孟子·公孙丑上》

卦，以通神明之德，以类万物之情。"① 即伏羲通过观察"天"与"地"的各种现象与运转法则，结合"人"本身，达到天人合一的状态后，修之身内求法，进而创立了八卦，描述了万物相通的情况。八卦的每一卦都有一个卦体，其中每一个卦的卦体都由三个线段组成，而每个线段都有一个象征意义，那就是上象征天，下象征地，中间象征人。② 这样就有了所谓的"天"、"地"与"人"并称的"三才"。对于这三者之间的关系，"与天地相似，故不违；知周乎万物道济天下，故不过；乐天知命，故不忧。"③ 及"与天地合其明，与四时合其序，与鬼神合其吉凶，先天而天弗违，后天而奉天时。"④ 等内容则具体说明了个人要与自然相互统一，才能更好的发展。

孔子通过"天何言哉？四时行焉，百物生焉，天何言哉。"⑤ 表达了对自然的谦和与敬畏，并阐明了自己眼中的"天"是一种四季更替运行，万物生长不息的自然规律，又通过"大哉：尧之为君也。巍巍乎唯天为大，唯尧则之。"⑥ 举例说明了人只有"则之"，即"则天"，效法天时，顺应自然之道，才能达到较高的成就，社会取得更好的进步与发展，从而将天道、天命的自然秩序与人类社会的道德实践联系起来，为"天人合一"命题奠定了思想基础。孟子通过"尽其心者，知其性也；知其性，则知天矣。存其心，养其性，所以事天也。"⑦ 谈到安身立命时说，运用心灵思考的人，就可以知道人的本性，知道了人的本性，那就能知道天命，先"尽心"、"知性"，然后"知天"，这样把心性与天命联系在一起，同样说明了人与天地万物，是一个统一的整体。老子有言"道生一，一生二，二生三，三生万物，万物负阴而抱阳，冲气以为和。"⑧ 以及"人法地，地法天，天法道，道法自然。"⑨ 意味着在老子那里人、地、天都统一于天地间的最高法则"道"，其天人合一思想同样表现了人与自然的统一。庄子则从"道"的观念开始，通过"天地与我并生，而万物

① 《易经·系辞下传》

② 参见魏世梅等 著：《儒家和谐观的转换与建构》，中国社会科学出版社 2009 年第 1 版，第 103 页。

③ 《易经·系辞上传》

④ 《易经·系辞上传》

⑤ 《论语·阳货》

⑥ 《论语·泰伯》

⑦ 《孟子·尽心上》

⑧ 《老子》第四十二章

⑨ 《老子》第二十五章

与我为一"①，表达了其天人合一观，认为天地、万物和人平等的。

至汉代，董仲舒则通过提出了"天人相类"的逻辑环节而提出"天人合一"。首先，通过"天高其位而下其施，藏其形而见其光。高其位，所以为尊也；下其施，所以为仁也；藏其形，所以为神；见其光，所以为明。故位尊而施仁，藏形而见其光者，天之行也。"② 对天化育万物，虚空无形，有日月星光等描述，董仲舒赋予了"天"以神秘的性质，本质上是对自然的"天"的拟人化，而道德伦理化就是其拟人化的主要体现，又要求皇帝或其他尊贵之人按照天道施行仁政，这样就将"天"与"人"结合在了一起。其次，董仲舒通过"人之为人，本于天，天亦人之曾祖父也"以及"人之形体，化天数而成；人之血气，化天志而成；人之德行，化天理而成；人之好恶，化天之暖清；人之喜怒，化天之寒暑；人之受命，化天之四时。"③ 即人的各个方面本来均来自于上天的不同元素，故提出了道德伦理上的"以类和之，天人一也"④ 即"天人相类"的观点，将"人道"与"天道"统一。

随后到宋朝，张载通过"儒者则因明至诚，因诚至明，故天人合一，致学而可以成圣，得，而未始遗人！"⑤ 而从道德角度明确提出了"天人合一"；程颢与程颐通过"天人本无二，不必言和"⑥ 及"道未始有天人之别"⑦ 等，表达了"天"与"人"统一于"一理"的天人合一观；陆九渊通过"宇宙便是吾心，吾心即是宇宙"⑧，进而从"心即理"的角度论证天人合一。以上种种"天人合一"之观念的是"中国传统道德思想追求的最终价值目标"⑨，是历代先贤从生活实践的获得的重要道德观的特点之一。

（三）反省内求的道德修养

中国传统道德之基础是围绕作为主体的"个人"而展开的，多要求个体去"修身"，即培养自己良好的道德品行，在诸子百家到其后各流派于传统道

---

①　《庄子·齐物论》

②　《春秋繁露·离合根》

③　《春秋繁露·为人者天》

④　《春秋繁露·阴阳义》

⑤　《正蒙·乾称》

⑥　《二程遗书》卷六

⑦　《二程遗书》卷二十二

⑧　《陆九渊集·年谱》

⑨　徐柏才：《历史的视角：中国传统道德思想的再认识》，《中央民族大学学报（哲学社会科学版）》2006 年第 3 期。

德所做的论述中，纵使有不少"性本善"抑或"性本恶"等观念截然相反的争议，仍多呈现出这样一个突出主体地位，强调自我修养，实现道德自律之境界的特征。

通过"性相近也，习相远也"① 这一孔子之言，虽然尚不足以表明孔子对人性的明确看法，但是却可以清晰得出，他认为人在本性上是相近的，相差无几的，而人之所以在道德品质上有各种差异，是由于后天习俗的不同所造成的，因此，个人出生后的道德修养就很重要了。孔子要求个人要积极主动的"博学而笃志，切问而近思"②，还要"吾日三省吾身"③，并"见贤思齐焉，见不贤而内自省也"④ 时刻对自己进行反省。随后孟子在性善论的基础上，吸收发展了孔子的"内自省"之观点，提出了自己的看法，通过"尽其心者，知其性也，知其性，则知天矣。存其心，养其性，所以事天也。夭寿不贰，修身以俟之，所以立命也。"⑤ 表达了个人或寿或夭，由命而定，人无能为力，应该把力所能及的存心养性，作为自己的安生立命之法的见解。孟子又说"仁者如射，射者正己而后发。发而不中，不怨胜己者，反求诸己而已矣。"⑥ 进而阐释了要对自己的思想行为从动机上坐自我反省的观点。对于提出了"性本恶"之观念的荀子，通过"吾尝终日而思矣，不如须臾之所学也。吾尝跂而望矣，不如登高之博见也。登高而招，臂非加长也，而见者远……君子生非异也，善假于物也。"⑦ 而举例说明了君子并非是天生的，而之所以为君子，就是因为善于学习，他又提出"青，取之于蓝，而青于蓝……君子博学而日参省乎己，则知明而行无过矣。"⑧ 亦举例说明了人除了要主动学习，有广博的知识外，还应该多进行反省。从"心即理也"出发的陆九渊也言"本无欠阙，不比他求，在自立而已。"⑨ 甚至提出了为学只求内求本心，向内用功，不仅不需要向外求索，甚至也无需读书的极端"内求"的理念。

从以上不难看出，中国传统道德中的这种认可主体价值，强调反省内求的

---

① 《论语·阳货》
② 《论语·子张》
③ 《论语·学而》
④ 《论语·里仁》
⑤ 《孟子·尽心上》
⑥ 《孟子·公孙丑上》
⑦ 《荀子·劝学》
⑧ 《荀子·劝学》
⑨ 《陆九渊集·杂说》

思想特征，充分肯定了个人自身的价值以及主观能动性的作用，对提高人们自我修养的自觉性，鼓舞人们追求理想人格的勇气，坚定人们实现道德理想的信心等都具有十分重要的意义。

（四）引礼入法的礼法结合

"礼"源于古代一种宗教祭祀仪式，目的是"事神致福"，其凝聚了中国传统道德的核心精神，是中国古代行为规范体系的核心，其内容主要是规定了在等级秩序中人们的义务性准则；"法"源于"刑"，有"刑，常也，法也"①之说，自商鞅变法，改法为律，其又常与"律"字通用，而有"律之与法，文虽有殊，其义不也"②之言，其概念为国家制定或认可，并以国家强制力保证实施的，反映统治阶级意志的规范体系。"礼"与"法"的结合，使"以礼为核心的儒家道德规范实现了法典化，同时也使以刑为核心的法实现了道德化。"③，遂于中国古代传统生活中产生了道德的法律化现象。

从古代社会早期始，在以夏后氏统治为核心、以家族与宗族制度为纽带建立的夏代，忠孝是要求人们自觉遵守的伦理道德规范，也是维护社会秩序的基本行为规范。"不孝"不但要遭受社会舆论的强烈谴责，而且也是刑法严厉打击的最大犯罪，有《孝经·五刑章》中"五刑之属三千，而罪莫大于不孝"为证。后商代继续沿用了"不孝"之罪名，在《商书》中有"刑三百，罚莫大于不孝"的记载。至周人创造了"以德配天"的民本思想，并将"德"这一抽象的伦理道德准则落实到现实统治之中，就形成了"明德慎罚"的法律思想，进而为后世的"德主刑辅"理论的产生和发展奠定了基础。作为西周重要法律渊源的《周礼》，始终贯穿着一种原则，即体现了以"孝"为核心的男尊女卑关系的宗法伦理道德规范之"亲亲"，和体现了以"忠"为核心的等级差别规范之"尊尊"。在西周刑事法律方面，由"八十、九十曰耄，七年曰悼，悼与耄，虽有罪，不加刑焉。"④，可知年老健忘者或年幼无知的未成年人违法犯罪，免于追究刑事责任，在民事法律方面上，"财产法"中周王则行使其支配土地与民众等财产的最高所有权，"家族法"中婚姻制度中有"一妻多妾"原则，婚姻的解除有"七出"、"三不去"的规定，继承制度中也同样以维护父权与夫权的等级原则为宗旨。至秦朝《为吏之道》中对官吏的行为规

---

① 《尔雅》

② 《唐律疏义》

③ 刘最跃：《论中国古代的道德法律化》，《湘潭师范学院学报（社会科学版）》2006 年第 2 期。

④ 《礼记·曲礼上》

范做出较为详细的规定，具体概括为"五善"、"五失"，则正是儒家提倡的贤臣、君子理念的法律体现。在秦朝，《法律答问》通过"甲小未及六尺，有马一匹自牧之，今马为人败，食人稼一石，问当论不当？不当论及赏（偿）稼。"表明了秦律以身高作为判断责任年龄的依据，进而认定"未及六尺"的幼小者不担责；通过"甲谋遣乙盗杀人，受分十钱，问甲未盈六尺，甲可（何）论？当磔。"表明了严厉处罚教唆未成年人犯罪的行为人。至两汉时期，在"仁"为精神指导下，汉文帝、汉景帝进行了废除肉刑的改革，其后汉景帝又颁布诏令："年八十以上，八岁以下，及孕者未乳，师、侏儒当鞠系者，颂系之。"①，其后帝王亦颁布了类似诏令，确立了恤刑原则，对犯罪的老、幼、妇孺、病残者，在定罪量刑方面给予照顾。汉武帝时，采取了"春秋决狱"这种断狱方式，即用儒家经典特别是《春秋》中的大义作为司法裁判的指导思想，凡是法律中没有规定或者法律条文与儒家道德相违背，司法官都要以儒家经义作为裁判依据。同时，春秋决狱实行"论心定罪"原则，认为当犯罪人主观动机符合儒家的"忠"、"孝"精神时，即使其行为构成社会危害，也可以减免刑事处罚，相反，若犯罪人主观动机严重违背儒家倡导的精神，即使没有造成严重后果，也要认定犯罪给予惩罚。同时"以德主刑辅、三纲五常为主要内容的儒家学说，自西汉中期被采纳为官方学说以后，为后世历代王朝所沿袭发展，成为了中国封建社会的正统法律思想。"② 至汉宣帝时，通过诏书"自今子首匿父母，妻匿夫，孙匿大父母，皆勿坐。其父母匿子，夫匿妻，大父母匿孙，罪殊死，皆上请，延尉以闻"③ 等内容，将孔子曾提出的"父为子隐，子为父隐，直在其中。"④ 即亲属之间犯罪后相互包庇的亲亲得相首匿，这一儒家基本伦理要求，正式法律化，认定卑幼首匿尊亲长，不负刑事责任；尊亲长首匿卑幼，除死罪上请减免外，其他不负刑事责任，此原则也为后世所沿袭。在两晋、南北朝时期，通过将儒家礼仪原则引入刑事立法原则中，而产生了"准五服以治罪"并规定在《泰始律》中，其意是对于九族之内亲属之间相互侵害的犯罪行为，要根据五服所表示的远近亲疏关系定罪量刑，服制愈近，对以尊犯卑者的处罚愈轻，对以卑犯尊者的处罚愈重，服制愈远，则与此相反。在《北齐律》中将直接危害皇权统治的反叛、大逆、叛、

---

① 《汉书·刑法志》
② 张晋藩主编：《中国法制史》，高等教育出版社 2003 年第 1 版，第 80 页。
③ 《汉书·宣帝记》
④ 《论语·子路》

降、不敬；破坏社会安定与等级秩序的不道、不义；危害父权、夫权及家庭伦常的恶逆、不孝、内乱等行为正式确立了"重罪十条"之罪名。同时，《魏书·刑罚志》中"年十四以下，降刑之半；八十及九岁，非杀人不坐。""妇人当刑而孕，产后百日乃决"之记载，与《北魏律》中"八十以上，八岁以下，杀伤论坐者，上请"之规定，均可见对未成年人、孕妇以及老年人犯罪的特殊处理。在唐朝，《唐律疏议》序言中明确宣布："德礼为政教之本，刑罚为政教之用，犹昏晓阳秋相须而成者也。"在此指导下，唐律体现了"一准乎礼"的精神，即以儒家伦理道德原则作为立法指导思想和定罪量刑的依据，使原则性的道德规范被细化为法律条文，如《名例律》中就有"诸年七十以上、十五以下及废疾，犯流罪以下，收赎。犯加役流、反逆缘坐流、会赦犹流者，不用此律；至配所，免居作。八十以上、十岁以下及笃疾，犯反、逆、杀人应死者，上请；余皆勿论。九十以上，七岁以下，虽有死罪，不加刑；缘坐应配没者不用此律。"明确了对老年人、未成年人及残疾人犯罪的减轻、从轻或者免除处罚，此外还有将"三纲"原则的具体化和法条化后制定的"十恶"、"官当"、"八议"、"服制定罪"、"同居相隐"、"存留养亲"等制度。同时使道德规范成为可操作的法律规范，道德精神融入整部法律之中，如"见起火不告救"规定：如果有人看到某处起火，不呼救或不亲自去救火，会被判处徒刑一年。①

在宋朝有"慈幼恤孤"政策；在元朝有"赎金代替未成年人的刑事责任"的规定；在明清时期亦有"老幼不拷讯"、"散收"与"宽待怀孕女犯"之类的对特殊人群的保护措施。于此不再详细说明，总之在前后的朝代更替中，"前一朝法律的儒家因素多为后一朝所吸收，而每一朝又加入若干新的儒家因素，所以内容愈积愈富而体系亦愈益精密。"② 如对"不忠""不孝"的惩处以及家族法中尊卑、男女不平等的关系几乎见于每个朝代；唐代的"同居相隐"将本罪主体的适用范围扩展到四代以内的亲属、部曲和奴婢；元朝的《大元通制条格》继承并发展了"服制定罪"、"八议"等内容；明朝的《大明律》扩大了"十恶"罪的侵害对象的范围；直至清末，道德的法律化还体现在沈家本修律的过程中，其不得不向以"礼教派"妥协，而在《大清新刑律》后附着五条《暂行章程》，将"子孙违反教令"、"无夫奸"等本应属道

---

① 王静：《中国古代道德法律化研究》，河北大学博士学位论文。
② 瞿同祖：《中国法律与中国社会》，中华书局 2003 年第 1 版，第 373 页。

德调节的内容强行纳入法律调节之中，这些传统道德中的纲常礼教等内容被引入刑律，形成了一种特色。

第二节　中国传统道德对未成年人的影响分析

在如何看待中国传统道德这一问题上，长期以来一直存在两种截然相反的观点：一种是基于或"左"或"右"的干扰，长期被作为否定、批判、打倒以至革命的对象，"全盘否定"、"彻底砸乱"的虚无主义；另一种则是基于矫枉过正或者冥顽不化，而毫无甄别地全面接受的复古主义。对这两种极端，我们都应该予以反思。马克思说过："人们创造自己的历史，但是他们并不是随心所欲的创造，并不是在他们自己选定的条件下创造，而是在自己直接碰到的、既定的、从过去继承下来的条件下创造。"① 中华民族亦是如此，在五千多来年来的历史进程中，创造了博大精深、自成一体的传统道德，其中当然有需要我们继续传承和弘扬的积极成分，但同时由于各种条件之局限性，其亦囊括了需要我们摒弃的消极成分，从这个角度上看，传统道德本身就是一个矛盾的统一体，呈现出糟粕与精华并存，进步与局限同在的两重性。正确的观点应该是清晰认识到其两重性，从而对中国传统道德批判地继承。对传统道德进行分析、鉴别，区分精华与糟粕，并予以扬弃。

《中共中央国务院关于进一步加强和改进未成年人思想道德建设的若干意见》指出"未成年人是祖国未来的建设者，是中国特色社会主义事业的接班人。目前我国 18 岁以下的未成年人约有 3.67 亿。他们的思想道德状况如何，直接关系到中华民族的整体素质，关系到国家前途和民族命运。高度重视对下一代的教育培养，努力提高未成年人思想道德素质，是我党的优良传统，是党和国家事业后继有人的重要保证。"而在此之前，面对国内外形势的深刻变化，面对建设未成年人思想道德的新的机遇与严峻挑战，建设一个既遵循思想道德建设的普通规律，又适应未成年人身心成长的，同时与社会进步相适应的新道德建设系统，需要我们首先从未成年人思想实际和生活实际出发，清晰的认识我国传统道德中的积极成分与消极因素及其对未成年人的影响。我们要引导未成年人继承和发扬其中如强调为民族、为国家的集体主义精神，推己及人

---

① 《马克思恩格斯全集》第 8 卷，第 121 页；转引自邹总兰：《深挖历史教材，弘扬传统美德》，山东师范大学硕士学位论文。

的仁爱原则，勤俭立家的艰苦奋斗精神等积极、进步、革新的精华部分，又要坚决剔除其中如男尊女卑、因循守旧、江湖信念等消极、保守、落后的糟粕部分。下文将在简要介绍主要消极成分与积极成分的基础上，侧重于刑事法律之视角，分析它们对未成年人可能产生的影响，并辅以真实案例予以阐明。

一、传统道德的积极成分及其缺失对未成年人的影响

（一）集体主义和爱国主义精神

中国传统道德思想历来强调维护集体、社会、国家的利益，强调为社会尽责、为国家尽忠的无私奉献精神。在孔子"身修而后家齐，家齐而后国治，国治而后天下平。"① 观念的基础上，孟子也以"平治天下"为己任，倡导"格君心之非"，开创了中国历史上为国家为生民冒死直谏的先河。从张载的"为天地立心，为生民立命，为德圣继绝学，为万世升太平。"到黄宗羲的"不以一己之利为利，而使天下受其利；不以一己之害为害，而使天下释其害。"②；从王昌龄的"黄沙百战穿金甲，不破楼兰终不还。"到范仲淹的"先天下之忧而忧，后天下之乐而乐。"；从顾炎武的"天下兴亡，匹夫有责。"到林则徐的"苟利国家生死以，岂因祸福避趋之。"等等，无一不是对上述精神的真实写照，从一定意义上讲，正是在这种大义思想的影响下，中华民族出现了无数为国家、民族与社会的利益而抛头颅、洒热血的英雄儿女，才没有因内忧而解体，没有因外患而屈服，也正是这种精神培养了中国人的正义感和是非心，形成了民族的浩然正气，凝结了民族的气节，升华为深厚的爱国主义情感以及整体主义精神，永远激励着后来者为了国家的繁荣、民族的富强、社会的和谐而奉献自己的力量。

在对未成年人的影响上，我们可以看到诸如"生的伟大，死的光荣"的刘胡兰为了配合武工队打击敌人而英勇就义，尚在沈阳读书的少年周恩来提出"为中华之崛起而读书"的理想追求，以及作为儿童团员的王二小为保护乡亲而将日军带入我军伏击圈后被敌人所杀等等各种事例。随着国民经济的发展，物质生活水平的提高，传统美德也不断在未成年人心中流逝，上述积极方面的影响遂不是讨论的重点，在此部分中，我们更应该关注这种道德精华因素的缺失对未成年人所产生的消极影响，在敲响警钟的同时，也为政策制定者提供了基础材料。

---

① 《礼记·大学》
② 《明夷待访录·原君》

就积极成分的道德缺失对未成年人的影响，在已确定了"积极成分"的情况下，还需要对"未成年人"进行界定。从刑事法律角度上看，未成年人是指不满十八周岁的自然人，但是基于对不满十四周岁的人为完全无刑事责任能力之规定，因此刑法学意义上的未成年人是指已满十四周岁不满十八周岁的人。就未成年人保护方面，刑法上有当其犯罪后，"应当从轻或者减轻处罚"以及"不适用死刑"等规定，刑诉法中有"不公开审理"以及"指定辩护"等制度。至于民事法律中，则有未成年人的监护制度，在保护其人身、财产及其他权益不受损害的同时，也在一定程度上承担其产生的侵权责任。民事责任多以经济赔偿为主，而刑事责任多为监禁之刑罚，相较而言，刑事违法产生的后果更为严重，故此下文及对应的各部分多以刑事角度视角剖析消极影响。

从刑法角度具体剖析，如果缺乏集体主义与爱国主义精神而做出危害集体、国家利益的行为，那么这种行为最有可能构成的类罪是危害国家安全罪和危害公共安全罪。危害国家安全罪，是指故意危害中华人民共和国的主权、领土完整与安全，破坏国家统一，颠覆国家政权、推翻社会主义制度及其他危害国家安全利益的根据刑法应予刑罚处罚的行为。危害国家安全罪的法益是国家安全，即中华人民共和国的主权、领土完整与安全，人民民主专政和社会主义制度。危害国家安全罪是由1979年刑法中的"反革命罪"修改而来，在构成要件中，其以中华人民共和国的国家安全为本罪侵犯的客体；以实施了危害中华人民共和国安全的行为为客观方面；以一般主体作为犯罪主体；以故意作为主观方面。根据刑法第102条至第112条的规定，可以将危害国家安全罪分成以下三类：危害国家政权和分裂国家的犯罪，叛变、叛逃的犯罪和间谍、资敌的犯罪。危害公共安全罪，是指故意或者过失的实施危害不特定多数人的生命、健康或者重大公私财产的安全的行为。危害公共安全罪是危险性最大、最为严重的一类普通刑事犯罪，其保护的法益是公共安全。在构成要件中，其以公共安全，即不特定多数人的生命、健康或者重大公私财产的安全作为本罪侵犯的客体；以行为人实施了某种危害或足以危害公共安全的行为为客观方面；以一般主体（即年满16周岁，具备刑事责任能力的自然人）和特殊主体作为犯罪主体；以故意或者过失作为主观方面。根据刑法第114条到139条的规定，可以将危害公共安全罪分成以下五类：以危险方法危害公共安全的犯罪，破坏公用工具、设施危害公共安全的犯罪，实施恐怖、危险活动危害公共安全的犯罪，违反枪支、弹药管理规定危害公共安全的犯罪，造成重大责任事故危害公共安全的犯罪。

根据刑法第 17 条的规定，作为不满 14 周岁的未成年人，如果实施了对社会有严重危害的犯罪行为，是完全不用承担刑事责任的，如果其已满 14 周岁不满 16 周岁，那么仅就故意杀人、故意伤害致人重伤或者死亡、强奸、抢劫、贩卖毒品、放火、爆炸、投毒这八类行为承担刑事责任，而已满 16 周岁的未成年人犯罪，则应该依法承担刑事责任。对危害国家安全罪而言，虽然不满 16 周岁的未成年人不会对此承担刑事责任，并且少有案例表明其实施过这样的行为，但是我们依旧要提高警惕，尤其是在新疆、西藏、云南等边远民族聚居区，防止未成年人被境内外各势力利用邪教组织蛊惑、教唆而实施分裂国家或者颠覆国家政权等行为。对危害公共安全罪而言，不少未成年人缺乏集体主义精神，置不特定多数人的合法权益于不顾，实施了诸如放火、盗窃爆炸物、非法持有枪支等严重侵犯公共安全的犯罪行为，下文将通过案例具体说明。

　　刘某某、宋某某、张某放火案。① 行为人刘某某（1988 年 2 月 19 日出生）、宋某某（1987 年 12 月 26 日出生）及张甲（1989 年 6 月 5 日出生，另案处理），因对北京市海淀区蓝极速网络技术服务中心（以下简称"蓝极速网吧"）不满，经刘某某提议，宋某某、张甲同意放火烧"蓝极速网吧"，张某（1985 年 2 月 17 日出生）知情后积极参与。2002 年 6 月 15 日，刘某某、宋某某、张甲与被告人张某在张某的住处再次预谋用汽油烧"蓝极速网吧"，张某提出："先去晓蕾网吧玩，等二三点钟再去烧。"当日 23 时许，刘某某、宋某某、张甲、张某去北京市晓蕾文化交流中心（以下简称"晓蕾网吧"）途中，宋某某、张甲用刘某某提供的 5 元人民币和二人在张某住处拿的雪碧饮料瓶，到附近的加油站购买汽油 1.8 升，后四人一起到"蓝极速网吧"旁边的"晓蕾网吧"伺机作案。2002 年 6 月 16 日 2 时许，宋某某、张甲经刘某某同意后，携带汽油、打火机等作案工具到"蓝极速网吧"楼下，张甲将汽油泼洒在"蓝极速网吧"楼梯中间平台至一楼楼梯入口处，宋某某将汽油引燃，造成火灾，致使正在"蓝极速网吧"里上网及工作的王锐（男，时年 20 岁）、许力明（男，时年 18 岁）、张秀丽（女，时年 23 岁）等 25 人被烧死；致使刘亮、唐斌辉、史力等 12 人被烧伤，其中刘亮等 6 人为重伤；造成财物损失人民币 26 万余元。宋某某、张甲逃离作案现场。后在张某的住处，刘某某、宋某某、张甲、张某四人订立了"攻守同盟"，企图逃避法律制裁。后几人被北京市人民检察院第一分院以京检一分刑诉字（2002）第 191 号起诉书起诉。

---

① 北京市高级人民法院（2002）高刑终字第 494 号。

在本案中，行为人刘某某、宋某某、张某在公共场所使用放火手段进行报复，危害公共安全，造成多人死亡、重伤，致使公私财产遭受重大损失，三人的行为均已构成放火罪。行为人刘某某提议放火，出资购买汽油，决定放火的具体时间，在犯罪中起主要作用。宋某某积极参与预谋，购买汽油并直接实施纵火行为，在犯罪中亦起主要作用。张某参与预谋和放火犯罪，作案后又共谋逃避法律追究，属于放火犯罪的共犯。对刘某某、宋某某、张某依法均应予惩处。鉴于刘某某、宋某某、张某犯罪时未满18周岁，依法予以从轻处罚。经过二审判决，驳回上诉，维持原判，即刘某某犯放火罪，判处无期徒刑，剥夺政治权利终身；宋某某犯放火罪，判处无期徒刑，剥夺政治权利终身；张某犯放火罪，判处有期徒刑十二年。而张甲因为只有13岁，不负刑事责任，而于2002年6月28日被北京市公安局收容教养三年。

满益君等盗窃爆炸物、非法买卖爆炸物案。[①] 2011年1月6日晚上，被告人满益生电话邀约原审被告人姚某某去麻阳苗族自治县岩门镇吉怀高速公路十一标段满家隧道施工工地行窃。姚某某听后，又电话邀约上诉人满益君入伙。三人商定次日凌晨动手。次日凌晨2时许，满益君和姚某某乘坐出租车从麻阳县城赶至约定地点岩门镇满家桥上，与满益生会合。随后，满益生将所驾三轮摩托车停放在满家十字路口，三人即潜入满家隧道建设施工工地。满益君用撬棍撬开施工工地临时工棚仓库门锁，三人进入仓库后合力将存放在仓库铁箱里的岩石膨化硝铵炸药和岩石乳化炸药及雷管盗走，并用三轮摩托车连夜装运到麻阳县城准备销赃。姚某某到达麻阳县城后便下车离开。凌晨4时许，满益生电话联系原审被告人李昌武问询是否需要炸药、雷管，因李昌武开发山地栽种柑桔需要购买炸药开山碎石，便答应购买。早上6时许，满益君、满益生将所盗炸药、雷管全部装运到李昌武村里，李昌武明知满益君、满益生所盗炸药是赃物的情况下，仍以200元人民币的价格购买了部分岩石乳化炸药和10枚雷管。而后满益君、满益生将所得赃款200元人民币予以均分。当日下午4时许，满益君、满益生二人将卖剩的炸药和雷管藏匿于岩门镇岩门村拦河坝附近的山坡上。傍晚时分，满益生感到事态严重，便到麻阳苗族自治县公安局岩门派出所报案，谎称其与姚某某在山上拾得炸药，并将藏匿的爆炸物品全部装运到岩门派出所上交给值班民警。1月8日上午，公安机关通过排查发现吉怀高速公路十一标段满家隧道建设施工单位爆炸物品被盗。当日下午，办案民警通

[①] 湖南省怀化市中级人民法院（2011）怀中刑一终字第50号。

知满益生和姚某某到岩门派出所接受询问。问询中二人主动供述了伙同满益君盗窃爆炸物的犯罪事实，满益生还供述了将部分爆炸物品非法卖给李昌武的事实。当晚9时和10时许，公安机关分别将李昌武和满益君抓获归案。

在本案中，姚某某是一名已满16周岁，未满18周岁的未成年人，在本应该关心他人、热爱集体的年纪，却成为了犯罪行为的主犯，参与预谋，并积极主动地参与实施盗窃爆炸物的行为，还好在案发后，其罪行未被公安机关发觉时，被盘问、教育后，主动交代了犯罪事实，构成了自首，归案后有悔罪表现，而且本案被盗爆炸物品业已追回，没有造成严重的社会危害，在二审中法院维持了对其免予刑事处罚的初审判决。

胡某等寻衅滋事、故意伤害、非法持有枪支案。① 2005年5月30日晚9时许，张才荣、张才富（均已判决）和唐招圣（另案处理）等人因在浏阳市城区大都会溜冰场与青年陈清胜、陶佑荣及邱彦辉、邱豪等人发生口角并被威胁拿400元现金"了难"，遂邀集了胡光辉、严佳、李志强（均已判决）、刘守庆、"浪妹子"、"毛妹子"、"细武子"、谢伟（均另案处理）等人来帮忙。众人会合后决定先拿钱给陈清胜一方，再盯梢伺机报复。后刘守庆拿了390元现金由张才富交给邱彦辉。随后胡光辉、刘守庆一伙在滨河路杯莫停夜宵店商量准备砍刀租乘出租车去寻找对方报复，并电话告知被告人胡某（1988年6月27日出生）及胡景阶（已判决），要其送砍刀、火药枪来城区。次日0时30分许，被告人胡某和胡景阶从杨花乡租乘微型车并携带砍刀、火药枪赶到城区与胡光辉等人会合后，原审被告人一伙十余人即分两路在城区寻找陈清胜、陶佑荣、邱彦辉等人。其中张才富、张才荣、李志强、"浪妹子"、"毛妹子"等人乘坐被告人胡某和胡景阶租乘的微型车，胡光辉、严佳、刘守庆、谢伟等人租乘司机蒋继华的湘AXL228出租车。后被告人胡某等人在金沙中路原市电力局门口发现陈清胜、陶佑荣、邱豪3人，胡光辉等人闻讯也随即赶来。由被告人胡某和胡景阶各守1台车接应，其余同伙下车追砍陈清胜等人，陈清胜等人遂朝不同方向逃跑。张才荣、胡光辉、严佳、刘守庆等人持刀追砍陶佑荣，在追至罗家坝13号附近时，追上陶佑荣并将其追砍倒在地。与此同时，张才富、"浪妹子"、"毛妹子"持刀砍伤陈清胜后，陈清胜为躲避追砍，爬上胡景阶乘坐的负责接应的出租车并抓住车顶灯及立柱。胡景阶指使司机快开车，出租车往金沙南路行驶300米左右时，陈清胜因车速过快从车顶摔下死

---

① 湖南省长沙市中级人民法院（2009）长中刑一终字0194号。

亡。其后胡某在 2007 年 7 月 1 日晚与 2008 年 5 月 3 日晚又进行了多次犯罪活动，后于 2009 年 1 月 29 日，被公安机关抓获归案。

在本案中，行为人胡某于 2005 年 5 月 30 日实施寻衅滋事犯罪以及非法持有枪支罪时，已满 16 周岁，未满 18 周岁，应该能认识到其非法持有枪支的状态可能对社会造成极大危害，但却没有主动投案，而且在其后的生活中，又多次实施犯罪行为。最后法院的二审判决维持了原判：被告人胡轲犯故意伤害罪，判处有期徒刑五年；犯非法持有枪支罪，判处有期徒刑四年；犯寻衅滋事罪，判处有期徒刑三年，合并执行有期徒刑十一年。

除上述外，还有郭某某放火案①；左某某等聚众斗殴、故意伤害、非法持有枪支案②；梁某某非法持有枪支案③等事例，如果他们能有多一些的集体主义与爱国主义的意识，能考虑到自己的诸如投毒、放火、持枪等违法行为对这个社会所产生的巨大危害，或许就不会因此而被束缚在高墙之内了。

（二）仁爱原则和人伦价值

中国传统的仁爱原则就是要求人们在交往过程中不但要"己所不欲，勿施于人"，还要做到"恭"、"宽"、"信"、"敏"、"惠"，要积极替别人着想，同情人、敬重人、相信人、关心人、帮助人，待人以诚，施人以惠，而这里的"人"，不但是指亲人、国人、甚至还包括敌人，从这个角度看，第一届联合国防止犯罪和罪犯待遇大会通过的《囚犯待遇最低限度标准规则》，以及 1949 年 8 月 12 日在日内瓦订立的《关于战俘待遇之日内瓦公约》即日内瓦第三公约或许就是其"仁爱"范围的一种体现。对于人伦价值，早在《孝经·开宗明义章》中就有"夫孝，德之本也"等言论，而从《尚书》中的"五教"到孟子提出的"五伦"，再到《礼记》中的"十义"等均从不同的人与人之间的关系角度，规定了各人应遵循的不同道德准则，对其中的部分糟粕将在下文论述，在本部分则侧重于仁爱原则的基础之上，其中所表达出来的一种"老吾老以及人之老，幼吾幼以及人之幼"和"百善孝为先"等父慈子孝、兄友弟恭、长幼有序、朋友有信等积极方面的人伦价值。

在对未成年人的影响上，主要体现在其于校园中能积极主动帮助有困难的同学，以诚待之，尊敬师长，爱护学弟学妹；在家庭中，尊老爱幼，与兄弟姐

---

① 湖南省郴州市中级人民法院（2011）郴刑一终字第 31 号。
② 重庆市第四中级人民法院（2009）渝四中法刑终字第 38 号。
③ 贵州省从江县人民法院（2006）黔东从刑一字第 00022 号。

妹和谐相处；在社会生活中，能主动参加一些去敬老院、孤儿院等献爱心的公益活动，并能力所能及地协助路途中遇到的需要帮助的人等。而仁爱原则与人伦价值的在未成年人道德体系中的缺失则可能导致在校园中，形成同学之间的校园暴力，甚至是学生殴打老师的事例；在家庭中，出现杀父弑母、手足相残的案例；在社会中，出现侮辱诽谤，打架斗殴等行为，甚至是强奸、杀人或绑架等严重暴力犯罪。

从民法角度剖析，基于缺失仁爱原则与人伦价值而可能导致的上述中未成年人的民事侵权行为，一般会使受害方具有了损害赔偿请求权，而基于作为加害人的未成年人多没有独立的财产，而且 2010 年 7 月 1 日施行的《侵权责任法》要求监护人承担无过错责任，故对于金钱赔偿这一损害赔偿方法，则多由其监护人承担。而从刑法角度剖析，上述各类中未成年人的犯罪行为，均可以归属于无视他人之各项合法利益，侵犯公民人身权利罪。侵犯公民人身权利罪是指故意或过失侵犯他人人身及与人身直接相关的权利的行为。公民的人身权利是指法律所规定的与公民的人身不可分离的权利，只有权利人本人才享有，其包括生命权、健康权、性行为的决定权、人身自由权、名誉权、婚姻家庭方面的权利以及与人身有关的住宅不受侵犯等权利，是公民最基本、最重要的个人专属法益，是公民行使各项权利的基础和前提。本类罪的构成要件中，以公民的人身权利为侵犯的客体；以剥夺、破坏、妨害、损害、限制等方式非法侵犯公民人身权利的行为是客观方面；一般主体和特殊主体是本类罪的主体；除过失致人死亡罪、过失致人重伤罪外，其他犯罪都由故意作为主观方面。根据刑法第 232 条至第 262 条的规定，可以将侵犯公民人身权利罪分成以下五类：侵犯生命、健康的犯罪，侵犯性的决定权的犯罪，侵犯自由的犯罪，侵犯名誉的犯罪，妨害婚姻的犯罪。

曹某奸淫幼女案。① 1998 年 12 月 6 日晚 9 时许，被告人曹某与其他三名辍学的同龄男少年高某某、何某、曹某某（三人均不满 16 周岁），在曹某所在的学校校园逗留饮酒后，曹某迫使与其相识的该校初二女学生许某某（1986 年 6 月 9 日生），到学校附近曹某租住的房间里为其整理床铺，又强迫许某某饮用白酒。当许某某酒醉躺在该房间的床上休息时，曹某在高某某在场的情况下，对许某某进行了猥亵并实施了奸淫，后曹某于 1999 年 1 月 15 日被逮捕。

---

① 河南省三门峡市中级人民法院一九九九年七月六日审结。

在本案中，被告人曹某应该对作为晚辈的被害人关怀爱护，但最后却是严重侵犯了被害人的人身权利。虽然被告人犯罪时为不满16周岁的未成年人，又系初犯，偶尔与幼女发生性行为，并且在归案后的认罪态度较好，表示悔罪，其父亲表示以后要加强对其帮助教育，且具有帮教条件，但是法院审理后仍认为情节比较恶劣，危害比较大，其行为已构成奸淫幼女罪①，判处其有期徒刑二年，缓刑二年，并在二审中予以维持。

谌某故意伤害案。② 2008年9月1日20时许，高平中学学生赵某某在教学楼走廊上课间休息，被同学曹某抱起原地转圈嬉戏时，脚无意间碰脏了被告人谌某的衣服，被告人谌某遂朝赵某某左腰腹部踢了一脚泄愤，赵某某腹部疼痛于当晚送至益阳市人民医院住院治疗，因脾破裂致脾切除。经法医学鉴定，赵某某已构成重伤，六级伤残。案发后，行为人谌某被公安机关抓获归案，谌某的家属支付赵家兵医疗费5，500元。二审审理期间，上诉人谌某的亲属自愿赔偿赵某某各项经济损失80，000元，已兑现45，500（含已支付的5，500元），余款34，500元承诺于2009年7月6日前付清。

在本案中，被告人（上诉人）谌某与被害人赵某某系益阳市迎风桥镇高平中学同班同学，本应该宽容对方并互相谅解，但被告人却对同辈的非故意行为进行了过度报复而致其重伤。二审认定上诉人谌某不是以特别残忍手段致被害人赵家兵六级伤残严重后果的，应在三年以上十年以下有期徒刑幅度内处刑，加之上诉人谌某犯罪时未满18周岁，具备法定的从轻或减轻处罚的情节。上诉人谌某系初犯，认罪态度较好，民事赔偿积极，取得了被害人的谅解，可酌情从轻处罚。根据上诉人谌某的犯罪情节和悔罪表现，适用缓刑确实不致再危害社会，可以宣告缓刑，最后做出了谌某犯故意伤害罪，判处有期徒刑一年六个月，缓刑一年六个月的终审判决。

周某某故意伤害案。③ 2005年1月21日下午，被告人周某某伙同"农三"在西流中学教室扰乱学生上课，被关宏广老师责骂，二人就打电话给王康说被老师打了。王康、李青、李小香等人就赶到西流中学殴打关宏广，校警

---

① 按照《最高人民法院关于审理强奸案件有关问题的解释》之规定："对于已满14周岁不满16周岁的人，与幼女发生性关系构成犯罪的，依照刑法第十七条、第二百三十六条第二款的规定，以强奸罪定罪处罚；对于与幼女发生性关系，情节轻微、尚未造成严重后果的，不认为是犯罪。"本案应该判处"强奸罪"，但是此规定于2000年2月16日由最高人民法院公布了，2000年2月24日起施行，本案的终审裁定是在1999年7月6日作出，故有如上判决。

② 湖南省益阳市中级人民法院（2009）益法刑一终字第5号。

③ 海南省海南中级人民法院（2008）海南刑终字第197号。

颜宏良、郑磊上前制止，结果郑磊颈部被打伤，当李青拔出匕首要刺关宏广时被颜宏良抱住，李青就用匕首刺伤颜宏良左手前臂，后又刺伤颜左胸部。之后周某某等人逃离现场。后经公安机关鉴定关宏广、郑磊损伤构成轻微伤，颜宏良构成重伤，伤残等级评定为十级。颜宏良住院治疗 87 天，花去医药费 33，992.36 元人民币。此间西流中学照发颜某某的工资，西流农场也已全部报销了医药费。

在本案中，被告人周某某应该对作为长辈的教师予以尊敬，但却扰乱其正常工作乃至故意伤害老师，且严重扰乱的教学秩序，并造成了严重的后果。虽然行为人在作案时未满 18 岁，仍旧被法院判处了有期徒刑三年三个月，对应予赔偿的经济损失，则由其监护人承担。

除上述外，还有郭某某、刘某某强奸案①；白某某故意杀人案②；曹某、任某某故意杀人，陈某某、张某某故意伤害案③等案例，如果这些案例中的未成年人能较好的理解并接受我国传统道德中的仁爱、人伦价值观，怀着对晚辈照顾、对同辈理解、对长辈尊敬之心，或许就不会对他人造成巨大的伤害，同时也使得自己健全的家庭免遭毁灭。

（三）自强不息与诚实守信

自强不息是一种通过自己的不懈努力、完善、充实、提高自身的品格、道德的积极进取、持之以恒的精神，其最早见于《周易》中"天行健，君子以自强不息"，即天不假外力，全屏内因，强劲有力、永不息止地运行；有德君子也应效法天行，自强不息。从孔子的"发愤忘食，乐以忘忧，不知老之将至云尔"到孟子的"天将降大任于斯也，必先苦其心志，劳其筋骨，饿其体肤，空乏其身"；从荀子的"锲而舍之，朽木不折；锲而不舍，金石可镂"到康有为的国之振兴，"则惟在自强而已"④ 以及古代的"愚公移山"、"羿射九日"、"精卫填海"等神话故事都是自强不息的典范。诚实，即忠诚老实，就是忠于事物的本来面貌，不隐瞒自己的真实思想，不掩饰自己的真实感情，不说谎，不作假，不为不可告人的目的而欺瞒别人。"诚"是真善美的高度统一，是做人的根本，故孟子有言"诚者，天之道也；思诚者，人之道也。"⑤，从荀

---

① 陕西省府谷县人民法院（2011）府刑初字第 85 号。
② 河南省平舆县人民法院（2011）平刑初字第 194 号。
③ 浙江省高级人民法院（2008）浙刑三终字第 195 号。
④ 《上海强学会后序》
⑤ 《孟子·离娄上》

子的"君子养心莫善于诚,致诚则无它事矣"① 以及朱熹的"诚其意者,自修之首"②,可见"诚"也是道德修养中的关键一环。守信,就是讲信用,讲信誉,信守承诺,忠实于自己承担的义务,答应了别人的事一定要去做。孔子通过"人而无信,不知其可也。大车无輗,小车无軏,其何以行之哉!"说明守信方能立足社会,"信"乃立身做人的根本之一。《吕氏春秋》通过"天行不信,不能成岁;地行不信,草木不大"等将"信"上升为天道,欲以天行比喻人事,证明"信"应是人际关系的基本准则,同时又通过"君臣不信,则百姓诽谤,社会不宁。处官不信,则少不畏长,贵贱相轻。赏罚不信,则民易犯法,不可使令。交友不信,则离散忧怨,不能相亲。百工不信,则器械苦伪,丹漆不贞。夫可与为始,可与为终,可与尊通,可与卑穷者,其唯信乎!"表明如果人际关系缺少了"信",社会秩序就可能选入混乱。至汉初的贾谊将"信"列为"德之六美"之一,随后的董仲舒正式将"信"列为"五常"之一,其遂明确成为中国传统道德的基本规范之一。自强不息与诚实守信经过历代先贤、志士的弘扬提倡与身体力行,而今已成为中华民族精神的重要组成部分。

在对未成年人的影响上,主要体现在面对各种艰难困苦,未成年人依旧能顽强生活下去并坚持认真刻苦地学习,同时在社会生活中能继续保持诚信的精神。在生活中,未成年人在家庭困难、父母患病或者个人有肢体障碍的情况下,依旧能坚持拼搏奋斗自强不息等例子时常碰到;未成年人真诚待人,面对售货员多给的找零予以说明并退还或为了保持信用而做出了个人利益的牺牲等诚实信用的事例亦不少见。虽然社会中有类似于以上的各种良好情况,但是我们并不能忽视,由于自强不息的这一美德在未成年人道德体系中的缺失,而致其自暴自弃、自甘堕落、不自振作而卖淫、嫖娼、傍大款、赌博吸毒或者寻衅滋事,并屡教不改,同时诚实守信的缺失则可能致使未成年人实施坑蒙拐骗以及考试作弊等行为。

从法律角度剖析,基于缺失自强不息与诚实守信而可能导致的上述各种行为,如果社会危害性很小,如高校学生考试作弊,那么违反的是《普通高等学校学生管理规定》等部门规章以及学校的规范(若不同法律规范之间存在冲突,则按照"上位法优于下位法"、"特别法优于普通法"、"后法优于前

---

① 《荀子·不苟》
② 《四书章句集注·大学章句》

法"这三项基本规则解决）；如果社会危害性较小，如吸毒、数额较少的盗窃行为或者情节轻微的寻衅滋事行为，那么违反的是《治安管理处罚法》，而可能受到行政处罚，如果社会危害性大，如情节严重的寻衅滋事行为，那么违反的是《刑法》，而可能承担刑事责任。上述提到的寻衅滋事或者因为自甘堕落而参加黑社会性质的组织或者介绍卖淫等类似行为涉及的犯罪归属于妨害社会管理秩序罪。妨害社会管理秩序罪是指故意或过失妨害国家机关对社会的管理活动，破坏社会秩序，情节严重的行为。妨害社会管理秩序罪以社会管理秩序，即社会生活所必须遵守的行为准则与国家管理活动所调整的社会模式、结构体系和社会关系的有序性、稳定性与连续性。本类罪的构成要件中，本类罪侵犯的客体是社会管理秩序；在客观方面，本类罪表现为行为人违反各项社会管理法规，妨害了国家机关的管理活动，破坏了社会秩序且情节严重；本类罪的主体多数是一般主体，少数为特殊主体；本类罪的主观方面多数是出于故意，少数也可以由过失构成。根据刑法第 277 条至第 367 条的规定，可以将妨害社会管理秩序罪分成以下九类：扰乱公共秩序罪，妨害司法秩序罪，妨害国（边）境管理罪，妨害文物管理罪，危害公共卫生罪，破坏环境资源保护罪，走私、贩卖、运输、制造毒品罪，组织、强迫、引诱、容留、介绍卖淫罪，制作、贩卖、传播淫秽物品罪。至于未成年人因犯罪行为而被刑法处罚后，不是改过自新，从此开始自强不息，拼搏进取之路，而是屡教不改，继续实施犯罪行为，则就可能构成一般累犯，累犯是指被判处一定刑罚的犯罪人，在刑罚执行完毕或者赦免以后，在法定期限内又犯一定之罪的情况。根据我国刑法第 65 条的规定，一般累犯的成立条件是前罪和后罪都是故意犯罪，前罪所判处的刑罚和后罪应当判处的刑罚都是有期徒刑以上的刑罚；后罪必须发生在前罪刑罚执行完毕或者赦免以后五年之内。对于因为不诚信而实施坑蒙拐骗的违法行为，因为未成年人社会经历与心智发展有限，故一般不是主犯，而在共同犯罪中作为从犯或者胁从犯。根据刑法第 26 条第 1 款的规定，主犯是指组织、领导犯罪集团进行犯罪活动或者在共同犯罪中起主要作用的行为人；根据刑法第 27 条第 1 款的规定，从犯是指在共同犯罪中，起次要作用或者辅助作用的行为人；根据刑法第 28 条的规定，胁从犯则是被胁迫参加犯罪的行为人。当然在刑罚上，作为从犯，应当从轻、减轻处罚或者免除处罚；对于胁从犯，应该按照其犯罪情节减轻处罚或者免除处罚。

上海女中学生"援交案"①。从 2009 年底开始，小文、娜娜与萍萍这 3 名均未满 18 周岁的少女，通过网络 QQ、电话联系等方式，相互介绍或介绍其他少女与多名嫖客发生性关系，并收取嫖资和介绍费。与此同时，还有 4 名未成年女生在被小文等人介绍、引诱参与卖淫后，不仅没有意识到自己行为的违法性，反而介绍同学、朋友参与其中，并从中收取介绍费。

在本案中，据闸北区检察院的公诉，涉案人员多达 20 人，其中多数为在校中学生，2 人为未满 14 周岁的幼女，涉及上海市某职业学校分校、普通高中等 9 所学校。作为花季少女的她们，在成绩不好，学校不好，前景看似惨淡的情况下，更应该发愤图强，以个人最大的努力去提高自己的实力，但却多次实施犯罪行为，自甘堕落，不思悔改，摧残了自己与他人，走上了违法之路。

郭某某寻衅滋事案。② 2011 年 7 月 5 日 16 时左右，被告人郭某某（1993 年 4 月 12 日出生）以心情烦闷，想找人出气的想法，在某某县某某镇积善网吧，看到吴某某（1998 年 8 月 15 日出生）与同伴马某某（1999 年 12 月 5 日出生）、郭某（1999 年 1 月 12 日出生）便想拿这三名儿童出气。被告人郭某某以办事为名将这三名儿童先带到某某镇东积善村一胡同内，向吴某某强索现金 5 元，之后逼迫三人跟随其去偷铁，三人不从，被告人郭某某就对马某某、郭某二人进行殴打，致马某某被打倒在地后左肘擦伤。接着，郭某某又将三人带到东积善村村外的一块田地上，第二次向吴某某强索现金 14 元，并殴打吴某某。随后郭某某带着这三人在积善村游乐场遇到未成年人王某、付某某，郭某某又让这二人跟其一起去偷铁，郭某某带吴某某进入一白灰厂内后，其他人趁机逃跑。随后被害人吴某某也借机逃离郭某某控制。后被安阳县人民检察院以安县检刑诉（2011）437 号起诉书起诉。

在本案中，当被告人郭某某在心情烦闷之时，并没有通过运动健身或者阅读书籍等方式进行排解，也没有实施其他积极进取，提高自己的品行的自强不息的行为，却反其道而行，无事生非，在公共场所随意殴打多人，情节恶劣，已构成寻衅滋事罪，被判处有期徒刑一年。

江某因不授予学士学位决定案。③ 原告江某原系上海大学国际工商与管理学院 2006 级本科生。2008 年 11 月 18 日，江某在被告上海大学组织的《劳

① 《二十多名花季少女何以相约"援助交际"？》，《新民晚报》2011 年 11 月 5 日。
② 河南省安阳市安阳县人民法院（2011）安少刑初字第 171 号。
③ 上海市第二中级人民法院（2011）沪二中行终字第 34 号。

动经济学》考试中作弊。次日，被告根据该校《上海大学学生考试违纪、作弊行为界定及处分规定》第五条的有关规定，决定给予江某留校察看处分。2010年6月23日，江某穿着学士服，与其所在学院的人力资源专业其他2010届本科学生、老师一起拍摄了毕业合影照。2010年7月1日，江某修完教学计划规定的全部课程，成绩合格，上海大学准予其毕业。由于江某在校期间受过留校察看处分，依照《上海大学学士学位授予工作细则》第一条"学士学位评定条件"第1款第（2）项"就读期间无处分记录或仅有严重警告及严重警告以下处分"的规定，江某所在学院于2010年6月28日将其列入《上海大学2010届本科毕业生不授予学士学位名单（毕业）》，并报上海大学学位评定委员会审查通过。2010年10月20日，上海大学将不授予江某学士学位的决定以信访答复的形式告知了江某的家长。江某不服上海大学不授予其学士学位决定，遂起诉要求撤销该决定，后不服上海市宝山区人民法院（2010）宝行初字第42号行政判决，又提起上诉。

在本案中，作为学生的原告江某当然要努力争取好的成绩，但不能不顾一切、不择手段的去达到目的，这是一个关系到如何成人，如何成才的一个重大原则问题。一个人的成长和进步，不仅仅是学业上的提高，更重要的是思想、作风方面上的培养和锤炼。原告忽视了这样一个重要的问题，为此而犯了方向性的错误，后二审维持了一审驳回原告诉讼请求的判决。

二、传统道德的消极成分及其对未成年人的影响

（一）根深蒂固的不平等观念

起初，《尚书·舜典》最早提出处理家庭关系的一些基本原则"五教"，即"父义、母慈、兄友、弟恭、子孝"。后来，通过"齐景公问政"，孔子又提出了"君君、臣臣、父父、子子"[①] 之人伦观念，增加了君臣关系。而后，孟子在整理和总结道德规范的同时，提出了"父子有亲，君臣有义，夫妇有别，长幼有序，朋友有信"[②] 的"五伦"关系，认为君臣之间有礼义之道，故应忠；父子之间有尊卑之序，故应孝；兄弟手足之间乃骨肉至亲，故应悌；夫妻之间挚爱而又内外有别，故应忍；朋友之间有诚信之德，故应善。再后，《礼记·礼运》中也提出了"父慈、子孝、兄良、弟悌、夫义、妇听、长惠、幼顺、君仁、臣忠"的"十义"。最后，董仲舒将儒家的伦理思想概括为"三

---

① 《论语·颜渊》
② 《孟子·滕文公上》

纲五常"，其认为在人伦关系中，君臣、父子、夫妻三种关系是最主要的，而这三种关系存在着天定的、永恒不变的主从关系：君为主、臣为从；父为主、子为从；夫为主，妻为从，要求臣子必须无条件绝对服从君王；妻子必须无条件绝对服从丈夫；儿子必须无条件绝对服从父亲，亦即所谓的"君为臣纲，父为子纲，夫为妻纲"这三纲。三纲皆取于阴阳之道，具体地说，君、父、夫体现了天的"阳"面，臣、子、妻体现了天的"阴"面；阳永远处于主宰、尊贵的地位，阴永远处于服从、卑贱的地位。董仲舒以此确立了君权、父权、夫权的统治地位，把封建等级制度、政治秩序神圣化为宇宙的根本法则。"五常"实际上是"三纲"的具体化，其亦认为仁、义、礼、智、信五常之道则是处理君臣、父子、夫妻、上下尊卑关系的基本法则。董仲舒的理念被汉武帝所采纳，从此儒学开始成为官方哲学，并延续至今。这些思想把家庭伦理与社会伦理结合起来，从各种不同的人与人之间的关系，规定了封建社会中最基本的人伦原则，规定了个人在不同关系中应尽的道德义务。虽然如上述，在积极方面，其具有诸如促使家庭和亲、邻里和睦、社会和谐乃至天下和平之优点，并教育未成年人以尊老爱幼，善待同辈等恰当的人伦观念，但也正如前文所述，传统道德具有与政治思想的融合统一的特点，这种社会的安定团结是以维护封建宗法等级制度为目的，两千多年来中国封建专制统治者一直强调用它处理人们之间的关系，君王的行为不论有多荒唐，作为臣民的只有忠心跟随的份儿，绝对没有任何怀疑或批评的权利，这些观念不但把妻子、儿女变成了丈夫个人的财产，把全国臣民变成了君王一人的奴才，而且在很大程度上成为了束缚个人行动和思想自由的枷锁，抹杀了个人的怀疑与批判的权利，致使人与人之间的不平等观念根深蒂固。

在对未成年人的影响上，主要体现在其在学习中，不敢打破权威，充分发表自己的意见；在生活中，其对位高者的卑躬屈膝，不能据理力争，对位低者的趾高气扬，不能谦虚温和，即难以保持不卑不亢的态度；在价值观方面，其更偏向于以成为公务员，而非工人、农民或者商人等作为人生目标。

从刑法角度剖析，因为未成年人本来就处于这种"人伦位阶"的底层，所以多是作为根深蒂固的不平等观念的被害人出现。被害人是指"犯罪行为所造成的损失或损害即危害结果的担受者。"① 并多具有"被害性、'激化被

---

① 许章润主编：《犯罪学》，法律出版社 2004 年第 1 版，第 118 页。

害'性、互动性、'归责'可能性"① 等特征。根据被害人是否已遭受侵害，可以将其划分为既然被害人和潜在被害人，对既然被害人，应对其被侵害的权利予以保护；而对潜在被害人，则应积极采取预防性措施，以防止其转化为既然被害人或者犯罪人。在此部分中，加害人多涉及侵犯公民生命、健康的犯罪中的故意伤害罪、虐待罪、遗弃罪，以及侵犯性决定权的犯罪中的强奸罪、猥亵儿童罪等。不平等观念对被害人的影响主要体现在两个方面：其一是未成年人在面对老师、家长或者其他在伦理道德、社会地位层面处于高位的人的违法犯罪行为时，因为自己内心潜意识的不平观念而过度忍让，不敢反抗，不会表达自己的意见，不能恰当保护自己；其二是上述主体基于他们各自内心的不平等观念，而为不当行为，侵犯了未成年人的合法权益，而未成年人受害后能采取相应措施保护自己。

（二）"义"、"利"的片面价值导向

我国的春秋战国时代，儒家、墨家、道家、法家各学派思想家都从各自的立场和角度，对于处理人与人之间的利益关系，阐明了各自的义利观，其中"义""利"之辩多指社会公利与个人私利之间、道德原则与物质利益之间的关系，而此中体现的集体主义精神等积极因素是值得肯定的，这些在前文也略有论述。至西汉董仲舒以"天人感应"的哲学理论为基础，通过"君臣父子夫妇之义"等言论赋予"义"另一个层面的含义，使"义"成为以"三纲五常"为核心的伦理思想的重要内容②。此部分中讨论的"义"即取此层面的含义，侧重人伦价值中对朋友的"忠义"，为当今"义气"一词的简称。"义气"在《辞源》上有两种解释，一是指"刚正之气"，二是指"忠孝之气"③，其始见于《礼记·乡饮酒义》："天地严凝之气，始于西南而盛于西北。此天地之尊严气也，此天地之义气也。"本指天地间的严凝、肃杀之气，后词义逐渐发生畸变，演化成为结交朋友不分贵，为朋友两肋插刀，忠于友谊，勇于奉献，至于"利"，则有利益、功利之意，就其具体内容而言，广义的"利"不仅指向具有实体形态的物质利益，也包括可以转化为物质利益的其他因素，如名声、地位、权利等等，狭义的"利"仅指有实体形态的物质利益。在传统道德中，虽然历史上的各学派提出的重"义"或重"利"都在一定程度上适

---

① 苏方元："被害人的特征论"，载《行政与法》2006 年第 7 期。
② 张启伟：《传统义利观的历史发展及其当代价值》，哈尔滨工业大学硕士学位论文。
③ 《辞源》（修订本）第 3 册，商务印书馆 1979 年第 1 版，第 2497 页。

应了当时社会的客观情况，且多具有重"义"有利于人际关系的和谐，重"利"有利于个人发展等作用，但其中传承下来的对"义"或"利"的片面重视已经成为了不适应现在社会的糟粕。

在对未成年人的影响上，主要体现在重"义"致其盲目把哥们义气作为独特的信条和精神支柱，认为义气高于一切，极度认同"有福同享"、"有难同当"、"同生死、共患难"、"为朋友两肋插刀"等观念，在朋友有难时，不论对错，没有恰当的分寸与原则，而豁出一切去帮助。重"利"则致其价值取向的功利化，如在学习上，热衷于热门专业、实用知识的学习，轻视基础课，思想政治理论课的学习；在奋斗目标上，将社会地位、经济收入高低作为首要考虑的问题；在生活中，认定个人主义、享乐主义和极端的个人主义，并过分重视物质经济利益。

从刑法角度剖析，重"义"使哥们义气成了不良未成年人纠合在一起的无形思想枷锁，致他们在朋友遭受欺辱之时，忽视法律的作用，出于义愤而伤害他人，多构成故意伤害罪或者故意杀人罪，甚至明知行为违法而依旧实施，从洪门三十六誓之第四誓"入洪门之后，洪家兄弟闯出事来，有官差来捉拿，须当打救兄弟出关，不得阻挡。如有不法之人不肯救兄弟出关以及阻挡者，五雷打死施尸而亡。查出打百零八棍。"① 可见其亦自古有之，此行为多构成窝藏、包庇罪。由于"当前的团伙犯罪有很大一部分是因为'哥们义气'这一精神纽带联系起来而促成的"②，可知重"义"也多导致共同犯罪。共同犯罪是指两人以上共同故意实施的犯罪行为，不是各人行为的简单相加，共犯人不仅要对自己的行为直接造成的结果承担责任，而且要对其他共犯人直接造成的但与自己的行为具有物理的或者心理的因果性的结果承担责任。共同犯罪可以分为任意的共犯与必要的共犯，任意的共犯是指一人可以实行的犯罪，由两人以上共同实行的情况；必要的共犯是指刑法分则所规定的，必须由两人以上共同实行的犯罪。因为未成年人心智发展有限，所以多不会形成组织固定、目的明确的犯罪集团而实施共同犯罪，相反则多为较松散、偶发性的聚众型犯罪，且以归属于任意共犯的寻衅滋事罪以及归属于必要共犯的聚众斗殴罪为主。

---

① 刘平：《民间文化、江湖义气与会党的关系》，《清史研究》2002 年第 1 期。
② 丛梅：《社会转型时期犯罪人的犯罪目的研究》，《犯罪研究》2004 年第 2 期。

唐仲达故意伤害，陈更、陈某聚众斗殴案。① 2010 年 1 月 8 日下午，蒋纯华（另案处理）、唐仲达（1990 年 2 月 21 日出生）、陈某（1993 年 5 月 11 日出生）、陈更（1990 年 4 月 25 日出生）、"小王"、"二宝（在逃）"等六人到东安县城汽车东站玩耍。下午 4 时 30 分许，蒋纯华与同在游戏厅玩游戏的蒋旭祥为几枚游戏币发生口角，蒋纯华当场将蒋旭祥踢了两脚，后被游戏厅老板劝开，蒋旭祥继续在玩游戏，蒋纯华扬言要报复蒋旭祥便离开了游戏厅。离开游戏厅后，蒋纯华叫了一辆面的车，同时将被告人唐仲达、陈某、陈更以及"小王"、"二宝"纠集到一起，再乘面的车到"蓝海鸥网吧"接上"阿鹏"，然后准备好砍刀、管杀赶往汽车东站。蒋纯华与被告人唐仲达、陈某、陈更和小王、二宝、阿鹏等七人分别持砍刀、管杀冲下面的车追砍蒋旭祥、郭凌辉二人，蒋旭祥、郭凌辉被追到汽车东站停车场里面后分头逃跑，蒋纯华、唐仲达、陈某、陈更等七人便分头追砍二人，郭凌辉逃跑过程中摔倒在地，小王、二宝、阿鹏及被告人唐仲达追上后将郭凌辉乱刀砍伤。经法医鉴定，郭凌辉的伤构成重伤，且八级伤残。在审理过程中，被告人唐仲达、陈某、陈更与被害人郭凌辉就民事赔偿已达成和解协议，给予了赔偿。

在本案中，当蒋纯华扬言要报复蒋旭祥并着手实施，陈某作为朋友，本应该对他进行有效劝说并阻止其行为，即使是在两个被害人分开逃离后阻止对蒋旭祥的追砍也能构成一种减轻量刑的犯罪情节，但是却出于哥们义气与之一同持械报复被害人，终被以聚众斗殴罪判处有期徒刑一年五个月，同时其他共犯也受到了法律的追究。

从刑法角度剖析，未成年人重"利"则易致拜金主义，其对金钱等经济利益的不当追求易构成侵犯财产罪。侵犯财产罪，又称财产罪、财产犯、财产犯罪，是指以非法占有为目的，取得公私财物，或者挪用单位财物，故意损坏公私财物的行为。侵犯财产罪的法益是包括财产的占有权、使用权、收益权和处分权在内的财产所有权和其他本权。在构成要件中，本类罪以财产所有人对自己的财产享有占有、使用、收益和处分的权利为客体；以具有侵犯财产的行为为客观方面；以一般主体和特殊主体作为主体；以故意作为主观方面。根据刑法第 263 条至第 276 条的规定，可以将侵犯财产罪分成以下四类：暴力、胁迫型财产罪，窃取、骗取型财产罪，侵占、挪用型财产罪，毁坏、破坏型财产罪。

---

① 湖南省东安县人民法院（2011）东法刑重字第 5 号。

张龙飞、范伟涛、范飞、于某某盗窃案。[①] 在 2010 年 5 月与 6 月间，被告人张龙飞（1991 年 10 月 29 日出生）、范伟涛（1990 年 10 月 14 日出生）、范飞（1991 年 10 月 7 日出生）、杜永（杜三超，在逃）到西平县五沟营镇刘银红的鞋店，盗窃金帅牌运动鞋 6 双，价值 300 元；在 2010 年 7 月与 8 月间，被告人张龙飞、范伟涛、范飞、于某某（1993 年 3 月 28 日出生）于西平县火车站王瑞甫的话吧内，盗窃电脑键盘、移动卡、现金等价值 400 余元；伙同杜永于西平县人民医院后石庄石敬立诊所内，盗窃宝丰酒、帝豪烟、红旗渠烟、现金等价值 200 余元；被告人张龙飞、范伟涛、范飞到西平县城北街姚惠生家，盗窃新日电动车一辆，乌龟数只，价值 900 余元。2010 年 8 月 27 日，被告人范伟涛伙同他人到西平县火车站鑫三角盗窃徐威小鸟电动车一辆，价值 2，000 元。2010 年 8 月 28 日，被告人张龙飞、范伟涛、范飞、于某某到西平县商贸城杨青安的小卖铺内，盗窃烟酒、现金等价值 1，100 余元。后几人被西平县人民检察院以西检刑诉（2011）167 号起诉书起诉。

在本案中，当被告人于某某需要购买物品而无力支付时，要从"利"的内容与获得方式上分析，首先考虑自己是不是真的需要这种物质上的消费，如果是类似于烟、酒一类的商品，那就应该自觉压制住这种不正当的个人利益需要，如果这些物品是生活、学习所必须的，那就应该考虑通过采取拣废品、打零工等合法方式来赚钱购买，而不能通过盗窃这种手段不义之手段去追求个人利益，而忽视了他人对其物品享有的所有权等合法权益。最后，法院认定被告人于某某参与盗窃 4 次，价值 2200 元，做出拘役其四个月，并处罚金 1000 元的判决。

除上述外还有，翁某某因为义气而参与犯罪的陈某某、翁某某故意伤害[②]，樊某某故意杀人、寻衅滋事，邓某、冯某某、兰某某、易某某、易某聚众斗殴，朱某某、黎某聚众斗殴、寻衅滋事案[③]，贾某盗窃、抢夺，郝某某、尹某某盗窃案[④]等类似案件，这些案件中，如果涉事的未成年人能减轻自己对"义"或者"利"的过分重视，确定合适的社会主义"义"、"利"观，或许不但能使自己免于触犯刑律，还能帮助品行不端的朋友走上正途。

（三）法制观念淡薄

---

① 河南省西平县人民法院（2011）西刑少初字第 112 号。
② 福建省闽清县人民法院（2009）梅刑初字第 132 号。
③ 湖南省株洲市中级人民法院（2010）株中法刑一初字第 32 号。
④ 河北省邢台县人民法院（2011）邢刑初字第 106 号。

诚如前文所述传统道德之引礼入法，礼法结合的特点，在一定程度上促成了与封建生产方式和统治形式相适应的中华法系，使其具有了伦理道德性，并发挥了处理纠纷，缓和阶级矛盾，稳定社会秩序等巨大效用，但是也使其存在皇权至上、司法依附、法律标准多重性等弊端，更甚通过以下几个方面，使其纵然是世界五大法系之一，仍淡化了民众的法律意识。

首先，对无诉理念的肯定是古代追求德治，实现社会安定的理想目标，亦是儒家法官在司法中追求的道德标准与理想境界。"无讼"一词出自"听讼，吾犹人也，必也使无讼乎"①，为实现无诉，一方面官方推行息讼，如康熙皇帝的"州县官为民父母，上之宣朝廷德化，以移风易俗；下之奉朝廷法令，以劝善惩恶。……由听讼以驯至无讼，法令行而德化与之俱行矣。"② 之诏令，强调了通过道德教育来息诉，另一方面文人墨士也对无讼进行宣教，如徐鹿卿在"贺提举陈秘压除宪"的贺词中就有"四海无波，四江无讼，是先生清德。"③，类似方式都促使无讼思想在人们的心中根深蒂固，在片面强调无讼目标的理念下，社会忽略了对于争讼产生原因和治理方法的关注，造成了民众轻视诉讼、害怕诉讼，甚至以诉讼为耻的心理。其次，即使提起了诉讼，在德主刑辅的思想指导下，道德因素过度膨胀，传统道德伦理成为了立法、司法的指导原则，司法官处理案件不但可以依体现了伦理道德的法律判决，更可以直接参照道德礼教判案，而这种礼法结合的断案标准使人们在衡量事物的是非对错时，往往习惯于首先用伦理与道德的眼光来判断，而把法律标准放在了较次要的位置上，导致了法律自身至高无上的权威性的毁损，阻碍了民众法律信仰的形成。此外，封建等级观念与法律面前人人平等观念的冲突、人治过程中形成的权大于法的观念与法治中权力必须受法律约束的观念之间冲突，以及中国传统道德在价值取向中的义务本位与权利本位的冲突，诸此种种均从一定程度上动摇了真正意义上的法治的根基，不断消弱法律应有的作用，致使公民法制观念的淡薄。

在对未成年人的影响上，主要体现在其不能接受良好的法制教育，对自己的行为是否触犯了法律，可能承受的法律制裁等不能做出适当的判断，或者在法律与道德或者其他规章制度相冲突时，不能将法律作为最低限度的行为

---

① 《论语·颜渊》

② 范忠信：《情理法与中国人》，中国人民大学出版社 1992 年版，第 180 页；转引自王静：《中国古代道德法律化研究》，河北大学博士学位论文。

③ 《醉江月·薰风有意》

准则。

从刑法角度剖析，如果未成年人能有较强的法制观念，或许就不会在自身权益受到非法侵害时而忍辱让步，或许也不会在不正当的物质欲望下而侵犯他人对其财产的所有权，或者更不会在仁爱之心缺失时而严重侵害他人生命健康权，反之，未成年人则有可能在其学习、生活中构成各种犯罪。

肖某某放火案。① 被告人肖某某（1993 年 10 月 2 日出生）与师某某原在渭南市四马路西段晓辉洗车中心打工时，由老板张某某为肖、师二人租房，同住在渭南市临渭区杜桥办车雷村五组吴某某家二楼员工宿舍。2010 年 5 月 12 日上午 9 时许，师某某怀疑被告人肖某某将其 50 元人民币拿走，遂二人发生口角。后被告人肖某某为泄私愤用打火机将其员工宿舍放火烧毁，火势被群众及时扑灭。经渭南市临渭区价格鉴定中心评估：烧毁财物总价值为 24970 元，渭南市临渭区人民检察院以渭临检刑诉字（2011）第 257 号起诉书指控被告人肖某某犯放火罪。

在本案中，如果被告人肖某某有较强的法制观念，或许就会采取请求第三方调解或者向法院诉讼等方式维护自己的权益，而不是采取报复性的放火行为。即便被告人要采取报复行为，也可以在采取有效措施防止放火对他人可能造成的侵害的基础上，仅仅烧掉被害人师某某的价值相对低的财产，而触犯刑罚相对较轻的故意毁坏财物罪。但是，肖某某所实施的放火行为在报复了师某某的同时，也造成了足以危害到其他在附近住宿的不特定多数人的生命、健康和重大公私财产的安全的危险，并导致了 2 万余元的财物损失，进而涉嫌触犯的是刑罚较重的放火罪。最后法院认定被告人肖某某法制观念淡薄，仅因区区小事不能正确对待，赌气泄愤，而故意纵火焚烧公私财物，核其行为已构成放火罪，判处其有期徒刑三年。

除上述外，还有孙某、鲁某贩卖毒品案②、黄某某盗窃，鄂某某掩饰、隐瞒犯罪所得、犯罪所得收益案③、张甲破坏电力设备案④等案例，在这些案例的判决书中，均明确表示了法制观念淡薄是未成年被告人实施犯罪行为的原因，如果他们能熟悉法律，尤其是刑事法律的相关规定，或许就能主动遏制自己的犯罪动机，即便不能阻止，也可能选择实施对社会危害较轻的行为，而使

---

① 陕西省渭南市临渭区人民法院（2011）临刑初字第 00305 号。

② 上海市普陀区人民法院（2011）普少刑初字第 86 号。

③ 福建省三明市梅列区人民法院（2009）梅少刑初字第 24 号。

④ 湖南省麻阳苗族自治县人民法院（2011）麻刑初字第 28 号。

自己承受较轻的处罚。

从整体上讲，中国传统道德在积极方面，既培养了未成年人孝敬父母、尊敬师长、积极进取、诚实守信、关心集体、热爱祖国等等各种优良品德，在消极方面，也产生压抑了个性发展、片面化了义利观、淡薄了法制观念等负面作用。与此同时，未成年人犯罪的原因是多方面的，传统道德中的精华与糟粕因素所产生的影响也是综合性的，上述具体论述也仅是侧重点不同，并且某一积极因素的缺失或者消极因素的影响，也会基于未成年人的个体性差异而导致不同结果，如在刘伟等盗窃、寻衅滋事案①中对此即有所体现，于此不再详细论述。对于如何完善我国未成年人的道德教育，将在本书最后一章结合国外一些国家的道德教育，通过古为今用，外为中用等方式进行具体说明。

---

① 河南省郸城县人民法院（2008）郸少刑初字第 7 号。

第三章

未成年人道德体系建设

　　道德体系是指道德的各种表现形式即各种道德现象所构成的有机整体。在社会生活中，道德作为一种社会意识形态，其道德现象包括许多方面。就主要内容看，可以分为道德活动现象、道德意识现象以及与这两方面密切相关的道德规范现象。这三类道德现象都是客观存在的，它们之间既相互区别，又相互渗透、相互影响、相互转化，从而形成一个具有内在联系的社会道德体系。①

第一节　未成年人道德结构

　　同一般道德结构一样，未成年人道德结构亦由道德认识、道德情感、道德行为三部分组成。

　　道德认识是指对客观存在的道德关系以及处理这种关系的原则规范的理解，它以特殊的形式把握人与人，人与世界的伦理关系，它的主要对象是道德意识现象，包括道德概念的形成，道德判断能力的提高等等，其目的在于完善和提高道德意识。② 未成年人缺乏全面的道德认识，对道德规范的全面性和系统性没有形成一个相对完备的道德价值体系，加之普遍存在的逆反心理促使他们更容易接受非主流的价值观念，道德水平停留于带有人类本能倾向的层次。

　　道德情感是人对现实道德行为和道德关系进行评价的一种爱憎和好恶的情绪体验。③ 道德情感是一种稳定的力量，是人的内在道德素质的重要组成部分。未成年人的道德情感波动较大，呈现出很大的不稳定性。他们道德认识水平的低下，缺乏生活经验的积累，思维方式容易走极端，容易受社会不良人员

---

　　① 《道德体系》，百度百科，见 http://baike.baidu.com/view/618196.htm，2012 年 2 月 10 日。

　　② 谢林涤、何剑：《青少年犯罪原因的道德结构分析》，《浙江省政法管理干部学院学报》1999年第 1 期。

　　③ 同上。

的暗示和诱惑，难以控制自己的道德情感，产生消极的情感体现。

道德行为是指人在一定道德认识的指引下基于道德情感而采取的具有道德意义的行为。① 未成年人道德情感控制力弱，道德认识和道德行为脱节严重，对于生活中道德的双重价值"标准"不能很好的区分，道德规范不能指引其行为，导致道德认识和道德行为处于分裂和脱节状态。

综上，未成年人道德体系就是根据未成年人的特点包含未成年人道德行为，道德意识和道德规范的有机统一整体。

与成年人道德结构比较，未成年人道德结构有如下特点：第一，对象的针对性。未成年人道德结构是未成年人道德的框架，其包含着社会对未成年人的道德要求，不同于成年人道德。第二，内容的特定性。未成年人道德结构中充满着成长这一过程中的道德要求，不同于已经成型化的成年人道德结构。第三，过程建设的艰巨性。一直以来，社会各界对未成年人的道德教育缺乏重视和关注，导致未成年人道德基础不稳固，需要花大力气、下大工夫构建未成年人道德结构。

未成年人道德由一般道德和特定道德两部分构成。

一、未成年人的一般道德内涵

未成年人的一般道德是指每一个成年人在未成年人阶段都会遇到的道德要求，这种道德的培养是未成年人道德的基础，是未成年人道德中不可缺少的一部分，它从远古时代起就开始存在于这个社会，存在于所谓的孩童时代。随着社会的发展和转型并没有多少改变，一直都是千百年来未成年人必须遵守的一般道德规范。

二、未成年人的特定道德内涵

未成年人的特定道德是指随着社会由一个结构向另一个结构转型的过程中逐步改变、进化，社会对未成年人提出更加严格标准和要求的道德规范。它源于社会转型，一方面是因为社会越来越变得空间和时间都密切联系的构造，人们的思想观念开始改变，对道德的区分开始走向专业化；另一方面是由于生活方式的改变，使社会对各个阶层的道德水准提出了新的更高的要求，在未成年人方面突出地表现为人们对未成年人道德在个人成长和国家发展中的基础作用

---

① 谢林淙、何剑：《青少年犯罪原因的道德结构分析》，《浙江省政法管理干部学院学报》1999年第1期。

有了新的认识。

一般来说，对未成年人特定道德的区分不是很简单，各个不同的道德之间互有交叉。根据未成年人的实际情况，大致有以下特定的道德分类：

（一）未成年人场合道德

1. 未成年人场合道德的含义

场合道德的概念是我国著名的伦理学家和社会学家、中南大学博士生导师曾钊新教授20多年前首次提出的，就道德生活的横向领域而言，包括公共场所、职业工作、家庭生活、团体活动等不同空间，因而相应地产生了社会道德、职业道德、家庭道德、团体道德等不同的规范和准则，并由此构成了社会的网络式道德生活。其反映了人与人之间相互关系的社会生活排列结构的平面图式。

场合是交往的社会，社会交往中必定会涉及到道德的遵守。场合道德，系指人在特定的空间发生交往行为时必须共同遵守的道德。这种道德具有空间性，比如，在学校，要有教师与学生之间的教学相长的教学道德；在商店，要有买者与卖者相互尊重的买卖道德；在医院，则有病人与医生之间相互配合的医病道德，等等。场合道德不同于职业道德和公共道德。职业道德和公共道德是要求一方或每个人遵守的行为规范，而场合道德则对双方提出不同的行为要求。①

未成年人的场合道德是指未成年人在不同的场合空间所应遵守的道德，这种特殊群体的道德不同于它的普遍意义，在性质上却类似于职业道德和公共道德，是单向的，即仅是未成年人一方遵守的道德规范。

2. 未成年人场合道德的特点及分类

未成年人的场合道德由于其地理位置上的固定性，对未成年人的成长起着非常巨大的引导作用。未成年人场合道德的主要教育者是家长和老师，所以家长和老师的言传身教对未成年人道德的好坏作用巨大。一般来说，这种场合下，无论家长还是老师从一开始便教育孩子要诚实、爱人、不损人利己、不谋私利、光明磊落、尊老爱幼。学校提供给未成年人的也是马列主义的真善美教育，要无私奉献、遵纪守法、个人利益服从集体利益。②

未成年人学习生活存在的社会场合空间不外乎学校、家庭、公共场所这么

---

① 摘自《中国妇女报》1986年2月24日。
② 宋少柱：《当前青少年道德防线面临的主要挑战及对策》，《理论与改革》2005年第4期。

三种，相对比较集中。由此，未成年人的场合道德可以分为学校的场合道德、家庭的场合道德和社会的场合道德。我们平时所说的一句话可以概括出这些场合空间对未成年人道德的要求，即"在学校，要做个好学生；在家里，要做个好孩子；在社会，要做个好公民。"

学校是未成年人接受道德思想的最主要也是最有效的场所。因为在学校，通过老师专业化的引导以及与同学之间的沟通生活，使未成年人的道德意识能够最大程度地体现出来，这种道德素养会随着年龄的增大和年级的升高而不断完善，从而形成未成年人的学校场合道德。出于对未成年人优秀道德素质和良好生活习惯的养成的要求，出现了例如《小学生日常行为规范》《中学生日常行为规范》和《大学生自律条例》这样的规范性文件，督促学生在校期间培养高尚的道德情操。在每年的3月5日雷锋学习日，5月4日五四青年节，学校会组织各种活动、学习先进典型、开展社会实践来引导未成年人树立正确的道德观、人生观和价值观。在学校课程的设计上，从小学时期的《思想品德》道德教育课到中学的思想政治课再到大学的思想道德修养课，给学生灌输的最多的就是国家所倡导的中华民族优秀道德传统；通过对语文、历史、政治知识的系统学习，使未成年人了解古今中外道德故事，发现身边发生的好人好事，接受儒家道德文化的熏陶。这些举措使我国的学生在校期间基本能够树立起正确的道德观。

接受道德教育的另一个不可或缺的场合是家庭，由此形成家庭场合道德。家庭是未成年人从婴幼儿时期就开始接受教育的场合。父母是孩子的第一任老师。一般来说，直到成年之前这种场合一直都会存在。这种场合由于时间的长期性，对未成年人道德的形成也非常重要。一个好的家庭环境对于未成年道德的培养起着至关重要的作用，家长只有以身作则，才能给孩子树立榜样。家长的一举一动明显地成为孩子模仿的对象，有心无心的一句话一个行动就可能让未成年人的道德观发生彻底的改变。

公共场所是未成年人必然踏入的重要场合，随着社会物质文明和精神文明的发展，各种各样形式的社团或场所如雨后春笋般涌现。现如今未成年人外出就餐、娱乐、实践等活动也比以前更多，这些场所对于未成年人道德的观察和学习的影响越来越大，比如网吧等娱乐场所对现在的未成年人的影响可以说达到了空前的强烈。

未成年人的种种道德问题与整个社会的大环境有着密切的关系，"大的气候影响小的天气变化"，作为教育者的家长、老师和社会只有为广大未成年人树立一个合格的榜样，才会在某种程度上促进未成年人道德完善和进步。①

（二）未成年人时年道德

1. 未成年人时年道德的含义

时年道德的概念也是我国著名的伦理学家和社会学家、中南大学博士生导师曾钊新教授20多年前首次提出的，就道德生活的纵向领域而言，包括每一个人一生中的儿童阶段、青年阶段、中年阶段和老年阶段等不同时期，因而应该有相应的儿童道德、青年道德、中年道德和老年道德等不同的规范和准则，并由此构成了链条式的道德生活。其描述了一代人与一代人之间的相互关系的社会生活的承接连贯的持续性图式。

人生是一个逐渐展开的过程，在少年、青年、中年、老年等不同阶段，人们的生理、心理有着很大的变化，参与社会活动的范围、内容以及人际交往的主要对象等诸多方面也都有着很大的不同，因此对人们道德修养的要求也就相应地有不同的侧重面。在社会的道德教育和个人的道德实践中，针对人生各个不同时期特点，在总的道德原则之下分别提出不同的道德要求，这就是时年道德。时年道德，概言之，系指针对人的一生中不同时期所提出的道德要求。在儿童期，活动场所主要是家庭，好奇是主要心理特征，道德教育应以戒娇和上进为中心内容；青少年的活动场所主要是学校，好思是主要心理特征，道德教育应以戒奢和立志为中心内容；中年人的主要活动场所在社会，好胜是其主要心理特征，道德教育应以戒妒和拼搏为中心内容；老年人的主要活动场所又回到家庭，好静是其心理特征，应以传帮为道德教育主要内容。②

未成年人的时年道德是指依据未成年人对道德的理解能力和理解程度，按照年龄进行划分，针对不同对象提出的道德要求。主要是指青年以前的道德，包括儿童道德、青少年道德，大致是前文提到的从6岁到22岁这个年龄阶段的道德。

2. 未成年人时年道德的特点

未成年人处于自我意识还未成熟之际，价值观、人生观都尚处于萌芽时期，因此他们自身的特点影响着这一阶段良好道德的形成。具体地说，有三个特点：第一，他们对发现问题比较敏感，能够捕捉到各类信息，比如官员的腐败问题、食品安全问题、国家安全问题，但是他们缺乏对问题的分析能力，往

① 宋少柱：《当前青少年道德防线面临的主要挑战及对策》，《理论与改革》2005年第4期。
② 摘自《中国妇女报》1986年2月24日。

往只能从表面看问题，对问题的认识片面化，呈现极端化的现象：以点代面，以偏概全，只看到事物的现状，看不到事物的发展，缺乏理性的头脑和耐心。第二，对自己不能很好地做出判断。有些未成年人表现出骄傲自大的倾向，对家长和老师的教诲不屑一顾，认为自己无所不能，他们敢于批判老师和书本上的看法和观点，造成虚荣心的膨胀。有些未成年人却截然相反，对自己失去信心，表现出一定程度的自卑。他们对未来都没有做出有理想的规划，遇到挫折就后退，遇到问题就回避，遇到错误就不承认，内心空虚。第三，他们有着丰富多彩的生活，价值观多元化，却不能稳定地坚定信念，坚持一种信仰。

3. 未成年人时年道德的体现

幼儿时期并不是说道德不存在，而是由于缺乏独立的意识，这种道德受到家庭因素的影响很多，社会对其的要求也比较低。儿童时代，未成年人进入幼儿园开始进行专业化的教育，家庭和社会因素一起对未成年人起作用，其中家庭因素仍然占主导，社会对其的要求也比较低。

青少年时代开始后，大约是进入初高中时期，未成年人的大脑意识不断得到强化，开始明显有成熟生理和心理的迹象，面临的社会评价不再宽松。从刑事、民事和劳动方面立法的规定就可以看出，这时未成年人承担的法律义务开始显现。我国现行《刑法》第 17 条规定："已满十六周岁的人犯罪，应当负刑事责任。已满十四周岁不满十六周岁的人，犯故意杀人、故意伤害致人重伤或者死亡、强奸、抢劫、贩卖毒品、放火、爆炸、投毒罪的，应当负刑事责任。已满十四周岁不满十八周岁的人犯罪，应当从轻或者减轻处罚。因不满十六周岁不予刑事处罚的，责令他的家长或者监护人加以管教；在必要的时候，也可以由政府收容教养。……"《民法通则》第 11 条也规定"十八周岁以上的公民是成年人，具有完全民事行为能力，可以独立进行民事活动，是完全民事行为能力人。十六周岁以上不满十八周岁的公民，以自己的劳动收入为主要生活来源的，视为完全民事行为能力人。"可以说，这一阶段的未成年人有时候是被当作成人来看待的。法律是最低要求的道德，道德对未成年人的要求显然是随着年龄的上升而不断严格的。这一阶段如果不能在道德方面对未成年人进行严格的教育，会给其今后的生活带来不必要的麻烦。未成年人道德教育的重点和难点就在于此，实践证明，许多成年人坏毛病、坏习惯的养成都是在这个阶段缺乏道德的熏陶。

（三）未成年人学习道德

1. 未成年人学习道德的含义

学习道德是指在学习活动中产生的以善恶为评价标准的依靠人们的内心新年和社会舆论维系的调节学习活动的一种心理意识和行为规范。① 未成年人学习道德是指社会对在未成年人成长过程中由于接触学习而养成的道德的要求。学习道德包括学校学习道德和课余学习道德。学校学习道德主要是与老师的教学活动相对应的道德要求，包括一个人的学习态度、学习目标和学习习惯。我们常常听说"少大不努力，老大徒伤悲"。未成年阶段是养成良好的学习习惯、坚定学习目标的关键时刻，一个人成功与否与这一阶段学习道德的培养有着密切的联系。学习能力的培养也需要学习道德的支撑，没有好的学习道德指引，就没有好的习惯。如果任由做事拖拉，考试作弊等不良学习道德的泛滥，学习的效果就大打折扣。

2. 未成年人学习道德建设的必要性

未成年人学习道德建设是现阶段未成年人道德建设中的一项重要任务，是提升未成年人道德素质水平的一系列教育、修养等实践活动的总称。未成年人学习道德水平的高低影响着未成年人整体道德水平的高低。针对未成年人的实际情况和社会的需要，有必要加强未成年人的学习道德建设。

社会越来越变得成为一个学习型社会了，上至八九十岁的老人，下至三四岁的婴幼儿，他们都在不断地学习。未成年人作为祖国的希望，在人生的这个阶段正是增长知识的大好时机。他们思维活跃，才思敏捷，记忆力强，充满活力，只有时时怀着勤奋学习的意愿，才能在竞争中脱颖而出。

3. 未成年人学习道德建设的重要性

未成年人学习道德建设影响着未成年人的自我发展，意义重大：第一，有利于良好学习习惯的养成，进而将学习当作是自然而然的事情，这种转变是学习道德品质与行为习惯融合的过程，是把未成年人的学习道德教育与未成年人自我学习、成长、提升等相结合的过程，有助于未成年人自觉性的是高和其他道德品质的提升。第二，有利于未成年人提高个人道德品质。未成年人学习道德中的道德要求也是其作为一个社会成员所必须遵守的。学习道德的提高势必会提高社会对他们的认可和尊重。个人的道德品质会在这种环境中得到显著的提高。第三，有利于促进未成年人的自我发展。未成年人学习道德是衡量未成年人人格、品质是否完善的重要标尺。一个未成年人，如果他是虚心好学的，养成了良好的学习习惯，他就会随时遵守这种道德，养成自己的优秀道德。社

---

① 刘昌明：《学习道德教育的实践与思考》，《煤炭高等教育》1999 年第 1 期。

会对其评价也是向上的，有利于其才智的发挥和情感的升华。

4. 未成年人学习道德的现状

未成年人具有思想开放，思维活跃，思路开阔，富于想象力和进取精神，但种种学习上的缺点和不足，例如浮躁和骄傲，影响着学习道德的形成。第一，学习道德的认识不够。大部分学生受社会功利主义的价值观影响，仅把学习看成是一项谋生的手段，导致学习动力不足，刻苦精神不强，对学习报无所谓态度。第二，学习道德习惯不良。部分未成年人上课不能专心听讲，课后又不能及时完成作业。作业拖拖拉拉，应付了事。学习不刻苦勤奋，平时作业抄袭，考试时作弊。第三，学习道德行为失范。对老师的教导当耳旁风，顶撞老师。在课桌上刻写考试答案，胡乱刻画。在图书馆的书刊上乱撕乱涂。

（四）未成年人性道德

1. 未成年人性道德的含义

所谓性道德教育就是思想品德教育和行为规范教育中与性有关的道德教育，是促进个体性道德自主建构的价值引导活动。① 未成年人性道德是指未成年人在与异性交往过程中应该遵守的道德，包括狭义上的性道德和广义上的性道德。狭义上的性道德是指未成年人在对性行为的认识方面应该遵从的道德。广义的性道德还包括与异性交往过程中应该遵守的道德。未成年人性道德与成年人的性道德有不同的内容。未成年人性道德要解决的问题主要是性需要和性冲动的合道德性与否、怎样调控自己的性冲动、在社会交往中如何处理性的问题等。

随着生活水平的提高，现在许多未成年人出现了早熟的现象，生理上对性的需求一天一天的强烈。由于心理的成熟程度和生理的成熟程度的差异性，出现了一系列的性道德问题。漫步校园，初高中早恋现象普遍存在，有的更甚，从小学时就开始谈恋爱。有的未成年人不能树立良好的性价值取向，在男女朋友交往中过早地出现了性行为现象，导致意外怀孕的现象不在少数。男女生交往过程中有的男生不注意对异性的尊重，不能很好的处理与异性的关系。部分中学生在学校和公共场所不注意自己的形象，搂搂抱抱、亲亲我我、打情骂俏。有些未成年人整天沉溺于网上的不良色情信息，经常浏览黄色网站，学习不正常的性习惯，甚至走上犯罪道路。有一部分未成年人出于对金钱利益的追求，放学后走出校园走上街头公开卖淫，有些未成年人在网上开设裸聊服务。

---

① 王序荪：《谈对青少年的性教育》，《教育理论与实践》1985 年第 3 期。

这些违反性道德的行为为人所不耻。

2. 加强未成年人性道德教育的重要性

未成年人性道德教育是新时期德育工作遇到的新问题，对于未成年人家庭价值观的形成具有重要引导作用。

第一，是保证未成年人健康成长的需要。未成年人正处于身心发育的关键时期，也是人生观形成的重要时期。加强未成年人的性道德教育，对于其认识正确的性知识、树立正确的性观念、自觉培养个人的性行为、树立正确的恋爱婚姻观，具有十分重要的意义。

第二，是预防 AIDS 的战略措施。目前，青少年正面临着 AIDS 的严重威胁。据 WHO 报告，绝大多数 AIDS 病人及感染者处在 18～45 岁年龄段。1998 年世界新感染 HIV 人数为 580 万，其中 15～25 岁的青少年占一半。截至 1998 年 6 月，全球 3400 万 HIV 感染者中 50% 以上是青少年。我国云南省宏州民族医学院对皮肤科门诊病人为期 4 年半的血清抗 HIV 检查，8 例阳性病人全部是 15～25 岁的青少年。[①] 而 AIDS 的传播途径之一便是性接触，因此，加强未成年人的性道德教育对于防控 AIDS 具有重要意义。

第三，是实行计划生育、避免婚前性行为的有效途径。计划生育是基本国策，能有效地控制人口增长，提高人口质量。而婚前性行为造成未婚先孕，使孕妇精神紧张，营养不良，也不能得到卫生保健部门的指导，不利于优生优育，严重影响人口素质。[②] 加强未成年人的性道德教育，有利于减少婚前性行为的发生，对于计划生育具有重要意义。

3. 未成年人性道德的困境

目前，我国未成年人性道德状况主要存在如下几个问题：

（1）未成年人对性道德的认识不够深入。由于长期受封建道德观念的影响，大多数人视性教育为淫秽之事。我国教育体系中长期缺乏性知识的教育，未成年人长期以来也没有受过正规的性教育，没有健康系统的性知识，对于性生理、性心理、性安全等一知半解。在两性交往中，认识不到青春期的特殊性，也没有正确的性道德知识的引导。他们一方面用封建道德观念来约束自己，评价别人；另一方面是把某些不合宜的外国生活方式照搬现学。[③] 结果这

---

① 王士国、刘景生：《谈开展青少年预防艾滋病教育的迫切性》，《中国学校卫生杂志》2000 年第 21 期。

② 陈萍：《601 例未婚先孕相关因素分析》，《中国计划生育杂志》2000 年第 8 期。

③ 胡佩诚：《瑞典性教育的经验与启迪》，《青年研究》2001 年第 8 期。

既影响了未成年人的健康与成才，也影响了社会主义社会的和谐发展。

（2）性道德观念开放，一方面表现部分青少年为贞洁观念逐渐淡漠。在中国的社会传统中，贞操观念是性道德观念的核心部分。目前在校的未成年人大都出生在 90 年代后，受西方的价值体系和生活方式影响很深。有调查显示，传统的对女性严、男性宽的贞操观，目前不仅仍影响着相当一部分男生，而且也使超过 20% 的女生认为"贞操对她们很重要，而对男性却无所谓"。但认为"贞操对男、女都很重要"，也不过是略多于半数。另一方面表现部分青少年为对婚前、婚外性行为表现出认可与宽容，性责任感淡薄。大多数未成年学生认为性行为"双方愿意就可以"、"基于爱情就可以"。未成年人对婚前、婚外性行为的认可与宽容，表明他们缺乏责任感，还不懂得性的追求是与性责任感紧密联系在一起的。

（3）性行为失范。其一部分青少年是热衷色情文化。未成年学生在日常生活中，常有一些性的影射，如晚熄灯后的"卧谈会"，交流黄色段子，涉及性的问题相当"深入专业"；格调低下、充满淫秽内容的黄色漫画书，颇受青少年的"青睐"；观看影视节目录像、尤其是沉溺于黄色网站，甚至在网上发布黄色信息。① 其二部分青少年是早性、乱性。目前，未成年学生同居已经不是新鲜的校园新闻。研究表明，越来越多的女生与给付金钱的人有过性关系；也有部分男生承认他们曾用金钱去换取婚前性体验。②

（4）未成年人性道德问题原因分析

主观方面，随着生理上的发展成熟，未成年人的性意识开始萌芽，他们对性知识和异性产生好感，渴望接触性知识和异性，渴望通过爱情接触异性，希望有异性朋友与之交往，以满足生理的需求。但是生理成熟期与心理成熟期总是存在差异，未成年人从产生性意识、性的要求，到能够合法地满足性的要求，这是一个漫长的过程，一般需要 10～15 年的等待时间。③ 如果缺乏正确和适时的引导和教育，就有可能产生性压抑等性心理问题，未成年人可能沾染上不好的性习惯，在与异性的交往中不能自拔，疏忽大意，酿成大错。

客观方面，主要有三个原因：第一，外国性文化思潮特别是西方性文化思潮的影响。随着国际文化交往的扩大和深化，西方国家腐蚀的意识形态和落后

① 李传俊：《学习借鉴西方性道德教育经验，开辟我国性道德教育的道路》，《中国医学论理学》1994 年第 3 期。

② 姚佩宽等 著：《中学生青春期教育》，上海社会科学院出版社 1986 年第 1 版，第 11 页。

③ 潘绥铭：《北京高校学生性观念与性行为》，《青年研究》1994 年第 5 期。

的生活方式逐渐渗透进我国，"性解放""性自由"等口号通过各种媒介涌入中国社会，加之中国传统性文化的落后性，未成年人在这种一松一紧的性文化环境中就容易接受消极的开放的西方性文化思想。其二，未成年人性道德教育空白。我国长期以来没有重视未成年人的性教育。性教育在社会各个领域仍然是空白，性教育处于一个十分尴尬的境况。大部分家长认为对未成年人不必进行性教育，他们到一定年龄自然而然就知道该怎么做了。学校对性教育也是形式得开始生理健康课，授课老师都是兼职上课，对未成年人的性知识状况无人问津。其三，网络等大众传媒的不良影响。大量宣扬色情、暴力的影视、录像作品充斥着影视文化市场，黄色信息，包括色情图片、小说、影视片在互联网上泛滥成灾，这易使青少年被不健康的画面吸引并且盲目模仿。导致青少年较早地关心性的事情，甚至一部分人过早地实践了性行为，使不少青少年学生走上性犯罪的道路。①

（五）未成年人网络道德

1. 未成年人网络道德的含义

网络道德是一种新型的道德，它是在互联网时代到来之际随之引发的道德。所谓网络道德，是指以善恶为标准，通过社会舆论、内心信念和传统习惯来评价人们的上网行为，调节网络时空中人与人之间以及个人与社会之间关系的行为规范。② 网络道德作为一种实践精神，是人们对网络持有的意识态度、网上行为规范、评价选择等构成的价值体系，是一种用来正确处理、调节网络社会关系和秩序的准则。网络道德的目的是按照善的法则创造性地完善社会关系和自身，其社会需要除了规范人们的网络行为之外，还有提升和发展自己内在精神的需要。③ 未成年人的网络道德主要是未成年人在利用网络学习娱乐交往中应该遵守的道德。

在网络信息的时代，未成年人由于其时尚的心理和强烈的求知欲更容易接受新思想、新事物。学会客观公正地对待网络，正确利用网络为我们的工作学习和生活服务，会对未成年人的成长和发展起很大的促进作用，反之，则会使未成年人在虚拟世界里迷失方向、心灵扭曲，在现实世界里也后患无穷。

2. 未成年人网络道德的困境

---

① 汪长明、彭丹丹：《当前我国青少年性道德教育析论》，《北京青年政治学院学报》2011 年第 2 期。

② 尹翔：《网络道德初探》，《山东社会科学》2007 年第 7 期。

③ 李海荣：《网络道德研究综述》，《法制与社会》2009 年第 5 期。

未成年人网络道德的困境体现在以下几个方面：（1）未成年人网络成瘾，影响了身心健康。许多未成年人对网络的产生了浓厚的兴趣，但不加以克制，导致"嗜网成性"，有的沉迷于色情网站的浏览、下载、共享色情图片和视频；有的沉溺于网络聊天工具，把虚拟的世界当作是生活的全部；有的沉溺于网络游戏，低级的追求和残酷的游戏场景对身心造成了很大的伤害；有的沉迷于网上购物，追求时尚，铺张浪费。（2）网络中充斥着许多不良的信息，对未成年人毒害很大。美国有人作了一次较为详细的统计，发现网上共有色情图像450，620个。① 色情信息严重污染未成年人的心灵，容易诱发犯罪。另外，诈骗信息铺天盖地，错综复杂，未成年人缺乏社会实践经验，容易上当受骗。（3）未成年人不注重自己的言行，导致网络环境的恶化。有些未成年人认为网络是虚拟的就肆无忌惮，"出口成脏"，发表对他人造成伤害的言语。在网络上抄袭他人作品，违法下载未经授权的软件。（4）未成年人接触网络带来现实生活中的种种问题。未成年人沉迷网络容易把虚拟世界中的自由性、任意性、不负责任性、暴力侵犯性带到现实生活中。未成年人沉迷网络造成与家长老师的沟通减少，与同学的关系冷漠。一些未成年人因网络游戏或在网站上漫骂、发生口角而导致群殴致死的事例也屡见不鲜。未成年人长期接触网络，既浪费了金钱和时间，又对视力造成很大的伤害。甚至有些未成年人为了上网的费用，不惜牺牲学业，偷盗社会。例如，据齐鲁法制报2012年2月14日报道，六名辍学、沉湎网络的未成年人通过网络认识，很快结为好朋友，吃住在一起，上网在一起。游手好闲的他们囊中羞涩后，为筹措上网费用，竟合谋实施抢劫。2月13日，苍山警方打掉这一未成年人抢劫犯罪团伙，李某、周某、张某、陈某等六名团伙成员被悉数捉拿归案。

3. 未成年人网络道德问题的形成原因

未成年人之所以会出现上述问题，主要由于以下几方面的原因：①网络自身的开放性和隐蔽性的特点导致未成年人接受的信息错综复杂，其中有好的信息也有不良的信息，不良的信息在未成年人眼中可能更能吸引他的注意力，导致不良信息的渗透，不良道德的污染，产生道德问题。②未成年人自身独特的心理特征容易在网络中迷失自我。未成年人好奇心强，但自控力差。求知欲强，但信息判断能力差。未成年人生理需求逐渐强烈，渴望情感交流。③家庭、学校、社会缺乏对未成年人网络道德的教育引导。突出地表现在对未成年

---

① 侯波、白玉文：《青少年网络道德问题略论》，《中国青年政治学院学报》2004年第5期。

人判断事物的能力和完全自律能力的培养不足和对未成年人的性知识普及不够。④社会环境的不良影响。我国网络立法不够，打击网络违法犯罪力度不强，网吧管理混乱；网络生态伦理观念缺失；社会上一些流行错误价值观的影响，如一些媒体、公司对黑客的炒作宣传，使相当多的学生对黑客充满了崇拜。①

第二节　未成年人道德体系建设的内容

按照以上分析，我们可以归纳出未成年人道德体系建设的内容。未成年人道德体系建设根据不同的标准，可以把未成年人道德体系建设的内容分为不同的类型。

一、未成年人家庭、学校和社会道德体系建设

这是按照空间角度对未成年人道德体系建设的划分。未成年人家庭道德建设的要求是"尊老爱幼、孝敬父母、自力更生、勤俭节约"，未成年人学校道德体系建设的要求是"尊敬老师、团结同学、认真学习、虚心求教"，未成年人社会道德体系建设的要求是"关心社会、热爱劳动、乐于助人、富有爱心"。

二、幼儿、小学生、初（高）中学生和大学生道德体系建设

这是按照时间角度对未成年人道德体系建设的划分。幼儿（学龄前）道德体系建设的要求是"尊敬师长、爱护公物、活泼勇敢、坚定顽强"，小学生道德体系建设的要求是"学习刻苦、虚心求教、勇于创新、思维活跃"，初（高）中学生道德体系建设的要求是"积极认真、踏实勤奋、孜孜不倦、全面发展"，大学生道德体系建设的要求是"独立自主、真诚待人、踏实做事"。

三、未成年人学习道德、网络道德和性道德体系建设

这是按照未成年人特定活动内容对未成年人道德体系建设的划分。未成年人学习道德体系建设的要求是"刻苦认真、虚心求教、奋发向上、报效祖国"。未成年人网络道德体系建设的要求是"健康上网、陶冶身心、自强自律、接受监督"，未成年人性道德体系建设的要求是"自尊自重、洁身自好、克服冲动、承担责任"。

---

① 田国秀、闫小鹤：《青少年网络道德教育研究述略》，《思想教育研究》2006 年第 3 期。

第三节　未成年人道德体系建设的重点

一、与社会主义市场经济相适应的未成年人道德建设

经济发展与道德进步是相容的，道德越来越适应社会主义市场经济的需要，道德和市场经济不再分离，而是交融。与社会主义市场经济相适应的未成年人道德建设，就是指构筑与社会主义市场经济相适应的未成年人道德规范，使这种道德规范能够全面的反映市场经济环境对未成年人的道德要求。

（一）社会主义市场经济对未成年人道德的积极因素分析

社会主义市场经济创造了大量的社会财富和个人财富，为未成年人的道德建设奠定了物质基础。"仓廪实而知礼节，衣食足而知荣辱"，物质生活的大大改善，使未成年人不再为温饱而担忧，更加注重自身素质的提高。一方面，国家利用经济发展创造的财富为未成年人提供了良好的道德教育环境。每年我国教育经费投入巨大，用于未成年人道德教育的经费也逐年增加。2008 年 9 月 1 日起，全国范围内城乡义务教育学杂费全免。为了解决进城务工人员随迁子女就学问题。上海市从 2008 年起，对民工子弟学校进行规范，对每所民工子弟学校安排 50 万元用于改善办学条件，免除学生学杂费、教科书费，并按招收学生人数给予每生每年 2,000 元左右的基本成本补贴。① 另一方面，每个家庭将收入的绝大部分投入未成年人的教育支出，越来越重视对未成年人各项社会生存能力的培养，特别注重未成年人良好生活习惯的培养。

社会主义市场经济带来科技上的进步和教育设备的升级换代，为未成年人的道德教育手段的丰富做了充分的准备。过去道德教育的形式十分单调，枯燥的说教方式容易使未成年人产生厌学的情绪。社会主义市场经济带来的科技创新使道德教育的形式更加丰富，教育工作者教育的手段更加有效。他们普遍采用观看影视影像作品、道德现象现场情景模拟、走访慰问参观军营、敬老院等方式教导未成年人。针对未成年人对网络产生的兴趣，广大教育工作者不再局限于课堂上的道德教育，而是借助先进的网络手段，他们利用 flash 等制作网页，进行优秀学生的投票评选，利用网络的及时性和广泛性对未成年人施加影响。

---

① 《我国自今日起实现城乡义务教育全部免除学杂费》，新华网，见 http：//news. xinhuanet. com/edu/2008～09/01/content_ 9746655. htm，2012 年 2 月 10 日。

社会主义市场经济是开放的经济，特别注重与国外其他国家的交流与合作。一方面，现代教育者在国际交往中能够及时、迅速接触国外道德教育模式，借鉴国外未成年人道德教育的先进经验，吸取未成年人道德教育失败的教训。作为受教育者的未成年人的视野在这种交流与合作中也得到大大扩展。他们能偶接触国外的先进教育，在与国外交流中提高道德素养。西方的东西并不都是消极的，一些先进的道德经验值得借鉴，比如从小培养孩子的独立生存能力。另外，在比较发达的地区，学校和社会组织也可以提供未成年人出国的机会，这让未成年人切身感受到国外的先进教育理念，从比较分析中提高自身素质，增强道德意识。另一方面，由于受市场经济开放性的影响，人们的传统思维方式发生嬗变，开始从教条和死板中解放出来，从闭塞的思维转向开放的思维，由单一的思维转向多角度思维，未成年人对道德的思考能力得到普遍提高。

社会主义市场经济又是平等的经济。它使未成年人摆脱了以往封建制家庭伦理的不平等道德因素的影响，"市场经济的到来打破了中国传统社会所形成的长幼、上下之间的依赖性或依附性，建立起以市场作为社会资源配置方式，形成以个体为本位的经济关系，使传统社会人与人之间的人伦从属关系转变为平等的竞争关系，给社会伦理道德带来巨大变化，人的精神取向从重道义转为重功利"。① 未成年人从小就受到平等和民主思想的熏陶，一方面有利于他们民主法治意识的增强，另一方面也能促使他在生活中用平等的眼光观察道德问题。

社会主义市场经济也是竞争的经济，市场经济竞争更能体现人的价值、发挥个人特长、实现个人抱负。未成年人希望通过竞争能获得更好的发展机会，他们能够在平时的学习中激流猛进，发奋图强，形成艰苦奋斗的优良作风。他们在学习上独立自主，互帮互助，善于发现新问题，找到解决问题的方法，具有创新精神，形成良好的人格性格。他们在竞争中又能体会到团结互助的作用，彼此之间能够形成良好的人际关系。在经济全球化环境中，他们也懂得学习效率的提高。

（二）社会主义市场经济对未成年人道德的消极因素分析

社会主义市场经济是一把"双刃剑"，社会主义市场经济为未成年人的道德带来有利条件的同时，也带来了不良的影响。社会主义复杂多变的经济环

---

① 舒求、刘绍怀：《论社会主义市场经济的伦理基础》，《云南财经大学学报》2006 年第 2 期。

境、文化环境、信息环境、竞争环境以及各种理论、思潮的激荡和冲击给未成年人的道德教育带来了前所未有的新情况、新问题和新挑战。分析这些现象，主要原因有以下几点：

一是市场经济本身的原因。市场经济是以经济利益的最大化为目标的，这种功利性一方面导致社会成员，特别是受传统思想观念影响的家长对一切事物的好坏都以金钱的多少来衡量，未成年人为了满足虚荣心，在以后的生活中受到重视和赞扬，不惜一切代价对金钱的膜拜到了严重的程度。另一方面，未成年人的行为不是纯粹个人的行为，而是成年人行为的缩影。他们的思想和行为处处带有社会观念意识形态的痕迹，对于还未涉世的未成年人，他们单纯为了享乐，在市场经济领域的体现，导致拜金主义思潮日趋严重。

二是市场经济带来的不利思潮。实行开放市场经济，必然伴随着西方腐朽的生活方式和价值观念，这都对我国本土文化道德造成很大的冲击，导致与中国传统道德观、义务观、人性观的对立，影响了新一代的成长。西方资本主义追求个人主义，使没有自制能力的未成年人容易接受。西方资本主义社会崇尚性解放性自由导致未成年人性道德的沦丧。西方资本主义国家中的反华势力把中国未成年人作为目标，想要在道德思想上对我国进行摧残。一份美国中央情报局对华策略——《十条诫令》中说"尽量用物质来引诱和败坏他们的青年，鼓励他们藐视、进一步公开反对他们原来所受的思想教育，特别是共产主义教条。替他们制造对色情奔放的机会；让他们不以肤浅和虚荣为羞耻，一定要毁掉他们强调过的刻苦耐劳的精神、毁灭他们强调的道德人心；一定要把他们青年的头脑集中于体育表演、色情书籍、享乐游戏、犯罪性电影上，在他们的潜意识中埋下分裂的种子……"①

三是未成年人对社会主义市场经济特征的误读。未成年人对市场经济的平等性、竞争性、自由性和开放性的原则没能趋利避害，反其道而行之。他们利用市场经济的的平等性，功利地以商品中的等价交换价值规律来衡量社会是非曲直问题。对于市场经济的竞争性，他们企图利用投机的手段和方法获得成功。自由性的原则为他们放纵自己、及时享乐提供了借口，导致他们法律意识淡化，崇尚无政府状态和自由化思潮。开放性的原则诱发未成年人向西方腐蚀的生活方式学习，对中国传统美德视而不见。

四是社会主义市场经济在发展过程中遇到的一些问题导致未成年人思想道

---

① 李刚：《"邪恶十戒"——美国中央情报局的对华秘密战》，《国际瞭望》2001 年第 6 期。

德水平不高。首先，贫富差距日益扩大，社会公平正义得不到体现，比如在教育资源的分配方面，农村、乡村未成年人得不到与城市未成年人同等的教育，他们对教育体制的正义公平表示不满。其次，是社会主义市场经济发展中出现的许多问题，比如三鹿奶粉、苏丹红等食品安全问题。不仅严重危害了未成年人的身体健康，也使他们对诚信的原则产生质疑。再次是社会主义市场经济中政治体制的改革问题导致社会黑暗面过多，影响了未成年人道德素养的形成。在社会主义市场经济新旧体制转化过程中，一些旧的法律、法规已经过时，适应社会主义的新的法律制度体系还未完备、不健全，成年人社会法制意识薄弱，未成年人存在"跟风"现象。最后是人们生活方式的转变出现了偏差导致未成年人道德素养不高。当前，我国社会主义市场经济促使人们生活水平普遍提高。人们的生活模式被打破，生活方式也日趋多元化。社会上一些敲诈勒索、尔虞我诈、损人利己的现象出现，不健康的生活习惯：如赌博、嫖娼、吸毒等，对未成年人的生活方式和消费方式带来不利影响。

（三）充分利用或规避社会主义市场经济的利弊因素对未成年人进行道德教育

一要坚持以经济建设为中心，坚持四项基本原则，坚持未成年人道德建设的正确方向。要进一步促进经济的发展，提高综合国力和社会财富，要进一步加大国家对未成年人的财政支出，扩大教育投入。要加大对德育教育设施的投入经费。要用建设有中国特色的社会主义理论武装未成年人的头脑，帮助他们在复杂的社会变革中树立正确的价值观念。要培养他们正确掌握判断是非曲直的标准的能力，树立坚定不移建设社会主义的信念。

二要整顿社会主义市场经济中的不良因素。坚持整治和建设相结合的原则，在建设未成年人道德的过程中充分克服市场经济带来的腐蚀作用。全社会要养成良好的社会风气，改变庸俗的文化，净化网络环境。要坚持以正确的金钱观、性道德观念教育未成年人。要从社会生活的细微入手，全民参与到未成年人道德建设的伟大工程中来。

三要坚持市场经济中的特征的正确引导。市场经济条件下，要给未成年人多接触社会的机会，以社会为课堂，以社会生活为教材，不断提高他们的社会交际能力和社会生存能力；既要教育未成年人追求个人利益的正当性，又要进行社会主义市场经济理论教育；要充分尊重未成年人的自由选择权，引导未成年人朝着正确的方向发展；要对未成年人进行诚信教育。要重视培养他们的竞争意识，培养他们的吃苦耐劳精神，培养他们的自信心和责任感，帮助他们提供各种展现自我的机会，锻炼各项技能。同时要培养他们的合作精神，形成良好的人际关系。要对未成年人进行法治教育，严格遵守市场交易规则。一切从娃娃做起。

二、加强与法律规范相协调的未成年人道德建设

江泽民同志 2001 年 1 月 10 日在全国宣传部长会议上的讲话中明确指出"我们在建设有中国特色社会主义，发展社会主义市场经济过程中，要坚持不懈地加强社会主义法制建设，依法治国，同时要坚持不懈地加强社会主义道德建设，以德治国"。在未成年人道德建设问题上，我们要建立与法律规范相协调的未成年人道德。

（一）未成年人道德建设与法律规范相协调的必要性

一是由未成年人自身的条件决定的。未成年人在生理和心理上都没有达到完全成熟的水平，他们心智不全，容易犯错。如果单纯用道德的约束力来教导他们，长此以往，他们对自己的要求就会放松，以致成年后不能从这种宽松的环境中摆脱出来，"温水煮青蛙的慢性病"，酿成大错。道德是可以宽恕人的，但法律面前却是人人平等的，从未成年人阶段灌输一定的法律思想给未成年人踏上社会提供了一个缓冲的空间。他们可以受到法律的比较宽松的约束，但是不能不受约束。

二是法律意识的增强对未成年人素质的提高有帮助，可以有效规范未成年人的道德。未成年人学习法律是未成年人维护自身权益的必要方式。未成年人年纪尚小，对他们进行法制教育，一方面教导他们遵纪守法，自觉遵守法律，另一方面，提供他们维护自身权益的武器，在面对邪恶势力的情况下，要运用法律武器维护自己的合法权益。

（二）未成年人道德建设中的法律规范作用

1. 我国对未成年人道德教育的法律规制现状

第一，立法工作。我国关于未成年人的法律规定比较完善。现存的法律体系既有专门立法，又有其他法律部分的提及。其中四部专门针对未成年人制定的法律文件分别是《中华人民共和国未成年人保护法》、《中华人民共和国预防未成年人保护法》、《中华人民共和国义务教育法》和《中华人民共和国收养法》。另外在部分法律文件中对未成年人的权益保护也有所涉及，《中华人民共和国妇女儿童权益保障法》规定了对儿童权益的保护，《中华人民共和国刑法》许多条文特别规定了对未成年人刑事犯罪的从轻减轻处罚意见，《中华人民共和国民法通则》《中华人民共和国劳动法》中的条文分别维护了维护了

未成年人的民事权利和劳动权利。新修订的《中华人民共和国刑事诉讼法》修正案将未成年人犯罪的刑事程序单独作为一章进行规定，体现了对未成年人教育和改造相结合的原则。此外我国还重视与国际的交流，先后加入《儿童权利公约》、《〈儿童权利公约〉关于儿童卷入武装冲突问题的任择议定书》、《〈儿童权利公约〉关于买卖儿童、儿童卖淫和儿童色情制品问题的任择议定书》、《儿童权利宣言》、《关于儿童保护和儿童福利、特别是国内和国际寄养和收养办法的社会和法律原则宣言》、《联合国少年司法最低限度标准规则》（北京规则）、《在非常状态和武装冲突中保护妇女和儿童宣言》。

第二，司法工作。截至目前全国法院共设立 2，219 个少年法庭，有 7，000 多名法官专门从事未成年人案件的审判工作。2008 年至 2010 年，全国法院审结的未成年人犯罪案件中，判决生效被告人 234，737 人。其中，2008 年判决生效未成年被告人 88，914 人，2009 年为 77，620 人，同比下降 12.7%，2010 年为 68，203 人，同比下降 12.13%。2011 年 1 月至 10 月，全国法院判决生效未成年被告人 51，814 人。经过少年法庭教育矫治的未成年罪犯大多数都能悔罪服判，在社区和未成年犯管教所积极改造，重返社会后多数已成为自食其力的守法公民，其中还有相当一部分人考入大学及各类职业学校，成为社会有用之材。2002 年至 2010 年间，中国未成年罪犯的重新犯罪率基本控制在1% ~2% 之间。①

第三，存在的问题。一是未成年人的法律意识还是不强，对法律的了解不够深入，导致未成年人违法犯罪的比例很大，未成年人的犯罪率仍然呈上升趋势，成为我国社会的一大突出问题。二是社会各界对未成年人的法律意识的提升关注度不够，学校教育、家庭教育仍没有将法制教育纳入教育体系的范围内，通过一年几次的法制讲座起不到宣传的作用。三是我国当前未成年人法律的制定中缺乏对未成年人实际需要的调研，法律没有可操作性，大多比较笼统，缺乏具体操作性。

2. 与法律规范相协调的未成年人道德建设举措

首先要贯彻落实中央有关会议精神，把未成年人道德建设放在一个重要的地位来建设。胡锦涛同志在全国加强和改进未成年人思想道德建设工作会议上的讲话中强调："进一步加强和改进未成年人思想道德建设，是中央从推进新

---

① 《中国法院 27 年判处未成年罪犯 120 余万人》，中国新闻网，见 http://www.chinanews.com/fz/2011/12 ~04/3506408. shtml，2012 年 2 月 10 日。

世纪新阶段党和国家事业发展、实现党和国家长治久安出发作出的一项重大决策，对于确保我国在激烈的国际竞争中始终立于不败之地，确保实现全面建设小康社会、进而实现现代化的宏伟目标，确保中国特色社会主义事业兴旺发达、后继有人，确保实现中华民族的伟大复兴，具有重大而深远的战略意义。"这深刻阐明了新形势下加强和改进未成年人思想道德建设的重要性和紧迫性，是我们做好这项工作的根本指针。我们要围绕这一根本方针，把未成年人道德教育与法制教育结合起来。

其次要贯彻落实执行相关法律法规。针对法律法规缺乏操作性的弱点，要完善现有立法，要制定相配套的法规条例，将未成年人保护和预防未成年人犯罪工作落实到实处，保障未成年人的合法权益。要继续推广未成年人法庭教育的先进经验，努力探索未成年人道德教育的新思路。

再次，要防微杜渐，从守则出发。未成年人的对守则的遵守是未成年人养成自律的有效手段，在法律不能规范的范围内，要对未成年人守则进行科学的规划，以适应未成年人的心理，更好地、科学地为未成年人自律能力的培养夯实基础。

最后，要增强未成年人维权意识。要通过各种手段增强未成年人的维权意识和法制意识。当未成年人遇到困难时多理性地采用法律手段维护自己的合法权益。

三、与中华美德相融合的未成年人道德建设

一定社会关系下的新的道德的建立总是以对该社会既有的道德价值与观念的冲突和对抗为前奏，是对社会既有道德价值与观念的突破。① 现有道德中总是蕴含着中华道德的内容，精华和糟粕同在。未成年人道德建设就是要建立在中华道德的基础之上，取其精华，去其糟粕，与中华美德相融合。

（一）中华美德的基本内容

中华美德是中华道德中的精华部分，具有博大精深的内涵，大致包括两部分的内容：一是古代的传统美德；一是辛亥革命以来尤其是我们党在领导中国革命和建设中形成的革命道德传统。

1. 古代传统美德

中华古代传统美德表现在许多方面。归纳起来，主要有以下八个方面：一

---

① 邓小燕：《道德滑坡还是道德爬坡——论社会转型期青少年道德的进步和道德教育观念的转变》，《德阳教育学院学报》2006 年第 2 期。

是"天下为公"，二是"精忠报国"，三是"见利思义"，四是"励志勤学"，五是"律己宽人"，六是"尊老爱幼"，七是"谦虚谨慎"，八是"勤劳节俭"。

2. 革命道德传统

革命道德传统包括革命英雄主义、革命人道主义、革命乐观主义精神；献身祖国和人民的解放事业，将祖国和人民利益放在高于一切的地位；为共产主义崇高理想的实现奋斗终身；坚持真理、无私无畏的道德情操；崇尚共产主义的道德人格等等。

党的革命传统是对古代优良道德传统的批判继承与超越，是中华民族的精神丰碑和引导我们走向未来的强大的精神力量，它使中华民族的优良道德传统发展到了崭新的阶段。

概括起来，中华美德的内容主要包括：中华民族优秀的道德品质、优良的民族精神、崇高的民族气节、高尚的民族情感以及良好的民族习惯。

（二）与中华美德相融合的未成年人道德建设的必要性和可能性分析

中华美德诞生于中华民族五千年的传统，其理论源远流长，博大精深。中华美德包含着基本的道德以及由于时代的变迁加进去的属于某个时代特有的道德，它蕴含着先辈们对后辈的要求，在历史的淘洗中延续着中华民族最基本的情感要求，满足着这个社会的需要，上千年来与物质文明一样充实着人们的思想，保留着淳朴的民族气息。经过五千年的继承和沉淀现在已经被世界各国所接受，通过长时间的继承和发展，已经成为一个体系。实践证明，中华美德是中华民族的精神食粮，是中国优秀的文化遗产，是中华民族生生不息的精神支柱，是实现中华民族伟大复兴的精神力量，它的存在必将激励中华民族走向辉煌。未成年人接受中国美德，既是提高自身素质的需要，又是承担历史重任的需要。中华美德必须由他们传承下去并发扬光大。

未成年人对中华美德知之甚少，对中华美德的实践更少。未成年人在成长的历程中过于追求科学知识的积累，忽视了对道德的追求，特别是对土生土长的中华美德的追求。未成年人对中华美德中的精髓没能很好的理解，对糟粕却历历在目，烂熟于心。另外在新闻媒介中对先进事迹的宣传没有从一个系统的教育层面上进行，而是空洞的就事论事，没有将其与中华美德的历史传统和时代创新结合。导致未成年人对中华美德的陌生。

（三）未成年人道德建设中弘扬中华美德的做法

1. 加强未成年人的社会责任感教育

中华美德倡导"天下为公"。社会责任感是做人的基本，做事的前提，公民的责任感是一个社会进步的基石。受物质金钱利益的驱使，现代社会普遍缺乏社会责任。责任教育缺失导致社会人之间的冷漠，最近发生的小悦悦事件充分证明了这一切。未成年人在对成年人与他人的冷漠关系的观察中也逐渐丧失了社会责任感。都说"国家兴亡，匹夫有责"，不加强未成年人的社会责任感教育，这些"匹夫"恐怕不知道什么时候都消失了。未成年人社会责任感产生的原因，一方面是这个社会对道德的反面报道过多，影响了优秀道德的传播。另一方面与教育者对未成年人的教育有关，他们教育未成年人多一事不如少一事的思想，对未成年人做好事不加以鼓励却予以指责，认为未成年人会吃亏，不知道未成年人内心的想法，泯灭他们的善心，使他们处处猜忌，导致对社会信任的危机。要加强未成年人的道德建设就要创造良好的社会环境，重视未成年人的爱心，给未成年人服务社会的机会，从小培养他们热爱生活、遵守社会公德的社会责任感。同时不仅要发挥理论教育的作用，还要与社会实践、校园文化建设等紧密结合，组织未成年人参与多样化的社会实践和公益活动。也可以让他们担当小小公民，负责监督人们的不良行为。

2. 加强未成年人的爱国主义教育

中华美德倡导"精忠报国"。国家和个人的命运联系在一起，国家的兴衰决定或影响着个人地位的尊卑和命运的优劣，这是中国人民亲身经验到的事实。国家繁荣稳定，兴旺发达，人民富裕安康；国家贫穷落后、动荡不安，则百姓贫困不得安宁，有国家存在才有个人的价值。邓小平说"作为一个中国人，就要有自己的民族自尊心和自豪感，以热爱祖国，贡献全部力量建设社会主义祖国为最大的光荣，以损害社会主义祖国利益、尊严和荣誉为最大的耻辱。""要发扬民族自尊心、自信心"，要有"致力振兴中华的爱国主义精神"。

加强未成年人爱国主义教育是国家永恒的话题。对于未成年人来说，要对国家忠诚，热爱国家，胸怀祖国，弘扬民族精神，树立共产主义的伟大理想。要增强民族自豪感、自信心。要为祖国的建设和发展贡献力量。要从小事做起，维护国家的利益。要学习历史，学习英雄人物。对教育者来说，要用马列主义、毛泽东思想、邓小平理论和"三个代表"重要思想来武装他们，加强爱国主义教育，把未成年人培养成为有理想、有道德、有文化、有纪律的德、智、体、美全面发展的接班人。

3. 加强未成年人的尊老爱幼教育

中华美德倡导"尊老爱幼"。孟子说："老吾老，以及人之老；幼吾幼，以及人之幼。"要关心家庭成员，关爱弱势群体，体贴父母，对父母的合理批评虚心接受，不顶撞父母。出门在外未成年人在乘公车的时候主动让个座位，搀扶年迈的老人过马路，帮助年迈老人搬东西等等。家长要以身作则，自己尊重老人，给孩子树立一个好的榜样。同时鼓励孩子做力所能及的事，在处理事情时教育他们懂得谦让老幼。

4. 加强未成年人的勤俭节约、艰苦奋斗教育

"艰难困苦，玉汝于成"、"居安思危，戒奢以俭"。中华美德倡导"勤劳节约、艰苦奋斗"。勤劳节约、艰苦奋斗是我们党的传家宝，也是新形势下加强未成年人道德建设的一个重要方面。在全世界都在倡导节能减排低碳生活的今天，勤俭节约这个中华民族的传统美德更是不应该丢弃。勤俭节约、艰苦奋斗也是一种精神状态，能够起到砥砺意志、陶冶情操的重要作用。要大力发扬勤俭节约、艰苦奋斗的精神，始终保持昂扬向上、奋发进取的精神状态，不畏艰难，不懈奋斗。学校可以在每个学年定一个月为"勤俭节约教育主题月"，利用黑板报、广播站、宣传栏等进行宣讲，举行演讲比赛畅谈勤俭节约的意义和价值等。老师也应在勤俭节约上做出示范：没用完的粉笔头不能乱丢，没用完的纸张不能当垃圾处理等。对于做得好的同学，学校要大力表彰，让勤俭节约光荣成为校园流行风，让铺张浪费没有生存的空间。家长要教育未成年人树立以节俭为荣，以浪费为耻的观念，适当给未成年人自身锻炼的机会，让他们感觉到挣钱的不易。

5. 加强未成年人的诚信教育

诚信是一个是公民的第二个"身份证"，一种人人必备的优良品格。一个人讲诚信，就代表了他是一个讲文明的人。讲诚信的人，处处受欢迎；不讲诚信的人，人们会忽视他的存在；所以，我们每个人都要讲诚信。刘安在《淮南子·说林训》里说"人先信而后求能。"说的是看一个人，应当先看他是否讲信用，然后再论及他的能力如何，说明诚信比能力重要。所以我们的诚信教育应当从娃娃抓起，从未成年人早期社会化入手进行道德启蒙，让诚信教育符合未成年人的发展规律，贯穿于未成年人身心成长、品行养成的整个过程。父母要以身作则，言行一致，培养未成年人的诚信品质。教师要做到学高为师、身正为范、廉洁自律、做好榜样。要在平时的教育教学活动中主动采取各种方式对未成年人进行诚信意识的灌输，让学生明确讲诚实、守信用是人之为人的首要品格。要正确引导未成年人理性看待社会上的一些诚信缺失负面现实，努

力剔除这些诚信缺失现象对未成年人造成的负面影响，从这些问题的反面来对学生实施诚信教育，注意把理论同实际相结合，要让学生看到讲究诚信所带来的可喜收获。

6. 加强未成年人学习能力的培养

中华美德倡导"励志勤学"。学习是未成年学生的天职，为他们以后在社会的竞争中积累知识起重大作用。未成年人学习能力的高低直接影响道德水平的高低。参加中央综治办和中国青少年研究中心在全国范围进行的闲散未成年人犯罪调查的天津社会科学院研究员关颖，通过对 2 千余名未成年犯和 1 千余名普通未成年人调查资料的分析比较后发现，学业失败是未成年人走上犯罪道路的起点。[①] 因此，加强未成年人道德建设不能忽视学习的重要地位，要培养学生勤学好思的习惯，端着学习态度，明确学习目标。要教会学生正确有效的学习方法，促进未成年人的全面发展。要培养学生的学习兴趣，抵制不良信息的腐蚀。

7. 培养未成年人的自律精神

中华美德倡导"律己宽人"。孔子的学生曾参在《论语·学而》中曾讲："吾日三省吾身，为人谋而不忠乎？与朋友交而不信乎？传不习乎？"要教导未成年人学会对自己严格要求，对他人宽仁。要教育未成年人坚持道德自律、自觉"慎独"。在别人看不到、听不见的地方，也能警惕自己，谨慎从事，做到"有人在与无人在一个样"。在与别人发生矛盾和冲突，或对别人的友善行为得不到理解或回应时，不要去挑剔别人的不是和缺点，而要反躬自问，即"自反"。要教育未成年学生继承、弘扬严己自律的精神，努力按照学生日常行为规范要求自己，自觉做到，在校内与校外一个样，老师在与不在一个样。言行一致，表里如一。要教育未成年人待人以宽，容人之过。

第四节　未成年人道德体系建设的步骤

一、实现道德转型

（一）转变未成年人道德教育模式

1978 年改革开放以后，我国开始由计划经济体制向市场经济体制转变，

---

① 《德育专家谈：学业失败是未成年人走上犯罪道路的起点》，北辰教育网，见 http：//www. bchedu. net/jyky/shownews. aspid＝96，2012 年 2 月 10 日。

由过去的封闭的社会向开放的社会转型，社会生产力得到大大解放，传统的农业社会也开始向现代工业社会转变。在这一转型过程中，我国在政治、经济、文化和科技等各个领域发生了翻天覆地的变化。对我国这样一个处于经济转型的社会大变革时期的国家来说，转型对道德教育的影响和重要性丝毫不亚于对国家经济、社会的影响。未成年人的道德观念也随之发生了巨大的变化。如果还是沿用传统的道德教育模式，对转型过程中的出现的未成年人道德问题不加以重视和反思，未成年人的道德教育工作就会停滞不前。我们需要深刻认识道德教育的规律及其模式转变的根据并努力探索和构建符合时代要求的新的道德教育模式，以适应未成年人道德建设的需要。

1. 道德教育模式的含义

道德教育模式就是特指一定社会或阶级从自身社会发展阶段的需要出发而构建起来的道德教育目标、内容、方法、手段、途径等方面的综合性的理论模型和实践范式。它不仅仅是方法论的问题，而且具有道德教育的整合性和系统的含义，是我们运用"模式"的研究方法，对在道德教育现象中逐步形成的、相对稳定的、较为系统而具有典型意义的道德教育理念的支配下，对道德教育的目的、内容、方法等作出的简要的、特征鲜明的表述。①

2. 未成年人道德教育模式转变的原因分析

第一，传统的道德模式缺乏层次性，过分强调共产主义道德，对未成年人的标准过高。从横向来看，传统的道德教育模式的目标缺乏层次性，不论未成年人的思想道德基础、接受能力以及性格特征的差异，都实施整齐划一的道德教育内容，缺乏具体的道德要求和可操作性。这种做法过分强调优秀道德的统一性，忽视了道德的互异性。未成年人生长的环境与以前相比发生了很大的改变，在道德方面存在着明显的差异。过去未成年人接受的是计划经济体制下的共产主义道德教育，这种道德注重对未成年人"大公无私""毫不利己，专门利人"等共产主义道德人格的培养和教育。虽然在当时的社会生活和政治生活中发挥了巨大的作用，鼓舞了未成年人的道德热情，树立了崇高的信仰，培养了像雷锋、赖宁等大批道德模范的典型。但是，如果用过去的最高道德标准要求现在的未成年人，就会陷入理想主义的困境。因为当代每一个未成年人的道德素质往往不能达到传统的共产主义道德标准，而导致出现这种传统道德要

---

① 彭忠信：《当代中国社会转型与道德教育模式的转变》，华中师范大学硕士学位论文。

求的失效。随着时间的发展，道德在未成年人之间将流于空谈，一些达不到最高道德要求和目标的未成年人对其产生抵触情绪，产生言行不一致甚至对道德不屑一顾的现象，造成未成年人道德人格的扭曲或变态。由于从道德教育的目标来看，计划经济条件下的道德教育过分强调对人们实施高标准的共产主义道德人格，而忽视了未成年人道德独立人格的培养和教育。

第二，过去的道德模式过分强调公共利益，忽视对未成年人的尊重和保障。传统的道德教育模式从社会的共同利益出发，对人们实施的是社会整体价值的道德教育，忽视了对个体利益的维护和保障。在过去，社会个体是国家的一部分。为了社会的稳定发展，社会道德倡导人们树立个人利益服从国家利益、集体利益的道德观念。个人没有特殊的权利，完全融合在集体中。个人没有特殊的要求，只能无条件服从集体。它在当时的合理性在于抵制了个人主义，维护了国家的利益，鼓舞了人们的献身精神，强化了社会成员的纪律性。但是，它对个人价值的绝对否定，压制了未成年人的积极性和创造性，泯灭了作为人应有的自由和人权，不利于未成年人的个性发展。另一个重要的危害是使未成年人彻底否认、全面抵制家族伦理和血缘亲情的道德教育。2010 年温哥华冬奥会上，中国女子短道速滑队运动员周洋夺得女子短道速滑 1500 米金牌。比赛结束后，周洋说："拿了金牌以后会改变很多，更有信心，也可以让我爸我妈生活得更好一点。"。在两会上其行为遭到国家体育总局副局长、国际奥委会副主席于再清的批评。于再清说，运动员得奖感言"说孝敬父母感谢父母都对，心里面也要有国家，要把国家放在前面，别光说父母就完了，这个要把它提出来。"他认为"德育教育出现了很大漏洞。"遭到网友的强烈质疑。

第三，过去的道德模式过于强调灌输，忽视教育者和未成年人之间的交流和沟通。传统的道德模式过于追求对人们进行外部灌输，缺乏与受教育者的沟通与交流。对于未成年人来说，必要的外部灌输是他们认识社会、提高道德的途径。但在强调外部灌输的同时也必须运用其他的道德教育方式。传统的道德模式采用革命年代的政治宣传工作的方法来实施道德教育工作。如开政治思想教育会，听英雄事迹报告会，喊口号，拉条幅等方法。这些方法对于正处于思维活跃期的未成年人来说是一种思想束缚。道德教育者总是希望通过一种固定的一成不变的方式来塑造未成年人的道德，这种命令式的教育方法使未成年人感觉道德枯燥、单一，存在形式化倾向，对道德的真实效果存有疑惑，内心无法形成对道德的自律机制。

3. 未成年人道德教育模式的转变

有鉴于此，在未成年人道德体系建设中，必须转变现有的道德教育模式，以期形成对未成年人行之有效的道德教育模式。首先，要实现道德评价标准的科学化，既要遵守具有社会普遍意义的道德评价标准，适应一定时期政治经济制度对人才道德素质的基本要求，又要针对未成年人特征的不同，分层次、分阶段对未成年人的道德评价标准作出具体规定。既要培养培养整体的现代道德理想人格及其德性和德行，又要培养未成年人这一年龄阶段的具体个性人格道德。其次，要实现道德教育手段的现代化。从以前的通过人的集合构成的组织的形式转变为通过各种媒介的传播方式转变。改变命令式的灌输手段，代之以良性互动的谈心交流和沟通方式，把理性的容具体化，把抽象的道理直观化。

（二）转变教育者观念，以身作则，提高教育者的各项素质

1. 教育者自己应该学习道德规范

强调、关注和提升未成年人道德教育的质量，提倡道德教育者通过言传身教，用正确的世界观、人生观、价值观引导未成年人的健康成长，具有重要的社会意义。

父母是孩子的第一任老师。家庭教育既是摇篮教育，又是终身教育。父母对道德的理解不深刻，平时生活中也不加以注意，容易造成未成年人道德的缺失和扭曲。合格的父母需要学习道德。2007 年 6 月开始实施的新修订的《中华人民共和国未成年人保护法》规定"父母或者其他监护人应当学习家庭教育知识，正确履行监护职责，抚养未成年人。"第一次以法律的形式对父母学习道德的要求加以明确。父母也应该学习道德，不断提升自己的道德素养，掌握道德教育的新方法，处理好孩子的道德问题。父母通过系统学习，能够发现未成年人道德问题的根源，从而防止盲目地以打骂为形式的道德教育方法。

教师作为科学文化知识的传播者，人类心灵的工程师，也需要学习道德。教师对未成年人的影响有时会超过父母，有的孩子，父母的话听不进去，老师的话欣然接受。所以，重视教师道德的学习，应该成为老师的必修课。《中华人民共和国教师法》第八条规定"教师应当履行下列义务：（一）遵守宪法、法律和职业道德，为人师表；（二）贯彻国家的教育方针，遵守规章制度，执行学校的教学计划，履行教师聘约，完成教育教学工作任务；（三）对学生进行宪法所确定的基本原则的教育和爱国主义、民族团结的教育，法制教育以及思想品德、文化、科学技术教育，组织、带领学生开展有益的社会活动；（四）关心、爱护全体学生，尊重学生人格，促进学生在品德、智力、体质等

方面全面发展；（五）制止有害于学生的行为或者其他侵犯学生合法权益的行为，批评和抵制有害于学生健康成长的现象；（六）不断提高思想政治觉悟和教育教学业务水平。"第（一）项、第（二）项、第（六）项分别规定教师要为人师表，努力提高自身的道德修养。

2. 教育者自己需要具有良好的心理素质

未成年人的存在为家庭增加了温馨、快乐的气氛，未成年人的活力对整个家庭的氛围增添了新快的气息。但是未成年人的道德有时会出现偏差，可能会影响到父母的情绪。未成年人在学校也会遇到类似情况，教师有时会因为某个未成年人的错误而受到校方领导的处理。不少老师喜欢指责学生、抱怨、发牢骚，感叹教育的不快乐、有时觉得现在的孩子一无是处，道德沦丧。在处理这些道德问题时，父母和老师的方法和态度行为具有决定意义。这就需要有良好的心理素质。父母和教师要注意调整自己的心理，运用恰当的方式纠正未成年人出现的道德方面的错误，冷静地帮未成年人寻找错误的原因，切不可莽撞冲动，采用暴力手段或者冷暴力的方式解决。

3. 教育者学习科学的教育方法

现在大多数未成年人都是独生子女。随着社会生活节奏的加快，未成年人和父母、老师的交流越来越少。具备科学的教育方法才能使道德教育达到事半功倍的效果。对未成年人说，父母和教师是其前程的设计师，是其心灵的导师。有心的父母和教师会从社会生活中的点点滴滴小事中引发出道德的教育，他们的思想影响着未成年人。有时他们会选择和未成年人聊天的方式激励未成年人克服困难，有时他们会选择暗示的方式提醒未成年人犯了点小错误，有时他们又对未成年人的优异表现给予奖励，有时又身先士卒为未成年人树立好的榜样。

4. 教育者要改变陈旧的观念

第一，教育者要脱去功利主义的外衣。许多父母和老师在未成年人道德教育问题上存在着功利主义的倾向，认为成绩比道德重要。他们中的大多数人认为一个学习成绩优秀的学生比一个诚恳待人的学生要优秀。这种单凭学习成绩上的攀比导致未成年人面临着困惑和压力。他们往往为了讨好父母和博取老师的优待而作弊。父母和老师对他们的要求就是考名校、找好工作、赚大钱、有好前途，认为这样才是道德的最好体现。其实不然，学习先做人才是立足之本。父母和家长必须摒弃为分数是瞻这种错误的观点，注重未成年人的全面发展，注重未成年人德、智、体、美、劳全面发展。

第二，教育者要分析问题，改变偏见。未成年人的道德问题的产生，并不是未成年人道德上的故意，而是他们道德上的愚昧和无知。他们缺乏的是一种叫做"道德选择能力"的理性以及基本道德信念为基础的道德精神。所以教育者要重视反思与改造，化解学校道德教育与未成年人道德价值观念的冲突与矛盾。

（三）道德教育方式多样化

切实可行的道德教育方法有助于道德教育者和被教育者之间确立良好的互信观，增强教育的有效性。目前未成年人道德教育方式具有其优越性，有效推动了未成年人的道德教育。但是随着社会发展的大变革，它的优势正在丧失。因此，需要在遵循未成年人道德教育规律的基础上，对未成年人道德方式进行丰富和发展。

1. 自我教育

自我教育，是指通过未成年人的自我教育实现其道德教育的一种方法。这种方法是最高境界的教育方式，具有最好的教育效果。未成年人通过观察社会上形形色色的道德现象，通过自我学习从事，不断反思和锤炼自己的思想，在内心形成一套自己的道德机制，从而注重自律。从根本上说，道德强调的是自律，在这种自我对照、自我判断、自我反省、自我提高的过程中，未成年人逐步养成道德责任和道德评判力，对道德的遵从发自内心。比如，在汽车上让座，如果他看到别人让座，自己不好意思不让做，这种不好意思就不是内心的自律，而是社会促发因素；如果他发自内心得想为别人做点什么，那么这就是自律。未成年人在这种道德教育中会自觉地进行自律，养成乐观向上的人生态度、优秀的个性品质、健康的心理和文明的行为习惯。

2. 分层教育

分层教育，就是依据学生的理想志向、思想水平、心理状态和性格特征等对未成年人进行针对性教育。[1] 在道德教育中，未成年人个体的差异性导致针对不同的对象必须采取不同的教育方法。这种分层教育通常发生在学校以及存在有多个孩子的家庭。通过分层教育，联系未成年人实际，给予他们不同的帮助。对于接受道德教育有障碍的未成年人，需要精心设计教育思路、理清教育重点，采取多种方式并举的形式。对于一般的未成年人，要因素引导，把握好其道德的方向，促使其向优秀道德靠近。对于道德修养较高的未成年人，要经

---

[1] 胡克州：《新时期中学思想道德教育方法初探》，《福建论坛（社科教育版）》2011 年第 2 期。

常谈心，坚定其信念，协助其处理好现实道德和理想道德的关系。

3. 群体教育

群体教育是指通过未成年人集体成员在相互观摩、相互借鉴、相互学习、相互监督中实现其道德教育的方法。运用这种方式，我们需要寻找那些思想积极向上、学习刻苦认真、道德形象良好的学生作为这个集体的主导力量，带动整个集体的成员积极行动、努力提高。这种道德教育的方式通过集体中未成年人自我的管理达到互帮互助的效果，在观摩中发现自我，在借鉴中学习他人，在监督中警示自我。

4. 促进道德生活化

促进道德生活化，就是联系实际生活，让未成年人在日常生活的场景中实现其潜移默化的道德教育。推进道德生活化，首先要将未成年人道德目标设置的生活化，这个目标要贴近未成年人的生活实际，符合未成年人的切身利益和心理期待，重视人文教育。其次要将未成年人道德内容生活化，要选着具有教育意义深刻、丰富多彩的道德内容。

二、追求道德创新

（一）加强道德情感的培养

未成年人应当学会真实的体会自己的情感并在体验中重新发现自我，随后他会以一种开放的方式对待自己的经验、信任自己的感觉重视当前的生活，并独自负责地对事件作出自己的正确判断。①

第一，情感具有可传递性。在一定的条件下，一个人的情感可以感染他人，使被人产生同样的或类似的情感体验。在未成年人道德中，要充分利用好这一情感。父母和老师要善于用这种情感去感染未成年人。在平时的学习生中，要爱护和尊重未成年人，以积极乐观的情感影响学生。

第二，情感具有情境性，处在不同环境中的未成年人会产生不同的情感体验。因此，父母和老师尽量要为未成年人创设良好的学习生活环境。要营造和睦的家庭环境，以身作则；要建立良好的校风、班风；培养未成人在逆境中转变观念，转变情感。

第三，情感也具有实践性。身体力行是做好未成年人道德教育的有效途径，是未成年人情感形成、变化的依据，也是检验情感好坏的唯一标准。要求

---

① 邓小燕：《道德滑坡还是道德爬坡——论社会转型期青少年道德的进步和道德教育观念的转变》，《德阳教育学院学报》2006 年第 2 期。

在实践中注意道德要求的可行性，坚持道德行为的一致性。

（二）重视道德心理的调节

未成年人的心理状况与道德建设有着必然的关系。未成年人没有经历过父辈经历过的艰苦岁月，在优越的社会条件中适应社会的能力不强，容易造成心理问题，引发心理障碍。"据杭州市对城乡不同类型的数千名中学生的心理调查发现，初中 13.6%，高中 18.79% 的学生表现出情绪和行为的紊乱；天津市对初中生进行一次人格因素测验，结果是 39.11% 的学生表现出冷漠孤独抑郁的人格特征；30.5% 的学生不同程度地存在偏执、冲动的人格畸形，17.8% 的同学有强迫症的症状。"[1] 未成年人的心理素质直接关系着未成年人道德规范的实现效果。一个心理健康的未成年人他会自己调整情绪，应对变化的社会，自觉地把自己的行为限制在道德要求的范围内。如果心理上出现了疾病，就会影响他的情绪和自控能力，脱离对道德的遵守，直接冲击道德底线。所以，加强道德教育需要重视未成年人道德心理教育，要高度关注未成年人的心理健康，使未成年人学会自我调节，克服自卑、烦躁、焦虑、抑郁、空虚等心理障碍，以健康的心态面对生活，树立积极的人生观。

（三）增强道德信仰的提升

道德信仰是信仰的一种基本形式，它体现着一种道德体系的理想目标和人格境界，整合各种道德规范和各种道德行为选择，为道德体系提供一种价值依据或精神支撑。[2] 道德信仰本质上是人在道德上的自我超越，这种超越主要内含社会之我对个体之我的超越、精神之我对肉体之我的超越、理想之我对现实之我的超越，它能调动人的认知因素、情感因素、意志因素，敦促激发人们去追求和达到它所确信的道德目标。[3] 未成年人出现道德上的问题多出于道德信仰的弱化和怀疑，他们对过去过于虚幻的道德目标存在反叛心理。只有具有道德信仰才会自觉地遵守贯彻道德准则。当未成年人的道德信仰迷失之后，各种道德问题就会产生。所以，有必要加强道德信仰建设，将未成年人道德建设上升到一个新的高度。

三、臻于道德内容与道德教育完善

（一）道德内容完善

---

① 赵丰：《青少年成长急需解决的 16 个问题》，民族出版社 1997 年第 1 版，第 17 页。
② 魏长领：《论道德信仰及功能》，《道德与文明》2003 年第 3 期。
③ 魏长领：《论道德信仰及功能》，《道德与文明》2003 年第 3 期。

未成年人道德的内容指导着未成年人道德教育工作的展开，是未成年人道德教育工作的具体体现，它同时反映社会发展和人的发展要求的实际。在社会转型时期，道德教育的内容也必须符合时代的潮流和需要，适应社会主义市场经济的需要。

第一，完善未成年人道德的内容，首先要将社区道德教育纳入未成年人道德教育体系。社区联接着学校和家庭，是未成年人家庭和学校之外最重要的场所，是社会场合道德建设的一部分。社区其实是一个"小社会"，根据有关专家对未成年人活动时间的跟踪统计，一个未成年人一年在社区活动的时间约有100多天战略其活动总时间的三分之一强，而那些史学的社区闲散未成年人其活动时间百分之九十都集中在社区。作为未成年人活动的主要场所，社区无疑成为未成年人进行思想道德教育的重要阵地。《中共中央、国务院关于进一步加强和改进未成年人思想道德建设的若干意见》对社区未成年人思想道德建设工作提出了专门要求，要求各地"要逐步建立布局合理、规模适当、功能配套的社区未成年人活动场所"，"积极主动地为未成年人开展活动创造条件"。我们要根据中央精神，针对当前社区未成年人思想道德建设中存在的问题，以大力健全和完善社区未成年人服务网络为载体，切实加强和改进社区未成年人思想道德建设工作。

第二，完善未成年人道德的内容，还要求我们在未成年人道德建设的过程中融合对未成年人有影响力的所有教育：

1. 行为规范教育。以学生守则为依托，对学生进行日常纪、行为规范教育；以学生守则为依托，对学生进行日常纪律约束、行为管理和专门教育，以使学生形成良好的行为习惯。

2. 健康教育。以身体健康和心理健康为教育内容，帮助学生树立健康意识，珍惜生命，珍爱健康，形成健康的生活方式和行为习惯，有意识的培养良好的个性心理品质使学生能够把成为一个身心健康、有益于社会的人作为自己的长期追求。

3. 安全教育。安全教育是学校管理和教学的重要组成部分，除了共性的内容外，结合学生年龄特点，将食品、药品、交通、人际关系、网络安全等内容作为教育重点，强化安全意识，提高学生自我防范和自我保护意识。

4. 法制教育。针对学生认识能力和意志力不足的特点，以法律常识为主要教育载体，从认识不良行为的危害入手，使学生增强守法观念，在此基础上进一步对学生进行法律价值和法律信仰的理念教育，着重培养学生自觉守法、护法和维权意识。

5. 礼仪教育。以社会礼仪知识为教育内容，使学生做到讲礼貌、懂礼节，在与人交往的各种环境中言行符合礼仪规范要求。

6. 荣辱观教育。社会主义荣辱观是对中国传统美德的浓缩和结晶，是社会主义价值观的具体体现，同时又具有鲜明的时代性。在当前社会转型时期，面对社会思想道德建设中出现的种种复杂情况，对学生进行基本的八荣八耻荣辱观教育，为学生在日常道德生活中明辨是非提供行为指南，有着更加重要的现实意义，帮助他们树立和强化正确的价值观念势在必行。

7. 感恩教育。学会做人，知恩图报是学校教育的任务之一。古训告诫我们"身体发肤，受之父母"，这就要求我们既要热爱身体发肤生命、爱护身体，又要知恩图报，学会感恩。"百善孝为先"是中华文化的根本起始点。当代未成年人是中华文化的学习和继承者，我们要弘扬中华文化，传承中华美德，就需要教育学生从感恩做起，做到感恩父母，感恩老师，感恩社会。

（二）道德教育完善

家庭教育、学校教育、社会教育是未成年人道德教育的三大领域，有着各自重要的地位和作用。家庭教育是道德建设中最基础、最直接的教育，学校教育是道德教育的主阵地，社会教育是进行道德教育的大课堂，应该坚持家庭教育、学校教育、社会教育三位一体的"大德育"结构体系，促进未成年人的道德建设。①

1. 家庭道德教育

卢梭"人的教育在他出生的时候就开始了，在能够说话和听别人说话以前，他已经就受到教育了。"② 家庭教育从总体上决定着受教育者社会化的发展方向。③ 家庭教育是素质教育的基础，是培养未成年人人生观、价值观、世界观的源头。在未成年人道德建设中要充分发挥家庭的特殊作用。要为未成年人营造一个健康祥和的道德环境。家长要注重保持家庭的团结和睦、邻里之间的团结和睦。要加强与未成年人的交流与沟通，时时掌握未成年人的思想、学习和生活状况，发现不良倾向及时果断地采用有效方法引导未成年人走上正轨。俗话说，身教胜于言传。作为孩子接触社会的第一任老师，家庭的言行举

---

① 李明达、郭靖：《试论"三位一体"思想道德教育模式的构建》，《燕山大学学报（哲学社会科学版）》2011 年第 2 期。

② 卢梭·爱弥儿著、李平沤译：《论教育》，商务印书馆 2004 年版，第 55 页。

③ 李天燕：《家庭教育学》，复旦大学出版社 2007 年第 1 版，第 22 页。

动对孩子起着潜移默化的作用。家长要不断提高文化素质和法制观念，同时要加强自身的道德修养，以正确的道德观去影响、教育子女提高识别善与恶、美与丑、荣与耻、真与伪等鉴别能力，逐渐学会识别和自觉抵制违法犯罪行为。

2. 学校道德教育

学校道德教育具有明确的教育内容和教育目标，固定的教育组织形式，精心组织的教育活动和稳定的教育周期，是最基本、最主要的教育形式，在未成年人道德教育成长中起着主导作用。《国家中长期教育改革和发展规划纲要》明确提出，国家教育最终目标是"坚持德育为本"，"培养德智体美全面发展的社会主义建设者和接班人"，并且根据不同的学校教育阶段提出了不同的德育任务和目标。在义务教育阶段，学校要"注重品行培养，激发学习兴趣，培育健康体魄，养成良好习惯"；高中教育阶段应注重培养学生自主学习、自强自立和适应社会的能力，加强对学生的理想、心理、学业等多方面的指导，因为这一时期是学生个性形成、自主发展的关键时期；大学教育阶段的核心任务是提高人才培养质量，着力培养信念执著、品德优良、知识丰富、本领过硬的高素质专门人才和拔尖创新人才。① 学校教育要注重教师德育的提高，努力用教学艺术感染未成年人。注重发展素质教育，把未成年人的德育教育作为一切教学工作的重中之重。要严格执行国家方针政策，做好未成年人思想道德工作，为未成年人道德素质的提高营造良好的校园环境。要重点围绕未成年人的素质教育，把革命传统教育、中华传统美德教育、法制教育和民族精神教育等有机统一于各门学科教学之中，融入到了学生的各种实践活动之中。

3. 社会道德教育

社会教育是指家庭和学校教育之外的整个社会生活对社会成员，尤其是未成年人身心发展的影响和教育，是一个进行德育、智育、体育、美育的"大课堂"。社会道德教育是社会教育内容的核心组成部分。要学习胡锦涛同志"八荣八耻"，开展适合未成年人特点的有益活动，充分利用社会资源，发挥社会道德教育，渗透性强、形式多样、影响广泛的特点，对未成年人进行道德教育。要把关心未成年人的道德建设看成是全社会的事情，通过与社会各部门的沟通和协调，提供未成年人参与社会实践的机会。通过寻找资源单位，开展服务活动，在参与过程中增强服务社会的责任感和使命感。要始终坚持"以科学的理论武装人，以正确的舆论引导人，以高尚的精神塑造人，以优秀的作

---

① 《国家中长期教育改革和发展规划纲要（2010~2020年)》

品鼓舞人"，对未成年人进行潜移默化的社会主义道德风尚教育。

4. 三位一体的道德教育

以上三方面的道德教育不是孤立存在的，而是一项系统的工程，需要形成家庭、学校、社会"三位一体"的教育网络。未成年人道德是学校、家庭和社会多方面教育影响的综合结果，任何一方面的削弱、缺失或偏离正确方向，都会影响合力的效应。要加强学校和家庭的联系，相互交流未成年人在校和在家的道德状况，要举办家长座谈会、家长学校，协调学校与家庭的关系、学生与家长的关系，使家庭教育与学校教育保持一致。要加强学校和社会的联系，学校和社会共同组织一些以学生为主体的德育活动，引导学生主动接触社会环境，培养学生辨别是非、美丑、善恶和自觉抵制社会不良影响的能力。要加强家庭与社会的联系，依靠整个社会大环境及其从属的社会小环境如邻里和社区的共同努力，在时间和空间上相互衔接，为未成年人道德发展提供良好的教育条件和社会环境的全力支持。黑格尔说："一个人做了这样或那样一件合乎伦理的事，还不能说他是有德的，只有这种行为方式为他性格中的固定要求时，他才是有德的。"因此要做好未成年人的思想道德建设，就要创造好的环境，包括家庭环境、校园环境、社会环境、法制环境，在家庭教育中家长负责正确引导，在学校教育中教师负责正确教育，在社会教育中社区负责正面熏陶，形成三位一体的教育网络，不断增强和推进思想道德建设的合力。凡是有未成年人成长的地方，都让他们时时受到良好的教育，处处受到美好的熏陶。古今中外许多哲学家、教育家都认为，道德教育是开创国家和民族美好未来的战略工程。只有坚持德育为先，将家庭德育、学校德育、社会德育有机结合起来，形成一个辐射全社会的互相合作、不断协调、目标一致的思想政治教育网络，通过"合力"的作用取得最佳的教育效果，才能把未成年人培养成为有理想有道德有文化有纪律，德智体美全面发展的建设者和接班人，担负起祖国富强民族复兴的历史重任。①

_____

① 李明达、郭靖：《试论"三位一体"思想道德教育模式的构建》，《燕山大学学报（哲学社会科学版）》2011 年第 2 期。

第四章

道德困境问题研究

　　未成年人是一个特殊群体，享有特殊社会地位，遵守特殊生存规则，"有良知才有德行"，斯坦因把良知作为道德原型，并一再表示良知是一种深藏的品性，是辨别善恶的感觉和知识。那么，未成年人道德塑造的首要目的是使他们怀有极致的良知，而"良知"的塑造不仅依赖诸如家庭、学校和社会等现实条件的辅助，更重要的是需要潜移默化的道德意识和法律意识培养。有了良知，如何知行合一"有德行"则是对未成年人道德养成另一层次的考虑。通过对我国未成年人道德现状的分析，我国未成年人道德素养的建构正面临巨大问题——道德困境，未成年人在现实生活中经常面临利义选择的冲突问题，这就需要我们在伦理道德的反思批判中逐渐达成共识。

　　哲学家黄楠森曾说：世界观人人都有，但有的人是自觉的，有的人是自发的，尤其是一个人的世界观往往不只一个，特别是自发的世界观是互相矛盾的。① 未成年人在成长过程中，受到来自自身、家庭、学校和社会的多方面影响，世界观的极大部分是自发形成的，这部分世界观在矛盾中不断磨合，慢慢趋同于未成年人日后的价值观和人生观，对未成年人心理产生决定性的支配作用，从而最终支配未成年人的行为。而随着社会结构的变迁，现代性所倡导的理性、自由、普遍很容易走向自身的反面，未成年人没有合理引导，丧失道德标准的判断力，必然陷入道德困境。

　　现代社会，处于发展中的未成年人非道德行为正在频频发生，如偷窃、欺侮同学、校园暴力、犯罪等等。未成年人成长过程中的道德问题令人堪忧，因此未成年人道德养成方向需要学校和社会的普遍关注。而道德脱离作为一种影响道德行为的认知机制，与未成年人出现的非道德行为有很密切的关联。未成年人基于可塑性特征，其道德观的发展变化与时俱进，进展迅速，如果没有正

---

　　① 冯树梁：《中外预防犯罪比较研究》，中国人民公安大学出版社 2003 年第 1 版，第 143 页。

确的引导，"价值取向容易流向世俗化，道德规范也容易受到功利化的冲击"。①

为此，加强未成年人道德观发展的动态性追踪研究是解决道德困境现状的重要方法，"从感性到理性，从具体到抽象，善于利用事例，特别是利用数字和事实说明问题"，② 有助于现时态地把握未成年人道德观的发展脉搏，辨清其影响因素及改善路径，为进一步有效引导未成年人道德观的发展提供理论依据。

第一节　道德两难的困境

我国当前正处于社会转型期，道德标准多元化趋势愈演愈烈，折射在个人道德生活领域中的道德标准也出现了多重性倾向，从而导致了人们道德行为的多重性。同时，随着社会化的进程，时空因素均发生了巨大变化，诸如被西方国家鼓吹的"自由、民主、人权"在我国年青一代思维中的盛行；市场经济刺激的拜金主义、享乐主义的滋长；长期"和平"状态下的懒惰懈怠意识泛滥；成年人是非观的影响等等，致使未成年人陷入道德困惑的境遇也必不可免。当前我国未成年人面临的道德两难的困境主要表现在两个具体方面：理论困境和现实困境。其中，现实困境是理论困境在现实生活中的反映，道德问题尤其突出。

一、理论困境

理论困境的形成并不突然，它与一朝一夕的道德教育密切相关。从未成年人的生活环境到学习环境，道德教育在道德观的塑造中一直占主导地位，而道德教育的主导地位主要发挥在教育的引导性上。教育对未成年人的重要性众所周知，不论是学校以学为主的教育还是家庭单纯利益为主的教育，未成年人都会受到影响，并形成信息回馈。学校人格教育的缺失表现最为明显的就是学生可能产生厌学心理，习惯性逃学甚而有其他越轨行为或犯罪行为；家庭单纯利益为主的教育则会使未成年人可能因单纯追求某一种利益而忽略其他价值的存

①　黄志坚：《党的十七大精神与青少年思想道德教育》，《广东青年干部学院学报》2008 年第 1 期。

②　《共同关注中华民族未来 切实推进未成年人思想道德建设——首届中国未成年人思想道德建设论坛发言摘登》，《光明日报》2008 年 12 月 30 日。

在，易形成偏执型人格，从而对社会做出不利行为。学校和家庭的教育目标是美好的，但教育过程中的瑕疵会使得现实状况与目标之间出现偏差，甚至相反，研究教育理论上的困境对缓解未成年人总的道德困境有宏观上的指导作用。具体来讲，道德教育困境主要是道德应然与实然的矛盾。

首先，道德教育目标过于理想化，造成教育目标与道德现状的脱轨。《当代青年研究》杂志主编孙抱弘认为，当前道德教育对人性的过度理想化造成了道德教育对象评估的差位；"无人的生活"导致了道德教育内容的缺位；道德教育过程中想把人人都培养成为高尚的人的教育目标的误导又造成了教育过程的一系列错位。① 这种在教育对象、教育内容、教育过程三个层面存在着理想化、浪漫化、简单化倾向的道德教育导致了"5 + 2 = 0"的道德教育现象的存在。过于理想化的道德教育难以对抗现实生活中盛行的社会潜规则、普遍伪善、亵渎神圣等问题，而这些问题与市场经济下人性趋向相辅相成。学校的道德教育主要是以政治说教的方式进行，往往教育者把未成年人的错误提升到一个政治的高度，用成年人的思维模式驯服未成年人，使得学校道德教育理论在政治色彩下演化为一种权利的话语，未成年人在政治训导中被驯服而划一，政治意识反而占据主流，追求本真、个性和民主成为末端甚至消弭，教育者满足于反复灌输政治思想，用所谓"高尚"的道德目标强制性约束被教育者的行为，以国家机器等强制手段代替社会舆论和个人良心的非强制性调节，未成年人的天性、自主生活活动没有余留空间，机械操练学生的活力使之归于完全的平静，学校的这种道德教育很容易脱离未成年人现实生活，继而演变成缺少灵魂的、压抑人性的、无视生命个体的非道德的教育。由于学校教育容易谬解道德的本真涵义，很可能忽视道德和生命个体之间不可割裂的有机联系，对未成年人的生命意识、精神意识、个性意识和人格意识的培养造成阻碍，使得道德教育本身陷入不可挽救的困境。

其次，道德发育环境的复杂化，使得当前教育模式陷入两难，无法解决道德教育的困境。有学者认为，市场经济条件下道德教育困境主要表现为教育语境与现实生活语境的反差、市场经济与市场文明的反差、商业理性与道德情感的反差以及专业意识与大众意识的反差等五个方面；还有学者认为，道德教育困境主要表现为"四个分离"：第一是道德教育与社会现实的分离。道德教育

---

① 张帅、宋强：《新时期青少年道德教育的思考——"市场经济条件下道德教育的困境与突破研讨会"综述》，《当代青年研究》2011 年第 2 期。

的生命力来源于道德理论本身的解释力，而现阶段，道德教育对于市场经济解释力的不足形成了道德教育和社会现实的分离。此外，道德教育供求不对称即教育者不了解青年学生目前的道德需要，从而导致在道德教育中缺乏对一些新问题的回应。第二是道德教育与知识教育的分离。在教育过程中，知识灌输占据主导地位，道德教育往往被忽视，"好成绩代表一切，也可以掩盖一切"，未成年人在最适宜养成良好品德的阶段却缺乏相应道德教育的灌输，致使未成年人品德的流失。同时教师自身道德经验、道德理论的有限性也导致了道德教育与知识教育的分离。第三是底线教育与超越性教育的分离。该学者认为道德教育不能仅仅停留在底线教育的层面上，对于超越性道德教育的内容也应引起足够的重视。第四是灌输教育与学生主体性的分离。我们认为，未成年人人格虽未完全养成，但不应因此剥夺学生主体性的地位。在教育过程中，未成年人具备一定的认知能力，其内向型塑造的品德对其以后的行为具有更为重要的影响。① 这几种反差和分离都说明道德教育环境的复杂化，道德教育已经不单单只靠"三位一体"模式来应对当今错综复杂的社会形势，而需要更为全面细致的教育模式为未成年人服务。

二、现实困境

当前，我国青少年道德滑坡现象纷繁复杂，价值取向呈现多元化的趋势，属于易感染群体的未成年人也存在"滑坡倾向"，诸如漠视生命、疯狂追求物欲、欺骗成性等等，在高速发达的经济与物质财富积聚的背景迷惑下，未成年人很容易在成长与发展的黄金时期迷失自我，失去对人生的定位，偏离正常的人生轨道，进入道德缺失的困境状态。有学者将现阶段未成年人道德的现实困境具体归纳起来，全面介绍了未成年人道德观的动态变化，主要有以下十二个方面的表现②：

第一，违法犯罪率不断上升是道德缺失的突出反映。现在人们一谈到未成年人的违法犯罪，就单纯认为是他们的法制观念淡薄所致。这当然是一个重要原因，但只是原因之一，而且是浅显的原因。深层次的原因当属道德观念的丧失。违法犯罪既是道德缺失的突出反映，违法犯罪率又是道德观变化的一个十分明显的晴雨表，两者成反比关系。我们不能忽视道德力量对违法犯罪的抑

---

① 张帅、宋强：《新时期青少年道德教育的思考——"市场经济条件下道德教育的困境与突破研讨会"综述》，《当代青年研究》2011 年第 2 期。

② 叶松庆：《当代青少年道德变异的现状、特点及趋向》，《青年探索》2005 年第 3 期。

制，但又不能完全依赖道德的作用。未成年人违法犯罪首先是突破了道德底线，只有在道德不起作用的情况下，违法犯罪才能出现。比如，未成年人的性犯罪，是不讲道德的，此时的道德毫无作用；像杀人、故意伤害等犯罪，是没了人性，或失去理性，道德则早已被抹掉了。

第二，良好道德习惯的丢弃表达了反传统的心声。如不随地吐痰、不损坏公物、不乱丢垃圾、不骂人打人等，这些常识性的道德习惯已经没有多少青少年当成一回事，幼儿时代可能还学了一些，随着年龄的逐渐增大，这些道德习惯反而丢弃了，尤其到了青年后期，这方面的习惯更是缺失。这就是人们常常不可理喻的青少年的"年龄与觉识成反比关系"的反映。社会公德心的弱化反面加强了未成年人对私利的盲目热衷。

第三，文明传统不受欢迎应验了传统道德的乏力。礼让三先、待人和气、乐于助人、见义勇为、拾金不昧、诚实信用、勤俭持家等文明传统，未成年人渐渐远离这些理应追求的东西，他们总觉得这些文明束缚了自己的思想：在竞争激烈的现代社会，"礼让三先"是虚伪的表现，"待人和气"是自己心虚或是不自信，"见义勇为"是"呆子"才会干的事，现在哪个不是见钱眼开，还有什么"拾金不昧"？"勤俭持家"是没有能耐的人的当家经。"乐于助人"是自寻烦恼，不怕被诬赖的瞎胆大。文明传统不受欢迎，确实应验了传统道德乏力的一面。"九岁男孩给人倒杯水要价十元，中学生洗衣服打水要雇人"等现象，可见一斑。

第四，婚恋观念异常表现出道德的错位。对爱的朦胧、憧憬，是未成年人的必经阶段。但爱得你死我活，爱得莫名其妙，爱得毫无目的，却是恋爱观异常的表现。诸如来自小学生毕业赠言簿的"祝我们相爱到永远"、"祝你在某年某月某天生个乖宝宝"、"要让我早一天当你儿子的干妈"，"广西某市中学出现学生'红娘'"也表明部分青少年的婚恋观出现异常。

第五，性观念异常凸现道德防线的脆弱。青少年随着大众媒体性信息量的逐年增加，性意识得到不断强化，性观念逐渐开放，他们的生理发育期大致已提前2年左右，而性心理和性道德相对滞后。由于受黄色信息（来自媒体、现实、自身体验）的影响，部分青少年处在性困惑、性迷茫之中，性观念发生急剧异变。偷尝禁果虽已表明道德防线的脆弱，但已不是监护人最焦心的事，更多的是深怕其发生性犯罪，那是突破道德底线跨入了违法犯罪的门槛。有关调查表明，在青少年犯罪中，涉及性犯罪的比例远远高于其他类型犯罪。

第六，价值观怪异很多是反映在道德观的嬗变上。一些青少年的价值观从小就可看出怪异，如，"七成多儿童想做富人"，"不少小学生互称老公、老婆"，"在小学生的毕业赠言簿上的个人爱好一栏，多数填着'吃、喝、玩、乐'；在志向栏中，填'当大官'、'当老大'"等，这同时也说明部分青少年的道德观发生了嬗变。

第七，吸毒湮灭了道德的火花。《中国青年报》2004 年 2 月 13 日载：2003 年我国累计登记的在册吸毒人员已达 105 万，35 岁以下的青少年占72.2%。近年来青少年犯罪总数占全国刑事犯罪总数的 70% 以上，其中十五六岁少年犯罪占青少年犯罪案件总数的 70% 以上，而吸毒人员中青少年已占74%，16 岁以下的超过 1 万人！这个数字是相当惊人的。吸毒的未成年人很难再依靠道德来约束自己，当他或她缺少吸毒资金时，不择手段地去弄钱是他们的第一选择，在这种境况下，仅有的道德火花也不可避免地被湮没了。

第八，精神生活质量低源于道德的无所适从。一般而言，现今青少年的物质生活质量不会差到哪里去，但不少青少年经常抱怨自己生活得很乏味，感到自己既缺乏信仰，也缺乏现实目标，特别是精神生活质量低。这实际上是青少年道德的无所适从造成的。比如，在公交车上见到老人上车无座位，就想把自己的座位让给老人，却遭到妈妈的大声责骂，此时这位青少年的道德就处于无所适从状态。再如，当自己受到性骚扰或性侵害时，敢怒却不敢言，此时的道德也是无所适从。

第九，诚信遭遇道德拷问。从 2004 年起所有参加高考的学生都要签订"诚信协议"，这固然是一项对青少年进行诚信教育的好措施，同时也暴露了当今青少年诚信意识的严重缺乏。签订诚信协议的本意是约束考生不要作弊，但考生被录取不报到却显露诚信困境。是不是考生做到录取报到就是讲诚信，而不去报到就是不诚信？这里面的问题比较复杂，不能一概而论。那么，对诚信的定义应作如何理解，就成了一个伦理难题，青少年的诚信遭遇道德拷问在所难免。

第十，消费的盲目攀比颠覆了道德价值观。青少年的消费生活与道德息息相关，无一不涉及他们的道德价值观。正面的有勤俭持家、量入而出、适度消费等，负面的有用父母的血汗钱潇洒、偷盗来的钱物用于高消费、为了满足情人或朋友的消费贪污公款等。负面的消费境况是青少年盲目攀比的杰作，不仅是对消费市场的恶性循环推波助澜，还颠覆了道德价值观。

第十一，漠视人的生命是道德沦丧的典型表现。一些青少年不仅漠视他人的生命，也漠视自己的生命。如 2006 年北京一对双胞胎少年带着另两名未成年少女虐杀了一个素昧平生的陌生女子、2008 年广南县城区中心学校一名初二学生因不满老师批评而举刀刺杀该老师。漠视生命，就是漠视起码的道德责任。

第十二，"知行不一"已成为习惯。一些青少年并不是认知低下，他们知道的东西很多，知道该怎么做，但在实际中，他们并没有按照知道的去做，是另做一套，这不仅体现在一二件事上，而是像有些人的"说谎"一样，已成为一种习惯。

同时，综合我国未成年人道德现状，可以看出未成年人违法犯罪新趋势也逐渐明显，从实证角度看未成年人在 14 岁到 17 岁之间进入犯罪高潮，有人类学家曾尖锐指出："从某种程度上讲，当一个文明趋向于更高，或许还是更有价值的目标时，社会性越轨的可能就越大。"现代社会的文明程度在很大程度上影响到未成年人犯罪行为的多样性，首先表现在未成年人犯罪低龄化持续发展，犯罪高分年龄提前，初犯年龄趋低；其次，具有多次犯罪经历者明显增多，未成年累犯比例增大；第三，我国城市"二代移民"和农村留守儿童的现实状况，使得闲散状态成为未成年犯罪人案前的主要生活状态；第四，结伙犯罪的组织化程度明显提升，共同犯罪、带有"黑帮"性质的团伙犯罪也有增加趋势；第五，暴力犯罪已成为最主要犯罪类型，犯罪手段的暴力化倾向进一步加强，作案手段比较野蛮和凶残，往往不计后果；第六，突发性犯罪高发，作案动机、目的比较单纯，带有一定的盲目性；最后，由于受教育程度相对有所提高，犯罪认知度、作案的预谋性增强，未成年人犯罪趋于成年化和智能化。现阶段未成年人犯罪所呈现出的社会危害性和人身危险性增大的总趋势，对我国有关未成年人犯罪的实践对策和理论研究提出了挑战。

三、道德困境呈现阶段性

从纵向的历史维度看，新中国成立后较长一段时间里，人们有较为统一的道德观约束自己，当时的年轻人坚信共产主义必胜，并且在短时间内就能实现的信念引导下，热情积极的投身于建设祖国服务人民的洪流中，整体上呈现出道德观的清纯与一致。"雷锋精神"即是一个典型代表，路不拾遗也比比皆是，淳朴正直的价值取向占据主流，社会环境整体上与人们的精神文化相融，未成年人在此背景下能够较快树立清晰明确的道德观。六七十年代浩荡的"文化与思想革命"，改革开放后随之而来的多元化思想、观念、政治、经济、文化的碰撞，再加上"否定之否定"科学规律的不良运用，致使当代部分涉世未深的未成年人陷入了深刻的精神迷惘和意义危机。近几年来，虽然国家加强了对未成年人思想品德的教育，但危机并未缓解，未成年人的道德状况仍不容乐观，我们选择哪种道德标准，树立怎样的道德观反而迫在眉睫。在新旧道德的历史嬗变期，科技进步、商品经济、民主政治、开放社会、人的全面发展逐步代替传统道德文化倡导的精神意义和终极关怀，在文化理论界关于是否恢复儒学教育的争论反映出传统道德与现代化价值观的激烈碰撞，部分未成年人面对新旧道德冲突，认同感丧失，缺乏基本的是非判断力，价值取向紊乱。

从未成年人自身成长的横向维度看，未成年人成长阶段可分为 0 到 5 岁、6 岁到 15 岁、16 岁到 18 岁。我国儿童一般在 6 周岁进入小学开始接受学校教育；11 周岁到 13 周岁是从儿童向少年过渡的关键年龄，也是国际上公认的危险期；15 周岁左右某些性格定型，个人偏好、重复行为表现明显；16 岁到 18 岁之间选择性接受高中教育，逐渐出现个体独立性强、有目标、思维较之前成熟等特点。根据人大内务司法委员会的调查，我国未成年人犯罪初次有劣迹年龄为 6 周岁，高峰年龄则为 8 - 17 岁。中国青少年研究中心于 2001 - 2002 年度，对全国 10 所少管所和 10 所普通中学进行的近 4,000 份问卷调查的统计结果表明，未成年青少年的犯罪轨迹是：小学四五年级进入青春期后，不良行为开始出现；13、14、15 岁是不良行为的爆发阶段；随后违法犯罪行为增多，特别是闲散在社会上的不良少年，多数以违法犯罪所得作为娱乐消费的主要来源，16 岁是被司法机关绳之以法的高峰年龄。这份统计结果在现阶段仍然适用，年龄上可能有微调，但相差无几。

同时，国外青少年犯罪研究学者 Loeber（1993）等人根据匹兹堡青少年研究项目的结果，指出了青少年越轨行为的 3 种发展道路：公开型（Overt）、隐蔽型（Covert）和权威冲突型（Early Authority Conflict）。公开型的发展道路是：在 8 岁时开始出现攻击和侵犯行为，以后逐渐升级，发展到欺负殴打他人，最终出现严重的暴力犯罪，如伤害、强奸等。这类孩子的不良行为可能也包括了隐蔽型和权威冲突型孩子的行为特点；隐蔽型的儿童出现不良行为的年龄在 7 岁，主要是一些顺手偷窃、破坏财物等小问题，最后会犯的错误也是中等严重的行为如偷盗、违法使用信用卡、买卖毒品等；权威冲突型儿童最初表现出反抗或不听话的行为可能早在 3 岁，以后会发展成固执、蔑视权威，最终会发展到逃避权威，比如逃学、离家出走等。以上三种道路，每一种都先由家庭开始，然后扩展到社区和学校，由和父母的冲突、同伴的冲突发展到对陌生人的伤害。研究者还指出，每类儿童中都有一小部分人会发展到最严重的水平（表现出严重的犯罪行为），这部分人往往是问题行为出现较早的儿童。对于这一小部分人来说，停止问题行为是不可能的。① 从国内外两方面的年龄阶段调查结果中，未成年人违法犯罪存在阶段性特征，这也表明我国未成年人的道德困境呈现阶段性，它与社会发展息息相关，在物质文明高度发展的同时，如何建设未成年人的精神文明变得至关重要。

第二节　未成年人道德困境原因

目前，根据高德胜博士的研究，国内关于德育困境原因的分析概括起来主要有以下几种观点：失节于功利主义大潮，屈服于政治压力，迷失于科学主义惯性，与生活相疏离等；高德胜本人则认为德育困境的根本原因之一是知性德育或者说德育的知性化，即"知识德育、思维德育和知化的德育，"并提出"生活德育"作为解决问题的对策。② 该观点较为集中于分析影响道德教育的社会因素方面，而对道德教育的对象缺乏关注。未成年人的道德建设一直是我国道德建设的主要组成部分，现阶段未成年人道德困境由于受到道德发育大环境的影响，不仅有外在的如社会、学校、家庭、同龄群体等因素，还有内在的个体道德发展，包括人性善恶论、未成年人自身特征以及道德本身的不道德性。无论内因还是外因，从根源上看则是道德的支撑缺失。

一、外在道德困境原因分析

与未成年人密切相关的家庭、学校、社会、群体不同程度上影响未成年人的道德观，有的是潜移默化，有的则直接定向，总的来说，未成年人可塑性特征的一个重要原因基于他所处环境的不稳定性。在未成年人成长阶段，学校、家庭或其他任何一个环境因素的教育失误甚至错误都会导致未成年人偏离道德的正常轨道。对此，我国古代有著名的"慎染说"，所谓"蓬生麻中，不扶而直。白沙在涅，与之俱黑。"③ "染于苍而苍，染于黄而黄，所入者变，其色亦变。五入必，而已则为五色矣，故染不可不惧也！"④ 更有孟母三迁的典故，足以证明道德发展受环境影响之深。美国学者罗伯特·J. 桑普森和约翰·H.

---

① 屈智勇：《青少年犯罪发展历程中的家庭、个体影响因素及其预警指标体系研究》，全国教育科学十一五规划青年项目，全国教育科学规划领导小组办公室，2006. 12 ~ 2008. 12。

② 高德胜：《知性德育及其超越——现代德育困境研究》，教育科学出版社 2003 年第 1 版，第 186 页。

③ 《荀子·劝学》

④ 《墨子·所染》

劳布结合生命进程的动态性提出了逐级年龄非正式社会控制理论，也即生命进程理论，未成年人后期不道德或越轨行为的出现并非偶然，社会控制机构可能扮演导火索的角色。他们认为，生命进程具有富其规律的动态性，即一条轨线是指生命进程中所经历的一段道路或一个发展阶段，诸如工作经历、婚姻、父母子女关系、自尊心或犯罪行为；而多条轨线是指长期的行为模式并以一系列的变迁为标志，多条轨线与变迁的连锁性质可能会引发生命进程中的转折点或变化。同时，适应生命中的事件非常关键，因为对同一事件或变迁如果适应方式不一样，就会带来不同的轨线。该理论的长期观点是：轨线表明儿童时期的事件与成年时期的经历之间存在着紧密的联系，同时短期观点也表明变迁或转折点可能修正生命轨线，它们能够使生命"改道"，可能修正生命轨线的社会机构与事件包括学校、工作、兵役、婚姻以及父母子女关系。桑普森研究的发展心理学强调了不良行为的连贯性，认为儿童时期的不良行为对后期成年生活会有不同的影响。他们提出反社会行为的个体差异在生命进程中具有稳定性，犯罪与攻击行为具有较高程度的稳定性。[①] 也就是说，道德观扭曲之后，未成年人的不良行为将保持较长一段时间，再逐级加重，直至彻底丧失伦理。那么，按照生命进程理论，未成年人的道德养成跟其生命轨迹的连续性有密切联系；儿童时期与未成年时期主要的社会控制组织——家庭、学校、同龄群体及青少年司法系统，作为环境中影响个体品德的具体因素，对未成年个体的道德发展至关重要。

（一）现代家庭教育的盲区

1. 一意孤行，强制控制手段滥用。家庭是未成年人成长的主要场所，父母是孩子的第一人生老师，家长的一言一行在潜移默化中影响着孩子的人生观、价值观和道德品质。洛克也曾说过："当一个人尚未达到自由的状态，他的悟性还不适于驾驭它的意志之前，必须有人来管教他，作为支配他的一种意志。但是过了这个阶段，父亲和儿子，正如导师和成年之后的徒弟一样，都同等自由了。"[②] 但部分家庭教育中出现的偏差以及家长的不良行为，为未成年人树立一个坏榜样，必然影响到未成年人道德品质的培养。多数家长深受市场经济现代化带来的危机感影响，只要他们觉得有用，就以"为孩子好"的名

---

① 参见罗伯特·J·桑普森、约翰·H·劳布著、汪明亮等译：《犯罪之形成——人生道路及其转折点》，北京大学出版社 2006 年版，第 6～8、26～29 页。

② 洛克著、刘晓根编译：《政府论》，北京出版社 2007 年第 1 版，第 84 页。

义，干涉孩子的自由，强制孩子做他们不愿意的事情，久而久之，未成年人习惯于被安排的生活，缺乏应有的独立思考能力，往往变得懦弱、胆小，自私自利，依赖他人，很容易发展成潜在的越轨行为人或受害者。另一方面，"棍棒底下出孝子"的古论遗训在家庭里仍然重要，很多家长对孩子稍有不满便动手打骂，以暴力手段维护家长的绝对权威，这种教育除了给未成年人的心灵带来伤害外，还会助长未成年人的逆反心理，从某种意义上未成年人极易养成欺软怕硬或是以暴制暴的恶习。惩罚是及时纠正未成年人不良行为习惯的一种方法，甚至效果好于口头教育，但根据逐级年龄非正式社会控制理论，对孩子的违规行为进行惩罚的基础必须是基于对孩子的关爱、尊重和接受，经常采用"羞辱化"的父母通常非常冷酷、专断，实施的惩罚也非常严苛，这些父母的冷酷、专断、严苛将传染给孩子，未成年人一旦养成冷酷、专断的负面性格，对于社会其他人就毫无道德可言。同时，未成年人道德发展具备多变性，原因即未成年人在学习初级阶段仅形成初步的世界观，容易偏激，也容易受外界是非观的左右，父母在未成年人形成稳定的道德价值观之前若不注意教育方法的使用，习惯于暴力滥用惩罚就会对未成年人的思想造成冲击，使未成年人陷入道德摇摆状态，此时若再没有适时纠正，未成年人可能就陷入是非观不明的困惑中。

2. 急功近利，功利性目的明显。未成年人对"权"和"钱"的崇拜意识源于他们的生长环境。21世纪背景下，市场经济快速发展，物质文明高度提升，随之滋生的功利主义大行其道，家庭成员在内部交流和与外部联系中过分强调权钱意识，追求既得利益的迅速实现，抛弃脚踏实地的艰苦作风，不断向未成年子女传递"凡事寻找捷径"的思想。加上网络媒体的普遍，不少未成年人抱着"出名要趁早"的心态走上令人非议的成名之路。诸如娱乐圈、官场等各种"潜规则"现象的存在，媒体曝光的未成年人卖淫、贩毒事件，等等。家长急功近利的态度灌输给未成年人，未成年人容易养成斤斤计较、唯利是图的消极品质，功利性目的也直接影响未成年人对人生价值的定位，想当然的把"一切向钱看"作为人生的终极目标，一味热衷物质享受，没有社会责任感，未成年人很可能因为暂时的利益驱使而丧失基本的道德底线。

3. 家庭持续性的非正常氛围。家庭非正常氛围指家庭成员之间不和谐，关系不融洽，较常见的有父母离异，家长的不道德行为或违法行为，家庭成员之间经常性冲突、漠然、冷暴力、虐待、乱伦等。家庭非正常氛围持续存在导致家庭道德失范，使未成年子女长期情绪压抑，没有幸福感和道德榜样，失去对他人的宽容或尊重，对他人遭受的痛苦也毫不在乎，逐渐习惯于实施非道德行为。

（二）社会价值观的多元化和矛盾性

未成年人的道德观受到来自社会各方面因素的影响，自 2004 年 2 月中共中央、国务院颁发《关于进一步加强和改进未成年人思想道德建设的若干意见》以来，社会各界以各种方式积极参与未成年人的思想道德建设，理论上和实践上均取得了显著成效，为未成年人道德观教育营造了良好的社会氛围，但同时也存在负面影响。

1. 社会转型期，新旧道德的冲突与矛盾导致的价值多元化。道德的特征并不是为了他人而牺牲自己的利益，一项道德准则首先为大多数人的正当利益保驾护航，当大多数人都自觉遵守该道德准则并从中感受到融洽与幸福时，那么作为个人仍然受益。从中可以看出，道德是社会的共识，而且共识部分越大，人们的道德认同感越强烈，道德的约束性也越强。我国传统道德经历了殷商的发育期，春秋"百家争鸣"的发展期，到先秦一统的奠基期，以及历朝历代的完善期，最终确立起来。我国传统道德规范的内容十分丰富，有学者将之分为几大部分，如一部分是基本道德规范，"分别是公忠、正义、仁爱、中和、孝慈、诚信、宽恕、谦敬、礼让、自强、持节、知耻、明智、勇毅、节制、廉洁、勤俭、爱物"；另一部分是职业道德规范，"分别是政德、武德、士德、民德、商德、师德、艺德"；第三部分是家庭伦理道德规范，"分别是关于亲子关系的规范、关于夫妇关系的规范、关于长幼关系的规范"；最后一部分为文明礼仪规范，分别是"尊老敬贤之礼、待人接物之礼、仪态言谈之礼、庆典婚丧之礼"。① 我国古代严格的宗法等级制度保证了传统道德规范的践行，对于调节古代社会的整体秩序和人伦关系的和谐起到了重要的作用，但这种传统道德观也遏制了个体利益和个性自由，因此当封建专制下的国门被西方的大炮打开后，传统道德遇到西方文化全方位的冲击和挑战。西方资产阶级倡导的自由、民主、平等逐步被我国部分人所接受，改革开放后，这股风潮尤其盛行，对我国传统道德造成巨大的冲击。"任何一个国家既然以现代化为自己的社会目标，不管其社会个性如何，恐怕均不能幸免现代化所带来的负面影响。"在社会转型期，新道德的产生总是以打破旧有的传统与信仰为代价，它给社会发展带来的道德上的无序与紊乱，并不必然意味着道德上的堕落与滑

---

① 瞿振元、夏伟东主编：《中国传统道德讲义》，中国人民大学出版社 1997 年第 1 版，第 48 页。

坡，却可能是新道德产生的契机。新旧道德的冲突与矛盾带来的负面影响，表现在价值多元化弱化了原有的共同道德感，未成年人易产生道德摇摆，知性不一。如自由没有尺度就会演变成秩序的混乱，未成年人可能只为摆脱束缚而离家出走；传统道德中宣扬的"存天理灭人欲"在面对自救还是救人的问题上，同样面对人人生而平等的拷问。

2. 社会秩序的混乱以及各种不良现象的影响。"道德是一个有条件的存在，道德的实现必须依赖良好的社会秩序，当社会秩序稍有打破，道德力量的脆弱性就会立刻表现出来。"① 正如该学者所说，社会秩序良好，未成年人的道德发育环境健康，便有利于未成年人保持高尚的品德。相反，社会秩序被打破，不良现象严重损害未成年人身心的健康发展，混乱状态中基本的道德认同感消弭，未成年人的道德认知和行为控制力均被削弱，行为规范就会跟随周围环境的变化而变化。

3. 社会传媒对未成年人思想的狂轰乱炸。现代化带来的高科技琳琅满目，网络时代的到来更加速人们之间的信息传播。网络又是一把"双刃剑"，一方面信息通过网络迅速普及，被公众所知，人们可以在网络上充分表达自己的意见和建议，好的舆论导向可以引导未成年人树立正确的价值观和是非观；另一方面，不可避免的是网络中一部分人偏激、不负责的言论容易误导辨认能力不强的未成年人，有些视听节目、网络资讯等社会传媒为追求高效益往往忽视本应承担的社会责任，大肆宣传文化垃圾，屡屡出现各种电视暴力、拜金主义、享乐主义、个人主义不断侵蚀未成年人的思想，严重混淆了未成年人的视听，甚至导致他们步入误区，走上歧途。此外，因网络监管疏漏导致的网络市场混乱，对未成年人也产生一定的不良影响，如北京蓝极速网吧纵火事件，4 名纵火者均为未成年人，最小的还未满 14 周岁。

4. 肤浅的功利主义与贫富差距不可避免波及到未成年人。社会上过多的功利性元素及其非道德主义的泛滥，致使道德越轨和失范现象时有发生，这种情况表现在道德生活的许多方面。而贫富差距的拉大，使处于社会财富底层又求富无果的一些人产生非分之想，必然影响到未成年人的道德建设。

（三）学校教育的不科学性

1. 超实际的道德标准过于空泛。学校教育是未成年身心成熟的培育室，不仅传授知识，还要教授为人之道，我国学校教育也主要包括这两个方面。然

---

① 李湘云：《道德的悖论》，九州出版社 2009 年第 1 版，第 68 页。

而部分学校德育往往设定一个很高的道德标准要求未成年人努力践行，有学者将之称为"吊车型道德教育模式"。这种教育模式没有针对教育对象的实际和特点，往往套用成年人的一套教育模式，只注重政治性、功利性和普通的道德原则、规范的灌输式教育，而忽视"人性"，忽视未成年人群体特殊性、主体能动性和个体需要，容易与实际情况脱节。

2. 重视知识教育，忽视德育。学校教育既包括知识教育，也包括思想道德教育，两者同等重要，不能"一边倒"，否则将造成个体发展的失衡状态。然而有些学校仍然片面追求升学率，忽视道德教育，认为分数可以代表一切，或者将道德教育等同于知识灌输，把道德知识当作客观世界的真理要求学生去记忆和掌握，学生失去了道德与自身生活学习的联系，仅仅把道德知识当成一门必须学习的学科。德育并未真正深入到学生内心，而知识教育占据了绝大空间，未成年人的道德必然受之影响。

3. 师德素养高低的影响。教育家加里宁曾说："教师的世界观，他的品性，他的生活，他对每一现象的态度都这样或那样地影响着全体学生。"教师道德品性对学生起着潜移默化的影响，也是一种无声的教育。在新的社会条件下，教师队伍中出现了一些令人担忧的新情况和新问题，部分教师滋长了个人主义、拜金主义和享乐主义思想，势力物欲上升，只强调所谓的个人价值，不愿多作贡献；另有部分教师沾染腐败和不正之风，贪图享乐，对本职工作缺乏敬业精神和奉献意识。师德素养的高低直接影响到未成年人道德教育的好坏，教师应发挥自己的道德榜样作用，树立高尚的职业道德情操，为未成年人的道德发展贡献一份力量。

（四）同龄群体恶习的交叉感染

在未成年人这个特殊群体也有和其他社会群体一样的个体差异，品德不良道德低下的人是必然存在的，人具有主观能动性，既可认识世界也可改造世界，未成年人在接受学习适应环境的同时又具有自我意识，能够对外界做出主观的反应。因此，正如任何一个学科教育当中都会出现教育效果的正态分布现象，德育的效果也必定会因人而异。而道德困境的关键问题在于品德具有"传染性"，好榜样可以影响别人，坏样例也可以传染给别人，而且坏样例的影响力更强。因为坏的行为往往给个体带来直接的、即时的利益，而好的行为往往需要个体做出艰苦的努力或奉献，利益多是间接的、延时的。比如，勤学苦练的结果往往要到考试才能知道结果，而懒散怠学可以带来即刻的轻松和快感。品德问题的传染性还受作用于从众心理。如果这个孩子具有很强的从众心理，而缺乏独立判断能力，倒向大多数同龄人行为可能性就会增加。如其他孩子都去拿石头扔路灯，我也那样做并没有什么不好；其他人都乱扔垃圾，我扔也没什么；其他同学都说谎，我说谎也不会怎么样；等等。

二、内在道德困境原因分析

关于道德感的起源，达尔文将其归因于对我们同类本能的同情；斯宾塞将其归因于某种精神过程，这种过程迫使我们的祖先必须服从特定的行为戒律，以致于成为世代相传的思维习惯并转化为本能，由此发展为基本的道德本能似乎是功利性经验积累的结果并最终成为有机整体并被加以继承，使之成为意识体验中相当独立的一部分。达尔文的本能同情论，加洛法罗肯定了其中的一点，那就是我们今天的每个民族都拥有一定量的道德本能，它们不是产生于个人的推理，而是由于个体的遗传，正如某种族的身体类型来自于遗传一样，道德感存在本身就可以解释那些个别的和可能的牺牲，正是这种牺牲导致人们有时为了不违背他们所谓的责任而放弃他们最重要的利益，加洛法罗进一步阐明，利他主义不过是进步的利己主义，而利己主义在很多场合对我们非常有用，可以让我们避免许多灾难或者使我们实现最大愿望，并对现实和将来都无所惧怕。于是，从不想作出牺牲的人将会遭受灾难或利益损失来说，我们被迫承认存在不依赖于任何推理力量的情感，按照上述假设，我们继承了这种情感却不相信它，但它却可能在我们远古的祖先时就具有功利主义的根源。现在很多学者对此不置可否，道德属于情感层面，有时候甚至会脱离理性而存在，个体道德感的来源不排除遗传之说。加洛法罗将此拓展到民族的道德感，认为这种民族道德感的存在正像其他情感一样，是在不断演变中代代相传，它或者纯属心理遗传的结果，或是这种遗传与儿童的模仿本能和家庭环境的影响相结合的结果。当道德感被认为是一种心理活动时，它便极可能改变而脆弱，也可能变得不健全，甚至可能完全消失，也就是在高尚愿望的最大力量与道德感的完全缺失之间存在着无数个层次，因而，如果我们在一个道德水平较高的民族里发现一部分人表现出完全没有道德，亦不足为奇，这就是与生理畸形相似的心理异常。① 加洛法罗从道德感的进化过程试图解释个体道德观念之间出现很大差别的原因，最终结论为个体道德的遗传影响。且不论该种理论是否正确，但其从人类学角度运用情感分析的方法阐释道德本身的特性，为我们研究道德困

---

① 参见加洛法罗著、耿伟等译：《犯罪学》，中国大百科全书出版社 1996 年第 1 版，第 22～24 页。

境内在原因提供了科学分析方法，亦便于从以下三个角度来寻求未成年不道德行为发生的可能性。

（一）人性善恶并存

《三字经》中道：人之初，性本善，性相近，习相远。人性善恶论涉及到一个问题：人的道德心是否与生俱来，人是否是道德的动物。关于人性善恶的争论从未停息，自由论者认为人性善恶的表现完全来自内因，与外因毫无关系；而定命论者认为人性善恶的表现完全来自外因，与内因毫无关系；自定论者是前两种论调的折中说，认为人性善恶的表现发自内因，也常受外因的影响。也即人性可善可恶，"故与善人处，其性习善，与恶人处，其性习恶。习之既久，相去则远。善者益善，如入芝兰之室，久而不闻其香；恶者益恶，如入鲍鱼之肆，久而不闻其臭。"无善无恶是性之体，可善可恶是性之用。正如有学者所说，善与恶从一开始就处于混沌之中，而人类就于这善恶混沌之中诞生发展起来，人的世界一面充满了神的仁义道德，一面又弥漫魔鬼的气息，善良与丑恶和黑色与白昼、寒冷与炎热、男人与女人一样，一切的存在所表达的只不过是对称、平衡与和谐的意义。① 西汉末年思想家、文学家、教育家扬雄曾说："人之性也，善恶混，修其善则为善人，修其恶则为恶人。"② 即人性中既有善的因素，也有恶的因素，其发展为善人还是恶人则完全取决于后天之所修。人类都有趋向于善的执着，至善就有这么三种标准，一是最大限度的快乐，以行为能够达到最大限度的快乐为善；二是人生行为的普遍法式，行为能与此相契合，能为普天下树立榜样者为善，以康德其代表；三认为至善是理性的完满实现，行为与实现理性密切相关者为善，以孔子、孟子、柏拉图、亚里士多德、释迦牟尼为代表。但由于人性本身还存在缺陷和不完美，恶的一面也随时可能被激发，善恶标准会随时代的不同而不断变化。未成年人在其道德发展阶段必然有道德本能的存在，也即人性善的一面，但随着善恶标准的变化，道德发展趋向不同，有的被赋予智慧、至善、大能的道德内涵，有的则为道德所累，中途停止道德前进的脚步，最终走向道德的反面。

（二）未成年人的身心特征

未成年人身心性格特点及发展的可塑性和思维发展特征尤其法制意识、控制能力的薄弱。弗洛伊德认为，儿童的道德发展不为道德认知和外界环境的强

---

① 李湘云：《道德的悖论》，九州出版社 2009 年第 1 版，第 2 页。

② 《传言·修身卷第五》

化所决定，而是个体内在的道德情感作用的结果。具体而言，儿童的道德发展与儿童早期跟父母感情的联结有密切的关系。出于对父母积极的爱和依恋感，儿童会通过自居作用（identification with the aggressor），自我惩罚和内疚等将父母的批评和社会的批评内化为良心或超我，从而能够在父母不在场的情况下也能抵制外界的诱惑，按道德规范行动。① 这说明，未成年人从儿童时期到成年之前，有自身的个体发展轨迹和特征，道德认知也依赖于未成年人的道德情感，基于未成年人身心性格的不成熟，感知能力及可塑性强，决定了未成年人能否坚守道德的底线；但法制意识和自我控制能力的薄弱，对未成年人的自省产生一定影响，自我的道德建构也会受到冲击。

（三）道德本身的不道德性

道德本身的不道德性也是道德陷入困境的内在原因。

首先，道德的不道德性最突出的表现就是，在任何国家的道德图景中，都可以看到把人分类的情况，中国的三纲五常，三从四德，君君臣臣父父子子不说，即便是奉互爱为之上的基督教也将人类划分成两类，即成人、白人与妇女、儿童、有色人种。这种等级观念所付出的代价是巨大的，它带有达尔文"物竞天择"的自然属性，将人分类是借此以保证强者有足够的生存条件和资源，迫使弱者被淘汰，其直接结果就是有色人种被随意监禁和谋杀，妇女儿童常常处于营养不良状态，战争狂人可以随便以战乱难免伤及无辜为由消灭弱者，政客们也可以以政策总是要牺牲部分人利益为由堂而皇之地剥夺弱势群体的权利；这种分类的结果也必然会抹杀人类的才智，导致妇女只能作为感情的存在而终其一生，弱势群体只能在少的可怜的社会资源中艰难的活着，久而久之，这些人便无法形成新的感觉和能力，其力量便会越来越显的无足轻重；再者，这种分类结果还会使世界变得冷酷无情，一个只为追求权力而忽视情感的世界，一个冷酷、自私和官僚的世界，最终的结果将会使人类的处境越来越危险。②

其次，自私是否是恶的问题。自私不是恶，危害到他人合法利益的称之为恶，而自私只是把自己放在第一位，首先考虑自己的利益和感受，作为人类为了自我生存而显现的本性，从目的论上来说自私应该不是恶，那么自私作为人

---

① 蒋一之：《道德原型与道德教育——道德原型及其教育价值研究》，浙江大学出版社 2008 年第 1 版，第 125 页。

② 李湘云：《道德的悖论》，九州出版社 2009 年第 1 版，第 83 ~ 84 页。

的一种存在，受外界诸多因素的影响或刺激，在一定条件下是可以转化的，或者转化为恶或者转化为善，于是生命的客观存在便变成了道德问题，具有了伦理意义。

第三，以德报怨的不道德性。孔子推崇仁义德行，"以直报怨，以德报德"，即用公正的、率直的、磊落的、高尚的人格去面对有过失的和行为不端的人，西方基督教对此也有"打了左脸，伸出右脸"之说。然而以德报怨在《农夫与蛇》的故事里并未有好的结果，对恶人的宽大常有自食恶果的危险，滥发善心反而会姑息养奸。我们应知道，以德报怨有一个重要的实现前提，那就是对方必须有一定的道德心的存在，这种道德心表现为良心发现、内疚、悔恨或者是迫于压力的服输等，但在道德实践中，以德报怨却有着极大的风险。况且，以德报怨意味着我们对待伤害我们的人和给过我们恩惠的人是一样的报答，那么岂不是是非不分，恩怨不明。因此，这种道德理论的实质就是默认以不道德的手段去达到道德的目的，当恶和怨的行为在德的宽容之下大规模蔓延和持续，而得不到惩罚和制止时，道德完全变成了野蛮道德或不道德。①

最后，其他传统道德观念的不道德性。如"好人有好报"，"吃亏是福"，然而现实经常是好人未必好报，坏人畅游四方，吃亏仍是亏，不见好下场，"为善未必幸福，作恶未必遭难"成为社会的常态。将福纳入德的做法风险极大，人们一旦发觉其并非真理性和悖论存在后，失望乃至绝望情绪使人很容易走向另一个极端，人们不再以德求福，而是另谋其福道，甚至不排除厚黑手段。总而言之，"道德的不道德性使得道德的世界更加迷乱，久而久之，君子和小人共做，正直和邪祟互补，成为许多现代人的生活信条"，② 对未成年人道德的发展无疑伤害更大。

第三节　现实道德两难破解途径

所谓"礼义法度，应时而变"，面对现实生活中时时出现的道德问题，总是涉及到利益权衡，让人难以抉择，如何打破道德两难的困境，首先从以下三个现实问题来分析。

---

① 李湘云：《道德的悖论》，九州出版社 2009 年第 1 版，第 100～102 页。
② 李湘云：《道德的悖论》，九州出版社 2009 年第 1 版，第 112 页。

一、"我的同桌在考试中作弊，我应该告诉老师吗?"

从法理上分析，这个问题体现了公平与利益之间的矛盾；从道德上看则反映出道德认识与道德实践之间的矛盾。未成年人往往对不道德的行为存有认识，但当这种道德认识可能危及到个人或他人利益时，道德实践就无法完成。正如社会的强大同化力给行为个体提供的两条路，一条是接受社会，抛弃自我；一条是反抗社会，实现自我。① 胡适提出的"健全的个人主义"，通过探讨兴趣与责任的关系，倡导后一条路，他认为责任心就是要求你应该如此做，不管你是否愿意，你总得如此做，这实际上是一种道德自觉。

二、"老人倒地要不要去扶助?"

从当年引起社会巨大反响的南京"彭宇案"到佛山的"小悦悦事件"，道德问题引发热议。当陌生人处于生命危险的情况下，素不相识的路人是否应当伸出援手，在道德上这应该不成问题，但却成为我国现实生活中的沉疴顽疾。陈序经学者曾说过："世间既找不到绝对完全的利益和快乐，真的好汉也决不会只有快乐而就快乐，也决不愿只求利益而享利益，这是愚人的做梦，这是惰人的空想。要是惰了，要是愚了，怎能得到利益，怎能享到快乐，怎能见透弊病，怎能避免痛苦。"② 随着市场经济的不断发展，交易的平等性和利益化使人与人之间的联系不断弱化，因为即使联系不那么紧密，仍然不影响契约的缔结和实现，因此人们的信任由家族转向经济利益。再加上市场的发展加速人口相互流动，家族功能迅速萎缩，加剧了陌生人社会的形成。这样的社会结构中，通过利益维系社会关系被人们认为是普遍的、合乎理性的，而毫无任何动机的"乐于助人"被认为是"有问题"。面对如此道德困境，有卫生部公布的《老年人跌倒干预技术指南》，有专业人员提出的遇事要谨慎的建议，更有专家学者认为应将道德立法，借助法律的力量提升国民的道德水平。这种道德困惑的出现其实质上反映了道德与道德支撑的矛盾，撇开可能发生的纠纷与麻烦，人们普遍认为应当对处于生命危险的人伸出援助之手，这是基本的道德底线、道德认同感的驱使，然而当被救助方丧失某种道德，以怨报德时，处于平衡状态的道德认同感被削弱，不同价值取向的人分化出不同的道德实践，人们统一的道德底线也开始动摇，加上法律判决、媒体渲染等其他因素的推波助

---

① 柴文华等著：《中国现代道德伦理研究》，社会科学文献出版社 2011 年第 1 版，第 97 页。
② 陈序经：《东西文化观》，《岭南学报》1936 年第五卷第三、四期合刊。

澜，必然会陷入道德困境。但当道德困境无法摆脱，长期左旋在价值判断中，外界心理暗示的反复作用会使得错误的印象得到巩固，人们的行为规范就会渐渐跟着改变了。

三、"超越时空的道德问题，如偷钱为治疗母亲疾病。"

古语有云："饿死事小，失节事大"，与这个问题最为相似。贺麟对此提出了很多肯定性的评价，他认为，此格言包含着一条放之四海而皆准的伦理原则，即人应当保持自己的节操，程颐的"饿死事小，失节事大"一语只不过为当时的礼俗加一层护符，奠一个理论基础罢了。有学者认为单就其伦理原则而论，并不限于贞操一事，恐怕是四海皆准，百世不惑的原则，盖人人都有其立身处世而不可夺的大节，大节一亏，人格扫地。故凡忠臣义士，烈女贞妇，英雄豪杰，矢志不贰的学者也大都愿牺牲性命以保持节操，亦即所以保持其人格。① 但凡事以两全为最好，不饿死，亦不失节，最为美满。但当二者不可兼得时，当然宁可饿死也不失节，宁可牺牲生命也不愿失掉人格，这也是鱼与熊掌不可兼得之道义。另有学者提出反驳，认为道德的实现要以经济为支撑，"仓廪实而知礼节，衣食足而知荣辱"，道德是判断是非好坏的价值标准，在这个世界上，什么才是是非好坏，归根到底看它是否符合人的需要，而人最起码、最基本的需要就是温饱，就一个人来说，如果一个人吃不饱饭，你要求他讲道德，虽然不是绝对不可能，但也一定是很困难，此时道德第一要做的就是帮助他们求得温饱，而不是强迫他们做道德的人，如果这样做了反而变成了不道德。② 偷钱为母亲治病折射的是孝道与节操的冲突。舍了节操偷钱，却可以为母亲治病，但若在毫无合理合法的办法下仍坚守节操，那么母亲因疾病身受苦难，子女当有违孝道。不同道德之间的冲突与矛盾如何协调是解决道德困惑的重要问题。

以上三个问题是道德困境的现实反映，极具代表性。寻求如何破解的途径其实质上是如何重建我国未成年人道德体系的问题。未成年人道德重建是一项长期工程，任重而道远。然而未成年人道德两难的困境并不是我国的特殊情况，国外未成年人道德状况也令人堪忧。在西方国家，青少年道德危机的状况绝非个别，20世纪90年代的美国青少年被称为"漠不关心的一代"，"各个年

① 柴文华等著：《中国现代道德伦理研究》，社会科学文献出版社2011年第1版，第218～219页。

② 李湘云：《道德的悖论》，九州出版社2009年第1版，第51页。

龄的孩子成人撒谎、欺骗和盗窃行为的人数之多也前所未有"；英国三分之二的青少年道德观念模糊，分不清对错；法国青少年被人们称为"被牺牲的一代"，他们昏头昏脑、吸毒、搞打砸抢、搞自我破坏；德国青少年则被称为"迂菲士（Guffies）"，即不成器的人，或被称为"一代未知数"；① 实际生活中未成年人不道德行为或越轨行为的普遍性，以及道德变异的趋势，成为国内外面临的共同难题。在未成年人道德养成教育方面，中西方都有着丰富的资源、优良的传统和许多相同或相似之处，但由于政治、经济、文化等的不同，中西方在此方面也存在着显著的差异，研究这种差异，对于我国今天的未成年人道德养成教育乃至整个公民道德建设都具有积极意义，也为我们寻求破解道德两难的途径提供思路。

四、中西方对比下的道德教育养成差异

首先，道德养成在教育理念上存在差异。中西方在道德养成教育理念上最为突出的差异表现为：西方强调尊重孩子的主体性、独立性等，我国则侧重于家长、学校的权威与强制作用。西方根据人的自然本性进行道德养成教育，从古希腊开始就已经奠定了重视受教育者的个体地位和尊严的思想基础。古希腊智者学派的代表人物普罗泰哥拉提出"人是万物的尺度"，西方道德观在此基础上不断发展，提倡人的价值和尊严，强调人的地位和作用。这种理念反映在未成年人道德教育方法上，主要是倡导理性的作用，并根据未成年人心理发展的年龄特征施行养成教育，强调个体的独立性、自主性和主体能动性的发挥，近代以来更是如此。相反，我国古代社会是以血缘关系为基础的宗法社会，强调血统以及以血统为纽带的家庭或家族的利益与地位，在未成年人道德养成教育上，就特别强调把儿童从小培养成封建社会所需要的"臣民"、"顺民"，因此家庭、学校的道德养成教育，从古至今大多强调外在的道德权威，重"教"轻"养"，把社会需要的道德要求强制性地灌输给未成年人，而忽视行为训练，轻视道德主体的自觉性和自主性。②

其次，道德养成教育内容上存有差异。我国重视整体主义、集体主义道德观教育，西方则重视个人主义道德观教育。我国古代社会崇尚以公为贵，"浦天之下，莫非王土；率土之滨，莫非王臣"，个人利益要服从集体利益，"舍

---

① 贾仕林：《国外青少年道德教育的走向及其启示》，《青年探索》2001年第5期。

② 陈延斌、朱冬梅：《试论中西方未成年人道德养成教育的主要差异》，《道德与文明》2006年第5期。

己为人"、"先人而后己",显示了强烈地为国家、民族、整体而献身的精神。这种以整体为本位,要求个人服从整体的道德观,作为中华民族思想道德的优良传统,几千年来贯穿于我们的民族意识之中,对民众的道德教育包括未成年人的道德养成都产生了深远的影响,成为其中的重要内容。随着马克思主义在中国的传播,尤其是中国社会主义革命和建设的伟大实践,使得我国这一整体主义传统道德观发展成为社会主义道德体系的基本道德原则——集体主义,也成为青少年道德价值观教育的核心内容。相反,西方则具有以个体为本位、崇尚个性张扬的传统。特别是资本主义产生以来,西方社会更是奉行"人人为自己,上帝为大家"的信条,个人主义道德观大行其道:更强调个性的发展,更看重个人主义的教育,更注重个体价值,强调个体的发展与实现高于一切,未成年人的道德养成教育内容深受此影响。随着资本主义社会的发展,这一道德价值观也发生了一些变化,但本质上与我国倡导的集体主义道德观、价值观泾渭分明。西方注重公民道德教育,早在古希腊的雅典,就有了以培养公民为目的的道德教育。而到了近代,由于资本主义的产生和迅速发展,公民社会也就具有了更为实在的基础,因此,西方国家普遍注重从未成年人开始进行公民意识的培养和公民品德的养成,许多国家中小学的道德教育都是通过开设公民道德课进行的。我国则具有"臣民"德育的悠久传统,在漫长的封建专制社会中,提倡的是纲常礼教,目的是培养封建君主所需要的"臣民"、"顺民",因而对未成年人从小就施行"君为臣纲,父为子纲"、"顺者为孝"的服从、顺从教育。辛亥革命以来,随着我国社会的变革,这种状况才有所改变。而新中国建立后,我们党和政府注重社会主义新人的造就,道德教育内容发生了本质的变化,强调作为国家和社会主人的国民道德的培养。尤其是2001年10月《公民道德建设实施纲要》的颁布,标志着我国的道德教育包括未成年人道德养成教育已经进入了培养具有较高道德素养的合格公民的新时期。然而,我们应该看到在公民道德教育方面我国与西方发达国家的较大差距。此外,宗教及其伦理教育是西方家庭、学校道德养成教育的重要部分,而我国道德养成教育基本上没有宗教与宗教伦理教育。由于文化传统的不同,西方国家的家庭、学校德育大都与宗教伦理教育紧密联系在一起。宗教作为一种道德支撑,在保持西方道德观的稳定性和普遍约束力上发挥了不可替代的作用。直到今天,宗教仍然是不少西方国家对青少年进行道德养成教育的重要内容,借助于宗教信仰,将基本道德行为的养成渗透到未成年人的日常生活中去。而在我国,因为缺少宗教传统,除了部分少数民族地区或一些信仰宗教的家长对孩子的道德教育有所影响外，未成年人的道德教育受宗教的影响甚微。①

第三，道德养成在教育途径上的主要差异。我国注重修养，强调"内省"与"自律"，西方则更强调"规约"与"他律"。注重内在道德修养是我国德育的传统，这一传统也对未成年人的道德养成教育产生了重大的影响。我国的教育家、思想家们历来十分重视"修身为本"、"修身立德"的思想，主张向内探求，时时反省自己，不断总结道德体验。认为人们只要反身自求，复归于自身善的本性，就能达到完美的道德人格。因为自律是内省的结果，是对道德行为进行调控的主要手段。比较起来，西方的教育家、思想家们则十分强调以规约的形式将个体的道德行为纳入社会需要的轨道，主张向外探求，制定具体的行为规范要求人们去遵从，以达到从外部控制人们道德行为的目的，这就必然形成他律的道德践行方法。需要指出的是，自省与规约、自律与他律并不是截然分开的，而是相互联系、互为补充的，中西方在道德养成教育上的差异主要是各自侧重点的不同。西方注重通过公益事业、社区服务活动等方式来促进未成年人责任心的培养和道德素质的提高，尤其是仁爱道德素质的养成。大多数西方国家都规定学生必须参加社区服务工作，定期组织他们到社会上参加义务劳动、公益劳动，开展为老弱病残服务活动、为教堂服务活动以及社会环境治理活动、募捐活动、竞选宣传活动等等。美国许多私立、公立中学都将"社会服务活动"列入教学大纲，要求学生们毕业时必须完成 36 小时的服务活动。我国自古以来也很强调弘扬人道、扶危济困等等，这与西方的公益活动颇具相似之处。近年来我国青少年道德实践活动开展得更是丰富多彩，很有成效。但总起来看，仍需要向西方发达国家学习。同时，西方重视通过隐性德育课程来提高道德养成的效果，隐性德育课程主要是指学校的规章制度、校园风气、教师人格、师生关系等等，对学生具有熏陶作用。在西方国家的道德教育中，有一种较为流行的说法是"道德不是教出来的，而是通过感染获得的"。隐性德育课程具有广泛的渗透性，易为学生在不知不觉中所接受，不易产生逆反心理，具有自然、轻松的特点，其效果不亚于正式的德育课程。由于隐性课程建设为学校道德教育带来人们事先不曾预料到的好效果，因而自 20 世纪六七十年代以来，美国、英国、澳大利亚等许多西方国家都注重隐性德育课程的教育价值，重视其对学生品行的积极作用。与之相比，我国虽也重视德育环境

---

① 陈延斌、朱冬梅：《试论中西方未成年人道德养成教育的主要差异》，《道德与文明》2006 年第 5 期。

的作用，但更注重通过直接的显性德育课程的设置来对未成年人进行道德养成教育，而对间接或隐蔽的"德育课程"重视得还很不够。①

第四，道德养成教育方法上的差异。在道德养成方法上，中西方也存在一定的差异。概括起来，主要表现为三个方面。一是我国的未成年人道德养成具有明确的道德价值导向，而西方一般不提倡鲜明的道德价值导向。在西方，特别是在美国，由于较长时期受"无灌输教育"、"个人相对主义"、"道德主体性"、"道德教育中立"等道德教育理论的影响，在对未成年人进行道德养成教育时，缺乏明确的道德价值导向。教师在向学生传授道德知识和道德规范时，一般不对这些道德知识、道德规范做出自己的评价，而是给学生充分的自由和自主性，让学生自己去思考、去判断、去选择。二是我国重视推行体罚教化，西方则多反对体罚。在未成年人道德养成教育中，中西方在以体罚方式推行教化方面具有显著的差别。西方（中世纪除外）普遍反对体罚，多主张利用自然惩罚法，让孩子在实践中体验自己过失的后果。如涂尔干认为，体罚侵犯了人的人格，"道德教育的主要目的即为养成儿童尊重人类。体罚与尊重人类的情操冲突，故体罚是一种能使人不道德的工具。此何故体罚在我们法典中渐行淘汰"②。我国自古以来崇尚"棍棒底下出孝子"、"不打不成材"的德育观念，早在三千多年前的《易经》中就已经提出在儿童的启蒙时期利用惩罚是有利的，如果脱去约束反倒是不利的，适度的"小惩"即可"大戒"。此后，以体罚辅助教化，不仅是大多数教育家们的主张，而且绝大部分的家长在家庭德育中也是普遍使用的手段。三是西方普遍重视情感体验教育，我国则偏重于说教和直接灌输。西方特别注重道德体验教育在道德养成教育中的作用，并把它作为主要方法，认为情感沟通对于儿童道德的发展至关重要，没有情感体验，道德内化就难以实现。如亚里士多德就强调，美德不仅是"知之"，而且是"乐之"，如果只是知之，而在情感喜好上并不趋向之，就不能说美德已经形成。现代西方的学校和家庭在未成年人道德养成教育上，尤其强调道德情感体验方法的运用。我国青少年的道德养成教育整体上看是偏重说理、"灌输"，忽视道德主体的需要和兴趣，不重视自我情感体验教育。③

---

① 陈延斌、朱冬梅：《试论中西方未成年人道德养成教育的主要差异》，《道德与文明》2006年第5期。

② 涂尔干著、崔载阳译：《道德教育论》，民智书局出版社1930年第1版，第164页。

③ 陈延斌、朱冬梅：《试论中西方未成年人道德养成教育的主要差异》，《道德与文明》2006年第5期。

通过对中西方未成年人道德养成教育主要差异的比较、分析，我们不难看出，中西方在各自文化背景和社会意识形态基础上形成的未成年人道德养成教育都有其历史的合理性，也明显地存在着互补性。如有学者称："世界是越来越联成一片了。任何一个国家的历史都不能不摆在人类历史的框架里。所以就应以人类历史的观念去对待文明问题，超越东西方文明对立的情结。文明一旦与人类命运相结合，则文明无论其为东为西为北凡有利于人类幸福与进步的，人人得而用之。"① 在经济全球化及我国实施改革开放和全面建设小康社会的时代背景下，为了切实提高未成年人道德养成教育的成效，我们应根据时代的特点审视这些差异，将吸收西方未成年人道德养成教育的成功经验，与发扬我国未成年人道德养成中的优良传统结合起来，使二者优势互补，共同为我国当前的未成年人道德建设服务。

五、破解道德困境——解构与重构

（一）现有未成年人道德体系的解构

通过一些调查研究发现，这一群体有以下几个显著特点：健康、早熟、好学、独立，强调自我、认同主流，价值观念多元化，认同高尚道德情操的培养和良好道德素质的养成，容易接受新观点、新事物，网络影响力增强，获取信息的节奏加快，网上交友、网络聊天、短信聊天成为追求的新时尚，多元化倾向明显，他们勇于挑战传统教育体制、教育模式，强调个性化，大局意识较差，注重实际，以自我为出发点。我国在实行学校、社会、家庭"三位一体"的教育模式中，常常忽视了教育对象的主体性，道德本位思想占据主流。而在上世纪 70 年代，欧美各国已经纷纷采用了美国教育家弗雷德·纽曼提出的道德教育的社会行动模式。纽曼认为，诸多道德教育理论在关注青少年道德认知能力的同时，忽视了道德行为习惯的养成训练。因此，他特意强调在实际社会行动中加快青少年道德行为培养的重要性，提出了以培养学生道德行动为核心的教育理论。在纽曼看来，道德素质养成教育首先要注重培养和提高学生在进行道德行为训练时所必需的胜任社会环境的能力，如与他人协调人际关系、如何正确从事公务实践活动等等。为了达到这一目的，学生必须通过学习相关课程和参加社会活动来获得。同时，纽曼提醒学生要在课程学习和社会活动中善于自我培养道德推理和价值分析能力，从而将之运用于道德行为践行中。② 应

---

① 陈乐民：《从比较到超越比较——关于中西文明》，《开放时代》1997 第 1 期。

② 刘黔敏：《美国德育模式探析》，《四川行政学院学报》2001 年第 4 期。

该说，道德教育的社会行动模式很有借鉴价值，其所注重的道德行为训练击中了当前青少年道德教育的软肋。亚里士多德认为，一切德性通过习惯而生成，通过习惯而毁灭。① 未成年人作为道德教育的承载者，习惯的外在表现是内心道德水平的反映，当行为习惯不受内心道德约束时，部分未成年人通过自动降低道德底线来解释行为，道德的界限也越变越窄，出现恶性循环。要改变现状，首先改变以往以教育塑造未成年人道德的方式，未成年人的主体地位要打破学校、社会、家庭的"三位一体"模式，在道德养成的路径上把未成年人行为表现和心理特征的研究放在首位。

（二）重构未成年人道德教育体系

在对道德教育体系不足之处解构的同时，首先要明确将选择的未成年人道德建设方向，即从低向高的三层道德体系：构建最低限度的道德即法律法规，这为第一层；建立普世论的价值观为第二层，即美德培养；追求最高道德为第三层，即价值回馈。

第一层，冯树梁学者关于法与德之间关系的一段话准确的概括了法作为第一层道德体系的意义：法为外力，德为内功；法为他律，德为自律；法为强制约束，德为自我约束；法为暂时起作用，德为长久起作用；法为有形制约，德为无形制约；法是最体现度的德，德是最高限度的法；法是惩罚已经发生的犯罪，德是预防犯罪的发生；法是"硬控制"，德是"软控制"。当法的规定性内化为一种意识、观念和形成一种法律素质时，即变为"内在的法"的时候，法就成为一种德，便具有了德的特性（自律、自控、自我约束）。② 如德国把基本法作为立国之本，国民有遵纪守法的良好习惯，同时社会风气较好，礼貌谦让，遵守秩序，因而被称为"微笑的德国"。为更好地发挥法的基础性作用，首先需要国家政府加大普法成本的投资，在未成年人受教育的初始阶段即注入法制教育，学校承担起普及基础法律知识的重任，引进专业法律教师，设立法律课堂，编写趣味法律知识课本，研发形象生动的授课方式，真正将法律知识深入学生内心。其次，将社区法制宣传与家庭教育紧密联系，政府机构设立专门的普法小组，定期拜访各个家庭宣传法律知识，并及时制作信息反馈记录，根据反馈信息的情况评估法制宣传效果，据此作出相应调整。第三，建立一个普法的社会监督机制，对学校和社区的普法工作进行监督，及时矫正错误

① 亚里士多德著、冯强等主编：《尼各马可伦理学》，远方出版社 2006 年第 1 版，第 22 页。

② 冯树梁：《中外预防犯罪比较研究》，中国人民公安大学出版社 2003 年第 1 版，第 75 页。

的宣传方式或者纠正错误的法律内容宣传等，使未成年人的法律意识树立起来，并加以牢固。

第二层，构建普世论的价值观体系。普世论的价值观指在特定大环境下仍能为全部道德主体所认同的不同种类价值观念的总和。如果一个国家有明确的普世价值观，并将这些价值观输入民众的大脑，那么这个国家的道德凝聚力是强大的，这些被选择的价值观也自然形成道德屏障，民众便不会轻易陷入道德困惑。如何形成清晰的价值观是当代西方未成年人道德养成教育的重要内容，许多学者就这一问题做了持续深入的研究。品格教育理论的代表人物、美国当代教育家托马斯·里克纳认为探讨未成年人道德素质养成问题的前提是确立明确的道德价值观，道德教育的目标要有明确的价值取向，在此问题上决不能模棱两可。其中，拉思斯等人对价值澄清理论的研究在当代西方道德教育领域产生了广泛的影响，价值澄清运用于受教育者道德养成的关键在于使其通过道德价值评价和选择的学习，获得清晰的、最合适的而非传递的个人价值观，并依此进行道德判断、选择道德行为。具体来讲，这一过程包括三个部分：一是要在考虑每一种可选择途径的后果，并在其基础上完全自由地、尽可能广泛地选择价值观；二是要对自己的选择表示满意，乐于把自己的选择公布于众；三是按照先前选择进行道德实践，形成稳定的行为习惯。里克纳认为，尊重与责任是最重要的道德价值观，两者构成了普遍的公共道德的核心。尊重意味着尊重自己、尊重他人、尊重所有形式的生命以及一切有生命价值的东西所生存的环境，而责任作为尊重的延伸，尊重他人就会引起对他人的重视，重视他人就会为他人的利益产生一份责任。在道德价值多元化并经常发生冲突的美国社会里，尊重与责任及其表现形式共同构成人们行事的道德基础。① 对于如何在未成年人这个特殊群体内构建普世论的价值观体系，可借鉴西方从以下几点做起：一是采用道德情感体验教育的做法。情感沟通对于儿童道德的发展至关重要，而道德情感体验的缺乏又是导致我国未成年人道德养成教育成效不高的症结所在，因此，我们要注重受教育者道德情感的培养和激发，注意施教者与受教者的道德情感交流，促使这种道德情感向道德意志、道德信念和道德行为习惯的转化。二是以尊重未成年人人格、民主和平等意识为基础，推行选择性教育，针对每个未成年人身心特点做全面了解，注重主体个性化发展，培养个体

---

① 参见托马斯·里克纳著、刘冰等译：《美式课堂——品质教育学校方略》，海南出版社2001年第1版，第27、135页。

自我认知的意识。三是通过公益活动、社区服务活动等各种实践方式以及利用隐性德育课程来培养各种道德品质，包括尊重他人、社会责任心等，把道德认知与道德实践实际联结起来。此外，在道德教育过程引入现实生活中的道德问题，注重未成年人应付现实问题的道德技能训练，通过具体模式操作来培养学生的道德实践能力。如拉思斯等人设计的价值澄清案例，就是从现实生活中收集整理的，他们依照填写价值单、群体谈话、角色游戏、后果搜寻等方法，促使学生对现实道德问题深入思考，形成属于自己的价值观。当学生们按选定的价值观行事，并作为一种生活方式加以重复时，他们的道德实践能力也就随之提高。班杜拉的社会学习道德教育理论则主张学生模仿现实生活中的榜样示范，并与自己的类似言行相对照，在比较中验证道德实践能力。

第三层，追求最高道德，即价值回馈。当未成年人的道德体系已经超越了第一层并完成了第二层时，如何评估价值以及如何回馈将是我们要面临的第三层问题。当一种价值观不违背法律，并且属于普世论的价值体系，同时行为主体在这种价值观的引导下做出了合理行为，那么应由国家树立该价值的"权威导向"①。这就需要其他社会主体的服务与配合，比如政府机构的奖惩措施、司法机关的合法判决、网络媒体的事实报道、利益协调机制的可行性建议等。

三层道德体系对于破解现实道德两难的困境极有帮助，再来看前面所提的三个问题，都可以套用三层道德体系来解决，面对这种两难的第一步是看其是否触犯法律，第一个问题中的告诉老师同学作弊和第二个问题中的扶起跌倒老人显然并不触犯法律，不违背第一层的道德体系，而第三个问题中的偷钱却违背了基本的道德底线，属于违法行为，因而是必定受到谴责的；第二步是看其是否符合普世论的价值观，第一个问题与第二个问题中的价值观都是符合的，诚实与帮助他人归属美德，当行为主体在这些价值观的引导下实施了合理的行为时，完全合乎第二层道德体系的要求，而第三个问题中则涉及到价值取向的抉择，偷钱必然属于不道德行为，偷钱为母亲治病的动机则出于孝道，舍法律而取孝道也未必真正是孝，撇开外在原因不谈，该行为本身由错误的价值观引导，以必然的不道德来获取另一种可能的道德在经济学上属于投入大于产出的无效益行为，因而是不可取的。第三步从价值回馈来看，第一个问题中的"告诉老师"与第二个问题中的"扶起老人"所体现的价值观与行为，都要受

---

① "权威导向"在此意思为当一种价值观成为普世价值观时，应由权威机构对这种价值观引导下的行为予以肯定和保护，以确保该价值观在社会群体中继续发挥主导作用。

到国家的褒扬和奖励，树立起"权威导向"，为普世论的价值观提供有力的保障，而第三个问题中的偷钱行为，一方面要由国家给予惩罚，否定偷钱行为的错误的价值取向，另一方面，对其中的"孝道"确定明确的道德界限，何为真正的孝何为"孝道"外衣都要清楚，最后，由利益协调机构提供可行性建议，例如，社会保障部门要能够真正解决人民的生活困难，及时为贫困或因其他原因深陷困境的人提供救助。利益协调机制可有效维护道德的稳定性发展。

第四节　诚信问题

社会转型期未成年人道德失范和道德困境的现状也明显表现在"诚信问题"上。

一、未成年人诚信状况分析

诚信作为中华民族的传统美德，一直被世人所传承和颂扬，"诚者，天之道也；思诚者，人之道也。"但是，我国整个社会的诚信状况正在遭遇一场空前严重的"诚信危机"，而未成年人作为可塑性的特殊群体，更容易受到"诚信危机"的影响。经调查研究表明，一方面未成年人诚信度随年龄增大而降低；一方面不同性别不同学习成绩的未成年人在诚信认知上存有差异，女生比男生更诚实、守信、讲信用，学习成绩好的学生更倾向于诚实、守信和讲信用；另一方面未成年人在不同场合会有不同的诚信表现。未成年人受到当前社会大环境的诚信危机现状的影响，对社会诚信状况表现出一定程度的担忧，自我保护意识随之增强，由于对他人的信任度降低，对在社会中也做到诚信表现出一定的畏难情绪，形成"害人之心不可有，防人之心不可无"的观念。

二、诚信成本问题

从经济学的角度来看，诚信是现代市场经济活动的一项基本制度，它由非正式制度和正式制度来保障，非正式制度主要通过文化传统特别是市场主体的道德自律和舆论的谴责来实行，而正式制度则通过正式的政策法律法规来实行。诚信作为一种现代市场经济的基本制度，为经济的发展提供了强有力的制度保障，在经济的发展过程中产生了巨大的制度效益。但是，诚信制度的建立也是要花成本的，特别是我国市场经济体制由计划经济转轨建立，诚信制度虽是道德建设和市场经济的内在要求，但在短期内必须依靠国家的力量建立，要求国家投入巨大的固定成本和可变成本，另外也要求企业和个人为诚信制度付出成本。作为市场经济制度组成部分的诚信制度建立的固定成本包括：国家一系列诚信的法律、法规的制定、颁布以及建立政府、社会监督机构的成本；向社会宣传诚信观念，将有关的诚信规则内化为企业组织、公民内在自律的首要准则的费用。这些固定成本的投入是巨大的，作为具有公共品特征的诚信制度的"硬件"部分，必须发挥政府的作用，也即政府应在建立市场经济体系的同时，不断投资建立起诚信机制运行的制度框架，如企业和公民的信用状况联网系统、公民个人的诚信档案制度等。这种诚信制度一旦建立，其固定成本的"折旧"期很长，因而，其收益是长期的。作为诚信制度运行机制中的可变成本则包括：政府、社会监督机构的日常运转费用，政府监督机构的监督仍需政府公共财政投入；社会监督机构的运转所需的财力支撑；交易的搜寻、合约的签订、执行成本及违约成本，这种成本是交易双方在交易中发生的，是属于"纯私人品"性质的成本，由交易双方自己承担。但不论是哪种可变成本，随着诚信制度的完善和交易的不断扩展，其平均可变成本是下降的。而总的交易的边际成本是个人的诚信成本，要降低个人的诚信成本主要包括放弃机会主义行为的收益、接受道德教育内化形成自律规范而节省了教育成本、学习外在诚信规范约束并形成的他律；为取得社会征信机构良好的信誉记录而作出长期的努力及其付费等。

然而目前我国适应市场经济的诚信制度并没有得到发展和完善，原有的道德自律体系与法规无法适应和解决转型期各种诚信问题，用于诚信制度建设的固定成本与可变成本投入不均，固定成本中的法律法规的制定以及政府、社会监督机构方面普遍被忽略，虽然未成年人道德建设的教育培养机制是主要的投资成本，但社会资源也并没有充分发挥其作用，社会环境的复杂容易毁坏现有的道德建设成果，导致道德教育的投入与产出不成正比；可变成本中涉及未成年人诚信制度建设的更少，主要多用于对社会主体的诚信监督，而缺少对未成年人诚信制度建设状况的监督机制。诚信给经济、社会和个人所带来的利益又是巨大的，因此，合理配置国家有效资源，全面构建未成年人道德教育体系是重塑诚信的必然途径。

三、重塑诚信之路

诚信是道德之基。人类的社会性注定个人与个人、个人与社会之间交往和联系的密切频繁，无信不立，诚信是为人之本，成才之道，孔子的"人而无信，不知其可也"、周敦颐的"诚，五常之本，百行之源"、陶行知的"千教万教，教人求真；千学万学，学做真人"、李嘉诚的"恪守诚信之道"，等等，古今中外的先哲伟人们身上都闪耀着诚信的光辉，他们具有高尚的品质和非凡的人格魅力，但如果一个人失去了诚信，那就会丧失最基本的道德屏障，出卖自己的灵魂，害人害己，最终走上违法犯罪的危险之路。因此内诚于心，外信于人，重塑诚信之路，培养未成年人的诚信意识将是他们所能拥有的最大财富。

（一）政府、教育机构与家庭形成互动联合的诚信网

诚信网的建立必须由政府牵头，政府既要发挥建立诚信制度的作用，还要建立一套监督诚信制度顺利运行的机制。如日本政府推行的一种青少年大德育教育，就将其纳入了政府的职责范围，在政府机关内有明确分工。诚信制度的建立要考虑到成本问题，作好投入与产出的评估，从而选定一套可行性的方案。首先要确立整体的思想方向，我们的社会现在要不要诚信？要怎样的诚信？不诚信怎么办？政府只有在建设公民道德体系时确立一个正确的主基调，才能把握大方向不变。其次，明确政府建立的诚信制度该如何运行，一方面国家可以将不诚信且危害社会发展的行为纳入法律法规严令禁止的范畴，通过法律的威慑性达到教育民众的目的，另一方面国家对于诚信行为大力提倡，建立诚信激励制度，促进诚信制度的发展。第三，加强政府的诚信制度监督。对诚信制度的运行进行监督是保障诚信制度实现的重要方式，不可或缺，但在建立诚信监督机制时要注意监督机制本身的纯洁性和责任，防止源头污染。教育机构、家庭应积极践行政府的诚信制度实施，教育机构尤其是学校要加强学生的道德教育和诚信建设，营造校园的诚信氛围，如知识研究和传授中不弄虚作假，教师诚实信用以身作则，对学生作弊、欺骗等不诚信行为采用合理方法进行纠正；时刻反思教育过程中的缺漏，查漏补缺积极改进等。家长对孩子的诚信教育要结合实践，对孩子言传身教，以自己的言行引导孩子，每当家长对孩子提出要求时，要做示范，以增强孩子学习的直观性，不能不负责任地指责孩子，对孩子的不诚实行为要及时纠正，同时要求方法得当，否则容易适得其反。

政府要加强与教育机构、家庭之间的联系，密切关注这些教育主体的发展态势和诚信动向，确保教育机构、家庭的诚信教育与总的价值取向和教育目标相一致，对不合理的教育措施和教育行为及时加以制止，严重时可予以一定的处罚。教育机构要明确诚信建设的纲要和方向，接受政府的监督，对教育过程中的诚信问题要深刻反思，并找到科学的解决方法，问题解决不了时要将问题及时反馈给政府，以便政府作出紧急应对措施或者相应调整。家庭成员之间对彼此的教育行为要进行相互的监督，有违反诚信原则的言行时要及时制止，政

府和教育机构对家长严重违反诚信原则的行为可进行批评、教育甚至惩罚，同时，家长对政府和教育机构的不诚信行为或其他教育行为认为不当时也可提出意见或建议，政府和教育机构应积极配合家长的建议，进行纠正或调整。

总之，政府、教育机构和家庭是建立诚信制度的三大主体，要重塑诚信之路，必须形成政府、教育机构和家庭互动联合的诚信网，为未成年人营造系统全面的诚信环境。

（二）新闻媒体筑起信息网络的道德围墙

新闻媒体要重视舆论导向的作用，现代社会的新闻媒体对各种信息进行加工糅合已成为一种常态，在信息传播过程中涉及到利益问题时，新闻媒体很容易丧失基本的职业道德，违反诚信要求，进行虚假的、夸大的或者歪曲事实的报道。随着未成年人与电视、网络的联系越来越密切，他们所获得的大部分信息来源都出自于网络或电视，一些新闻媒体不负责任的报道、评论等都会对未成年人的诚信意识造成巨大冲击，甚至销毁了未成年人的诚信意识。因此，筑起信息网络的道德围墙是新闻媒体应当承担的责任和义务。首先，新闻媒体应把社会责任放在第一位，以事实说话，向事实开口，坚持新闻真实性原则。其次，新闻机构要加强学习思想政治教育、道德教育和素质教育，培养传播真理、弘扬正气的价值观，强化规章制度约束，加强这些规章制度的贯彻实施，建立健全职业道德的考核机制。第三，新闻从业人员要坚守理想信念，永不抛弃"真实性原则"，以追求新闻品质为目标，把打造公信力，提升作品吸引力、感染力和影响力作为个人发展的基本要求。第四，强化新闻媒体监督机制，对新闻媒体进行行政监督、法律监督、社会监督、群众监督等等，并加大对新闻媒体和新闻工作者职业行为的监督检查和处罚力度，促进新闻媒体的制度化、规范化，保证信息来源的真实性和可靠性。第五，新闻媒体要加强诚信宣传与实际相结合，加大诚信宣传报道力度，开设诚信建设专栏，举办专题节目等，努力做到诚信宣传的经常化、大众化，使未成年人大范围内认识到诚信的重要性，树立"诚信光荣、失信可耻"的道德观念，营造出诚信者受尊重而不诚信这受鄙视的社会氛围。

（三）发挥道德榜样的力量

常言道，榜样的力量是无穷的，其影响可以延续到人生终点，其广泛可涉及到一个人的心理、意志、情感、道德品质、性格能力、生活方式等诸方面，所以榜样的力量在一个人成长方面其重要的激励作用，对于未成年人来说，榜样的影响力更为明显。如何发挥道德榜样的力量可借鉴国外研究的故事判断启迪法与观察学习法。

美国当代青少年道德养成教育理论家和实践家里克纳认为，讲故事能提供大量的良好示范、使学生熟悉各种道德行为，激发学生对善的追求。通过讲故事，学生就会被故事情节深深吸引，心灵受到触动，内心的道德情感油然而生，会在一段时间内反复思考故事里人物的道德示范，并参照日常生活进行自我激励。在利用讲故事进行道德教育时，里克纳要求学生根据故事人物的行为来判断自身及别人的行为，并认真地进行道德思考。进行道德思考的过程也就是发展学生道德认知能力、道德判断能力的过程。教师要针对学生认知能力水平，以多种形式培养他们的道德思考，如采用与学生生活密切相关的道德问题展开讨论，让学生对这些问题充分发表自己的见解，并鼓励学生之间展开辩论。在每次讨论后，教师会根据学生现阶段的认知能力进行下一轮讨论前的准备，通过观察学生思维变化来构思如何继续提高他们道德推理、判断能力的方法。①

观察学习法是班杜拉创立的社会学习理论在儿童道德养成教育中的具体运用。该方法强调儿童的道德行为必须通过社会学习，即观察学习和模仿学习而形成。班杜拉认为："大部分的人类行动是通过对榜样的观察而习得；即一个人通过观察他人知道了新的行动应该怎样做。"② 观察学习过程的实质是榜样对儿童产生的示范作用，这种示范作用的初始效果是儿童所获得的一种示范行为的基本的心理反应形式——象征性表象，也就是他们对过去感觉和知觉的回忆和再现。之后，儿童借助于抽象的思维对其进行加工、整理和概括而形成道德认知和道德判断。这一过程应用于观察学习中，亦是儿童在类似行为中得到的结果以及观察到发生在榜样人物身上的效果的相互结合而产生尝试类似行为愿望的过程。观察学习过程是使观察学习者接受信息所发生的学习，因此观察学习的过程由注意过程、保持过程、运动再生过程和动机过程这样四个子过程构成。注意过程是首要环节，是指儿童对榜样示范模式信息的关注和撷取，没有对示范行为特征的注意和正确知觉就没有观察学习；保持过程就是把示范行为以符号的形式表象化，并且保留在记忆中；运动再生过程是儿童将观察到的榜样示范行为付诸于自身行动，并竭力形成稳定持久的道德习惯；动机过程则是指推动儿童激发和维持道德行为的内部动力，是对前三个过程的一种心理意

---

① 参见托马斯·里克纳著、刘冰等译：《美式课堂——品质教育学校方略》，海南出版社2001年第1版，第136页。

② 艾伯特·班杜拉著、陈欣银等译：《社会学习理论》，辽宁人民出版社1989年第1版，第22页。

识的巩固和强化。

在故事启迪法和观察学习法的运用过程里，要注意以下几点：第一，强化正面因素，减少负面因素。从人的角度讲，父母亲要把握好做人做事的分寸，注意自己的言行举止，说到做到，为未成年人树立好的榜样。老师要认真做好本职工作，认真上课，不要袒护学生的过错，注意自己的日常生活习惯，为未成年人树立良好形象。其他成年人要真诚爱国，多弘扬正气，要表里如一，遵守诺言，言行一致，履行契约，以便于未成年人学习、效仿。从媒体角度来讲，实事求是，多宣传报道正面的令人振奋的人和事，要多出精品。这样做，可以有效地强化正面因素，减少负面因素。第二，调整影响力度。要加大好的因素的影响力度，有意识地削弱负面因素的影响。父母亲、老师、成年人的道德行为，就是好的影响因素，应加大影响力度。不道德、不规范的人和事，就是负面影响因素，应遏制并有意识地削弱其影响度。创造一个和谐的未成年人的生存环境，也是调整影响力度的有效途径。第三，掌握影响技巧。无论是正面因素的影响还是负面因素的影响，都有两种影响状态，一种是自然影响状态，另一种是可调整影响状态。前一种状态的影响是潜移默化的，后一种状态的影响是直接式与间接式相结合、多管齐下的。在对未成年人施加影响时，既要注意自然影响的效应，观察其结果，又要掌握可调整影响的技巧，抑制负面因素的影响，这样才能使正面因素的影响最大化。另外，未成年人的判断、推理、逻辑思维能力存在不足，他们善于感性体验，在改善未成年人道德观发展的影响因素时，也应遵循这种认识。[1] 通过故事启迪法和观察学习法，在未成年人的心目中树立道德榜样，引导未成年人养成诚信品质，了解诚信底线，勇于追求真理。

（四）建立个人诚信信用管理机制

建立一个适应时代发展和适应未成年人群体的信用体系和科学评价标准，主要通过考察、记录学生在校期间校规校纪等相关责任义务的履行及承诺履行情况，为未成年人提供了一个展示社会化信用形象的平台，并从学校自身范围内建立起一个相对独立的信息对称的环境，使未成年人逐步形成良好的诚信评价标准，养成良好的诚信实践行为。同时也要注重学生个人诚信意识的内化，增强自我的评价意识，将诚信道德认识内化为道德情感，进而升华为道德意志

---

[1]　叶松庆：《当代未成年人道德观发展的影响因素分析》，《中国青年政治学院学报》2011 年第 1 期。

和信念，让学生真正成为诚信的主体，也成为诚信评价的客体，最终实现对道德行为的自觉实践。现在的个人诚信信用管理机制主要是大学生诚信档案建立问题和成人的诚信测量，而未成年人由于其生活环境和学习环境比较单纯，诚信问题较高校和社会群体还不明显，我国并未考虑建立未成年人的诚信信用管理机制，但我们可以借鉴国外一些信用记录的措施，对我国未成年人信用建设提供一个构想。首先引入诚信测量，对未成年人诚信品质进行针对性研究。现阶段国内的诚信测量研究成果根据研究视角的差异性可分成两类：一类主要测量不同学段学生的诚信状态和水平，另一类是对人的诚信心理品质构成要素进行测量和分析。按照不同的教育层次梳理我国的诚信测量研究可发现其发展呈不均衡状态，高等教育中的诚信测量研究占据了主导地位，而对小学、初中和高中学生的诚信测量研究数量较少，水平较低。20世纪90年代的诚信测量研究资料表明，当时国外的诚信测量研究有50多年的历史，这种研究具有较强的实用性，而且已经形成了较为成熟的测量模式；我国目前研制出的诚信量表、问卷等多数存在片面性、表面化的问题，诚信测量多以表象性调查为主，侧重于学生在日常生活中的诚信认知或诚信行为的表现，因此，我国诚信测量要加强对诚信情感和意志水平的研究，把握未成年人诚信品质发展的整体水平，在量表的方式中注入观察，用以评价诚信行为，同时要在诚信观测量的维度设计上深入系统地研究诚信品质，寻求理论上的突破来提高量表信度和效度。① 其次，发展和完善失信惩罚机制，这种惩罚机制在学校也有建立，比如学校规章制度明确规定了学生考试作弊行为的处理办法，但对其他不诚信行为主要以教育为主。如果教育机构和家庭都能建立一个科学的失信惩罚机制，对约束未成年人的失信行为具有重大意义。而科学的失信惩罚机制的建立有赖于教育者的调查研究和切实力行。最后，建立起未成年人的诚信档案制度，建立健全诚信档案的法律体系，国家从法律视角对未成年人诚信档案的收集、整理、归档和利用作出明确规定，使未成年人诚信档案做到有法可依、有章可循，充分体现出其应有的公正性和权威性；特别要注意诚信档案的真实性，在保护未成年人个人隐私的基础上将其诚信记录提供给学校、家庭和社会查询，以加强学校、家庭和社会的监督；在实施未成年人诚信档案制度的过程中，要保证档案管理人员的高素质，以政府购买服务的方式提供资金支持和技术支持，维护未成年人健康成长。

---

① 王丹、傅维利：《诚信测量研究的若干问题》，《教育评论》2009年第5期。

第五章

未成年人道德立法

道德立法并非无中生有的话题，从一定意义上说，法律是他律性的刚性道德，道德则是自律性的柔性法律。一般意义上的立法实际上是对某种道德行为的肯定或否定、褒扬或惩戒，未成年人道德立法更是如此。

第一节 未成年人道德立法的根据

一、未成年人法律与未成年人道德的一致性

从未成年人道德立法角度而言，注重法律与道德的一致性具有特别现实意义。法律是由国家制定并强制实施的行为规范，道德是依靠人们的内心信念、传统习惯和思想教育调整行为的规范。两者既相互区别，又相互渗透、互相支持、互相转化、相辅相成。法律与道德的有机结合、协同发展，是未成年人道德立法乃至道德法治化建设的必然途径。

中西历代统治者和学者均推崇将法律与道德并举作为有效治国修身手段。

我国历代统治者均十分重视将法律与道德并举作为有效治国手段，把伦理道德与政治相结合，礼与刑融为一体，借助于道德，将当时的法律规范提升为人们自觉的内心信念和行为标准。如西周时期统治者曾提出"明德慎罚"的思想。孔子说："道之以政，齐之以刑，民免而无耻；道之以德，齐之以礼，有耻且格"（《论语·为政》），他认为法律和道德是两种不同的治国手段，认为善德观念只能以道德教育来引导，仅靠刑罚是不行的。孟子《离楼上》："徒法不足以自行，徒善不足以为政"，意即只有善德不足以处理国家的政务，只有法令不能够自行发生效力，必须把行善政与行法令结合起来，即视为将法治和德治结合起来，方能有效治国。西汉时期统治者总结了秦朝灭亡的教训，提出"礼法并重"，董仲舒推崇"德主刑辅"的思想，认为"刑者德之辅，阴者阳之助也"（《春秋繁露·天辨在人》）。自古以来，"忠、孝、节、义"是

中国历代封建王朝维护其阶级统治的道德规范，否则便为"十恶"不赦的大罪。在历代朝廷命官的司法实践中，更是将儒家思想中的道德教义作为办案的根据，《春秋决狱》一书就十分具有典型性。无论是"明德慎罚"、"礼法并重"，还是"德主刑辅"，其实质都是为了维护封建社会统治的需要，是把法律作为手段来配合推行封建的伦理道德，是人治前提下的"法治"，是泛道德主义的体现。

两千多年前的西方学者同样推崇法律与道德的一致性。古希腊思想家柏拉图认为，法律是维护正义的手段，正义就是以善待友，以恶对敌。人们必须有法律并且遵守法律，否则他们的生活将像最野蛮的兽类一样。亚里士多德曾说，法律的实际意义应该是促成全邦人民都能进行正义和善德的永久制度，法律应当是实现正义、美德和幸福的各项原则。苏格拉底主张守法是人的道德责任，法律的制定必须着眼于德和善。西方许多著名法学家都认为，人对社会道德理想的追求是通过法治体现出来的。斯多哥学派的自然法对罗马法和罗马法学产生了巨大影响，其核心就是认为法律是善良和公正的艺术，自然法构建了自然、理性、正义、平等的价值体系。17、18世纪以后，资产阶级法学家将自然法思想作为反对封建专制的武器，缘于该学派最突出特征是认为"符合道德的法才有效力，与道德冲突的法则是恶法"。①

中西方学者关于法律与道德关系的学说具有异曲同工之妙，东方伦理法与西方自然法都主张把外在的法律内化为人们自觉的意识，法律只有成为人们的心理、情感需要时，才能得到普遍自觉的遵守。法律与道德是互相渗透、互相融合、相互转化的。法律总是代表着社会最基本的道德追求，如勿奸淫、勿偷盗、勿杀人就是社会最基本的道德。

二、未成年人道德法律化与法律道德化

法律与道德的内涵和功能并非一成不变，随着社会时空条件的转移，二者之间存在着互为条件、彼消此长、相互转化的动态互动补机制，亦即道德法律化与法律道德化。同理，未成年人道德法律化与法律道德化只是一个相对的命题。比如未成年人道德法律化，并非所有的未成年人道德都可以上升到法律，未成年人的某些社会关系不适合用法律调整，比如同学关系，朋友关系，适合用道德来进行评价，法律不需要涉足这些领域。而且道德法律化并非能解决所

---

① 《论法律与道德的关系》，《光明日报》1999年4月2日。

有的道德问题，"道德问题寻求道德的方法来解决，恐怕才是正宗；寻求法律来解决，只会使道德问题误入另一个歧途"。① 但是我们不能不看到，提出未成年人道德法律化与法律道德化，对于我国未成年人道德建设来说，具有特别的现实社会意义，即无论从未成年人道德法律化角度，还是从未成年人法律道德化角度，对于未成年人道德建设均具有明示作用、矫正作用、评价作用和预防作用。

（一）未成年人法律道德化

法律道德化具有教化与推动的他律作用。法律具有规范、协调、指引、教育、惩戒等社会功能，在他律的范围内把未成年人塑造为自律、自觉、自在、自为的人。促进道德规范行为的养成、道德意识的觉醒，最终达到道德理想的实现。这个过程即是未成年人从他律走向自律的过程。

未成年人法律是未成年人道德建设的稳定器、推进器和催化剂。通过立法手段，可以选择和推动未成年人一定道德规范的普及，即以法律规范形式确认和吸收某些道德标准，使之成为法律标准，从而推进法律目标的实现。这是我国未成年人道德建设中的一个重要特点。例如，我国宪法规定了社会主义道德的基本要求，尊师重教、尊老爱幼的传统美德在《教师法》、《老年人权益保障法》、《未成年人保护法》中得以反映，若干职业道德准则、市民行为规范被赋予行规、民规的法律意义等等，无一不是道德规范法律化的具体表现。作为法律化的未成年人道德，既包括实体性内容，即对社会倡导的未成年人主体道德行为、现阶段容许的道德行为和社会责罚的非道德行为；也包括程序性内容，即对非规范行为设定了惩罚性规定、措施及实施机关。通过立法对其倡导或禁止未成年人的某些行为的宣示，有助于产生社会共识，形成新的未成年人道德标准。

未成年人道德的生成和发展，离不开良好的法律环境。未成年人法律的道德作用在于既能扬善，又能惩恶，保护文明道德行为，禁止直至惩罚不文明道德行为。未成年人法律以国家的名义对未成年人的是非善恶行为进行评价，不仅具有鲜明的道德价值取向，为人们提供了识别是与非、好与坏的判断标准。更重要的是，法律激励未成年人履行法律义务、承担应尽义务，也是保障未成年人同严重违反社会主义道德行为和坏人坏事进行斗争的有力武器。未成年人法律通过国家强制力，对侵害未成年人权益的违法犯罪行为进行制裁，使违法

---

① 《道德法律化解决不了道德问题》，《长江商报》2008 年 4 月 28 日。

犯罪分子在认罪伏法时进行思想改造，洗心覆面，重新做人；使未成年人道德不稳定分子在法律强制时受到教育和震慑，悬崖勒马，洗心革面。这对于净化社会风气，维护未成年人道德环境，具有积极保障作用。如十届全国人大常委会第 25 次会议于 2006 年 12 月 29 日审议通过的《中华人民共和国未成年人保护法（修订草案）》，新修订的《未保法》自 2007 年 6 月 1 日起施行。此次《未保法》修订有以下几方面的突破：一是明确未成年人权利，引入参与权。二是突出政府责任，推动未成年人权益机构的建立。三是改善亲子关系，提高家庭教育能力。四是落实困难群体的教育权，全面贯彻义务教育。五是重申素质教育，减轻学生负担。六是落实措施，增强校园安全。七是强调政府责任，确保工读学校办学条件。八是政府民间齐参与，增加公益活动场所。

目前我国社区环境管理方面还存在漏洞，不健康的娱乐场所很多，对未成年人的思想和行为产生不良影响，甚至成为滋生未成年人违法犯罪的"温床"。为此，《未保法》着重就公益性健康娱乐场所和设施制定了 3 条专项规定，一是规定"各级政府鼓励社会力量兴办适合未成年人的活动场所，并加强管理"；二是规定"爱国主义教育基地、图书馆、青少年宫、儿童活动中心对未成年人免费开放；博物馆、纪念馆、科技馆、展览馆、美术馆等场所按照有关规定对未成年人免费或优惠开放"；三是规定"县级以上人民政府及其教育行政部门应当采取措施，鼓励和支持中小学校在节假日期间将文化体育设施对未成年人免费或者优惠开放；社区中的公益性互联网服务设施，应当对未成年人免费或者优惠开放，为未成年人提供安全、健康的上网服务。九是禁售烟酒，保护青少年身心健康。《未保法》修订明确主张，"严禁向未成年人出售烟酒，经营者应当在显著位置设置不向未成年人出售烟酒的标志。"十是设立临时庇护所，救助缺失监护儿童。

未成年人法律对未成年人道德建设的作用，还表现为对旧道德的抵制与批判。中国是一个有深厚道德基础的国家，在以自然经济为基础、出宗法关系为纽带的中国传统社会的历史演进中，逐渐形成一套庞大而严密的道德文化体系。在这种伦理精神中，不乏作为中国. 传统文明价值的合理内核，存在着体现东方人文性格的传统美德。但勿庸置疑，以往的伦理道德在现代社会中也具有消极的影响：宗法家庭伦理的倾斜导致对未成年人个人权利自由的压制，人伦道德精神的偏差导致未成年人民主、法制观念的缺失或淡漠，运用法律手段加强未成年人道德建设，既是对未成年人道德文明固有缺憾的弥补，又是批判继承传统道德文化的重要手段。未成年人法律能以国家意志的形式，对传统道德的精华和糟粕作出明确的辨别和批判，剔除那些腐朽的、落后的、反动的道德成份，促进未成年人道德文明的健康发展。

未成年人法律具有严格的规范性，它鲜明地昭示真善美是法律所肯定的，假恶丑是法律所否定的，从而使社会成员明确行为标准，加强自律行为的引导；法律具有公开的惩罚性，它通过国家的强制力量制裁违反法律（也是严重违反道德）的行为，能对整个社会产生警示作用；法律具有巨大的权威性，它包含有对未成年人社会道德的起码要求，常常构成未成年人素质、信念的标尺和依托。同时它又具有普适性效力，成为维系一个国家未成年人道德水准的最终保障和道德底限。如《预防未成年人犯罪法》，具体规定了如何通过各种教育措施预防未成年人犯罪，对未成年人不良行为的预防，对未成年人严重不良行为的矫治，未成年人如何对犯罪自我防范，对已经犯罪的未成年人重新犯罪的预防等内容。

未成年人法律道德化的过程，又是将未成年人道德内化为法的精神的过程，就是法律源归其本质的过程。它一方面有利于未成年人守法精神的养成；另一方面有利于未成年人道德建设法治化局面的形成。"良性的法治状态应包含两重标准：一是已出台的法律获得普遍的服从，而人们所服从的法律又应该本身是制定得良好的法律。"①

（二）未成年人道德法律化

未成年人法律体系的建立，离不开一定的伦理道德社会基础，未成年人法律的制定，必须具备一定的道德基础和道德目的，即必须获得包括未成年人在内的广大社会成员的道德支持，缺乏道德支持的未成年人立法行为就与社会价值相冲突，就会遭到人们的反对，就会丧失其存在的意义，最终就会成为无用的法律。各国法律及其发展史都表明，法律无不包含伦理道德的内容，许多道德观念原则往往渗透到法律中去，甚至直接成为法律条文。未成年人法律应体现公平、平等、自由、诚实信用等道德价值观，这已为广大未成年人所普遍承认和信奉，制定出体现这些价值观的未成年人法律制度，是衡量一国法律的优劣、善恶标准的标志。新加坡的精神文明的实践亦提供了道德法律化的可资借鉴的成功范例，如对随地吐痰、乱扔废弃物、随地大小便、便后不冲水、乱涂乱画、随便攀摘花木、公共场所抽烟、吐口香糖渣等道德范畴的内容都一一立法，使其变为人人都必须遵守的行为规范，获得了其他国家难以企及的成功。

---

① 张宏生等主编：《西方法律思想史》，北京大学出版社 1990 年第 1 版，第 18 页。

它的成功经验之一就是，尽可能把道德行为规范层面的诸多内容法治化，使精神文明建设有法可依，有章可循。换言之，未成年人道德法律化，即道德精神价值需求的法律化，是未成年人道德建设的重要指标和重要特征。

（三）确认未成年人与成年人道德地位和法律地位的平等是未成年人道德立法的前提和价值取向

任何年龄阶段的公民，都享有宪法和法律规定的各种权利。不论是在西方还是在我国，历史上的亲子关系是一种不平等的法律关系和道德关系，未成年人长期被视为成年人（父母）的附属品，前者只能俯首听命于后者，抑或在历史上长期处于非权利主体的地位。

随着人权意识的萌发和增强，西方社会对未成年人权利的认识越来越趋于理性，未成年人的权利逐渐得到确认，体现为从观念到制度等各个方面不断文明和历史进步。如19世纪70年代，美国的P.亚当斯等人主编出版的《儿童权利》一书，其副标题为"走向儿童解放的时代"。此后一些国家建立了防止对未成年人犯罪的机构，如1871年纽约成立了"预防伤害儿童协会"，欧洲也相继建立起许多类似的社团，有关保护未成年人诉讼案件也开始出现在法庭。17世纪中叶之后，未成年人的法律地位有所改善。1641年美国马萨诸塞州率先承认未成年人享有自由权利，该州的父母被告知不要擅自主张为子女选择他们的同伴，不能用违背人道的严厉方法对待子女。1889年美国芝加哥建立起世界上第一个少年法院。1899年美国伊利诺伊州颁布了世界上最早的一部未成年人保护法律《少年法庭法》。随后，美国各州和众多国家陆续制定了自己的未成年人法律。1905年英国制定了《少年法》，并建立了少年法院。1908年德国柏林也建立了少年法院。1912年法国建立了青少年法院，并颁布了《青少年保护观察法》。同年比利时制定了《儿童保护法》。20世纪初的丹麦、荷兰、瑞典也先后制定了《儿童福利法》。1929年和1934年西班牙和意大利则分别制定了《少年法》。日本和印度等国是较早制定和实施青少年法的亚洲国家。1919年印度在加尔各答设立了少年法院，1920年又制定了《儿童法》。1923年日本公布了《少年法》，随后于1947年和1949年先后制定和修改了《儿童福利法》、《少年法》、《少年法院法》和《少年审判规则》等未成年人法律。目前各国更加重视未成年人的权利保护，自1990年联合国儿童基金会制定出世界上第一部《儿童权利公约》以来，已获得包括我国在内的大多数国家签署和批准实施。同年9月在美国纽约召开的首次世界儿童问题首脑会议上，联合国提出"儿童优先"的口号，通过了《关于儿童生存、保护和发展的世界宣言》及其《行动计划》，把未成年人的权利保护摆在了首要位置，得到了各成员国的广泛赞同，这标志着未成年人权利保护的法律地位在世界范围内得以真正确立，并开始得到成年人的空前尊重和高度认同。

尊老爱幼、体恤幼孤虽然是我国的优良道德传统，但"父为子纲"的封建纲常道德规范造成未成年人必须在人身关系和精神关系上依附于父母和成年人，未成年人的权利意识和保护意识更是无从谈起。我国政府历来高度重视未成年人权利的立法工作，把保护未成年人健康成长、维护其合法权益作为社会主义法制的一项重要内容。新中国成立后所颁布的各种法律法规中涉及到儿童等未成年人权利的有关条款和专门规定就达数百条。1987 年 6 月 20 日，作为全国第一个地方性保护未成年人的专门法规《上海市青少年保护条例》在上海诞生。随后各省、市、自治区也都相继制定了成年人法规。在此基础上，1991 年 9 月 4 日第七届全国人民代表大会常务委员会第二十一次会议通过了我国第一部《未成年人保护法》，使未成年人权益保护正式纳入法制轨道，2006 年 12 月 29 日第十届全国人民代表大会常务委员会第二十五次会议加以修订通过，进一步确认了未成年人权益的内涵，即"未成年人享有生存权、发展权、受保护权、参与权和受教育权等权利"。2001 年 5 月我国政府成功举办了"第五次东亚及太平洋地区儿童发展问题部长级磋商会议"，并通过了指导本地区未来 10 年儿童发展的战略文件——《北京宣言》。令人欣慰的是，我国从上个世纪 80 年代开始，未成年人权利观念成为越来越多的人的共识；越来越认同父母在亲子关系中所扮演的角色，应该是指导者、协商者、协助者，不该是命令者。根据 1998 年的有关调查，84.37% 的成人和儿童都认为，无论在社会、学校还是家庭中，儿童都应是有权利的。[①] 诚然，我国未成年人的权利保护还存在一系列需要回答和解决的理论问题和实际问题，诸如未成年人权利的保护主体究竟有哪些？未成年人的权利包括哪些具体内容？未成年人的权利与成年人的权利（和权力）有何区别和联系？等等。

第二节　具有道德规范作用的未成年人法律法规

毋庸赘言，我国现有的未成年人法律法规均直接或间接具有道德规范作用。

---

① 郝卫江：《尊重儿童的权利》，天津教育出版社 1999 年第 1 版，第 5 页。

一、宪法

宪法是我国的根本大法，其他法律关于未成年人各项权利的规定，都必须以宪法为根据。比如宪法第 49 条关于"婚姻、家庭、母亲和儿童受国家的保护""父母有抚养教育未成年子女的义务"的规定，是未成年人在家庭中享有的各项合法权利的根据；宪法第 46 条关于"中华人民共和国的公民有受教育的权利和义务"的规定，是未成年人享有的受教育权利的根据。

二、未成年人保护法

未成年人保护法是一部对未成年人的各项合法权利进行专门保护的法律。它具体规定了保护未成年人的指导思想、保护内容、保护工作的原则，对未成年人的合法权利予以家庭保护、学校保护、社会保护和司法保护的方法与内容，以及各种侵害未成年人合法权益行为的法律责任，是一部保护未成年人合法权利的基本法。

三、预防未成年人犯罪法

预防未成年人犯罪法具体规定了如何通过各种教育措施预防未成年人犯罪，对未成年人不良行为的预防，对未成年人严重不良行为的矫治，未成年人如何对犯罪自我防范，对已经犯罪的未成年人重新犯罪的预防等内容。

四、各省市自治区制定的《未成年人保护条例》

此外，《婚姻法》、《收养法》、《母婴保健法》、《义务教育法》等许多法律法规，都分别有保护未成年人合法权益若干规定的具体条款。

第三节 国外未成年人道德立法的类型和原则

与我国未成年人法律一样，各国的未成年人法律都直接或间接同培养未成年人道德有关，国外未成年人法律的现有类型不尽相同，但所遵循的立法原则基本相近。

一、国外未成年人道德立法的各种类型

按照不同内容，国外未成年人法律大致可分为五种类型：

第一类是预防和惩戒性的法律，其法律部门主要是未成年人刑法和未成年人刑事诉讼法，如《德意志联邦共和国青少年刑法》、《美国青少年犯教养法》、《英国青少年法》、《奥地利共和国青少年法院法》、日本的《少年法》

等。此类法律对未成年人量刑和处罚的规定与成年人刑法定有刑名的刑罚法律不同，多采取比较特定的处罚，即所谓保护处分，旨在对因为环境不良、生理或心理缺陷等特定因素而致使违法犯罪或有违法犯罪倾向的未成年人所作出的适合其身心特点的保护性惩戒法律规定。

第二类是保护性的法律。此类法律所规定的内容广泛旨在保护未成年人的健康成长，如《德意志联邦共和国禁止传播危害青少年作品法》、日本各都道府县制定的《青少年保护培养条例》、罗马尼亚的《未成年人保护法》以及俄罗斯联邦共和国的《未成年人事委员会条例》等等。

第三类是综合性的法律。此类法律同时包括对未成年人的保护和对违法犯罪未成年人的处理、教育、改造少年罪犯等内容，或曰将未成年人保护法和未成年人刑法、诉讼程序法以及矫正院法融为一体，如《美国少年法庭法》新加坡的《儿童与少年法》等。

第四类是政策性的法律。此类法律不仅原则上规定了国家对于未成年人的政策，而且详细规定了未成年人参加国家管理、受教育、劳动、休息、体育、娱乐，旅游乃至婚姻住房等方面的权利和保卫祖国、保护全民和集体财产、创造性劳动等项义务，以及家长、学校和社会对培养教育青少年所应承担的责任，典型的有《匈牙利青少年法》等。

第五类是福利性的法律。早在 19 世纪下半叶，一些国家就制定了少年福利法；此后瑞典的少年司法制度则直接采用了福利委员会的模式；西德1922年就制定了儿童福利法；日本儿童福利法第三章专门规定了设置儿童福利设施内容。

二、国外未成年人立法的基本原则

纵观现有的国外未成年人法律，一般体现为如下立法基本原则：

一是承担教育责任原则。许多国家的未成年人法律都规定了家庭、学校和社会各方面对未成年人的教育职责，如在家庭教育职责方面，《匈牙利青少年法》第6条第1款规定："教育并供养青少年是家长的首要任务。家长对于子女在身体，智力和道德方面负有责任，并应在家庭中对这些条件首先给予保证"。在学校教育职责方面，《德意志民主共和国青年法》第 19 条第 3 款规定："学校校长和教师通过坚实的普及教育和卓有成效的社会主义教育，保证学生获得全面发展。他们应上好高水平的，科学的、有党性的、联系生活的课堂教学，组织好丰富多彩的有趣的课外活动。"《古巴共和国青少年法典》明确规定："教师对青少年树立共产主义高尚品德负有重大使命，学校为学生树立共产主义高尚品德应做出决定性贡献。"

二是预防犯罪原则。未成年人犯罪问题是各国普遍存在的严重社会问题，对此许多国家的未成年人立法工作者都给予高度重视，如《德意志民主共和国青少年法》规定："保证做好有效的文化艺术宣传，通过上演合法的节目，组织青年专场，促进青年对艺术的兴趣和爱好。"

三是保护健康成长原则。用法律形式将保护未成年人健康成长作为一条原则固定下来，是各国立法工作者的长期立法经验得出的必然价值取向，各国早期的未成年人法律虽然客观上对保护未成年人合法权益及其身心健康具有一定作用，但对预防未成年人违法犯罪基本是无能为力的，各国立法者们逐步认识到，只有通过立法杜绝未成年人违法犯罪的各种主要消极因素，才是治本之举。

四是矫治社会化原则。随着未成年人违法犯罪现象增多，各国司法机构均面临矫治未成年犯效果每况愈下的窘境，各国未成年人立法工作者、司法工作者和有关人士通过矫治社会化的实践，越来越认同于一种共识：即借助社会力量矫治未成年犯，并通过立法手段将这种做法固定下来，是一条可行的必由之路。目前许多国家的未成年人法律都分别作出了此方面的规定，如《日本东京都关于健康培养青少年条例》前言中说："我们都民作为社会一员，热爱肩负未来社会重任的青少年，并且期望他们在良好环境中获得身心健康成长。我们都民必须铭记，无论在家庭、学校或者工作岗位及其他场所，都要竭力对青少年予以正确指导，以便为青少年人格的形成做出贡献。我们都民必须时刻认识自己担负培养身心健康青少年的责任，以便致力于使青少年成为遵守生活纪律，具有自觉性和责任性的社会成员"。美国有的州关闭了大型的少年教养院，开始了所谓"非专门机构化革命。"除了对未成年人实行监禁外，还以各种形式将其犯置于社会之中，依靠社会力量对其进行以监控制、感化。促使其弃恶从善、回归社会。①

第四节　我国未成年人道德建设法治化的形式与内容

实现我国未成年人道德建设法治化，需要在充分运用现有未成年人法律法

---

① 袁曙光：《从比较法谈国外未成年人法律的制定及立法原则》，《中国体卫艺教育》2008 第 6 期。

规基础上，进一步探索适合未成年人道德建设的立法形式和立法内容，并将其作为未成年人道德建设的必然途径。

一、我国未成年人道德立法的形式

梳理总结建国以来，尤其是社会转型以来各地未成年人道德法治化的成功经验，以下若干形式可考虑作为未成年人道德法治化的基本形式和途径

（一）建立未成年人道德体系

未成年人道德体系包括道德活动、道德意识以及与这两方面密切相关的道德规范等。建立未成年人道德体系，其基本思路是：

第一，树立总体目标：形成正确的价值判断标准和行为规范，形成社会公认的思想道德舆论氛围，培育"四有"新人。

第二，明确基本要求：各级未成年人组织因时而宜、因人而宜、因地而宜、因事而宜，有针对性地广泛开展未成年人思想道德规范教育活动。在方式方法上，以政府组织引导、未成年人自觉参与、机制支持保证、活动循序推进为原则，实行以政府未成年人教育领导部门为指导中心，各级基层未成年人组织协同创新、广大未成年人共同参与，形成百花齐放、生动活泼的局面。

第三，确定主要内容：1. 着眼于未成年人道德规范的建立。以家庭伦理道德、社会公德和我从别人道德为抓手，广泛开展爱国主义、集体主义、社会主义教育，培养正确的人生观、世界观、价值观。2. 着眼于未成年人道德规范的养成。依托中小学、职业学校、未成年人活动中心法律咨询等教育阵地，以各种活动载体，实行"教"（灌输）和"育"（内化）并举，借助主题教育、互助帮困、健身娱乐、榜样示范等不同形式，精心培育未成年人公德、职业道德、家庭美德的典型，营造氛围、起到潜移默化的促进作用。3. 着眼于未成年人道德规范的示范作用。注重"以身边事教育身边人"，着力于发现、树立、塑造、弘扬代表各阶层的先进典型；同时，批评言行失当、惩处违法行为，扬善弃恶、扶正祛邪，营造正气上扬的社区环境。4. 着眼于未成年人道德规范的持续运作，在实践中不断探索建立他律与自律相一致的未成年人道德教育导向机制、活动运行机制、科学评估机制、监督约束机制、奖惩激励机制、预警机制、示范辐射机制等，长久发挥作用、保持持续运作。

第四，落实具体措施：1. 加强领导：由政府主管部门直接领导设计未成年人道德体系建设，使该体系建设沿着正确方向前进。2. 组建未成年人道德教育网络：纵向到底：由政府主管部门领导，设专职干部负责实施，具体操作；横向到边：在政府主管部门统筹协调下，工青妇和文明委协同贯彻、有关

教育单位、社团及各阶层人员共同参与，形成全覆盖的综合教育体系。3. 基本要求：一是将未成年人道德体系建设渗透于各项工作和活动开展之中；二是将未成年人道德体系建设落实于为其排忧解难、解决具体实际问题过程之中；三是将未成年人道德体系的建设贯穿于思想政治工作和理想信念教育之中。①

（二）建立未成年人道德档案

近年来，各地城市都不约而同地把建立道德档案作为未成年人道德法治化的重要抓手，做法各有千秋，并且均取得了积极效果，对于未成年人道德教育具有很好的参鉴作用。

如武汉市青山区档案局将辖区每个家庭成员的个人品德、家庭美德、社会公德、职业道德等方面表现输入计算机，需要了解某个人或某个方面的情况与数据时，可以按照编号排列顺序从纸质档案资料或从计算机存储的信息中调阅，非常快捷方便，提高了"道德档案"开发利用的效果。在内容上依据"武汉市公民道德建设指标体系"，设置了"爱国爱家"、"文明礼貌"、"自尊自强"、"助人为乐"和"综合类"等项记载栏。"道德档案"确定了自下而上的记载方法，即由居民个人记录、居民小组管理、社区集中查对的方法，日常记录和管理主要依靠党小组长和居民小组长，社区每个季度集中汇总审核记载存档，并将其中的典型组成专题定期在社区宣传栏进行公布，使居民们增强了"道德档案"意识，增强了荣誉感和责任感，切实调动起居民参与讲社会公德，做文明武汉人的积极性，打造出市民的诚信名片。实践证明，该区建立的市民道德档案的做法，完善了社区自治管理功能，增强了社区的凝聚力，满足了居民公德心理需求，推动了社区文明共建的步伐。②与此类似的还有深圳市等地最近推出的"市民道德记录卡"、"公民诚信记录卡"等做法。③

（三）建立未成年人道德法庭

以往的"道德法庭"没有固定的组织形式，其评价和谴责不具有法律或行政约束力。然而近年来，各地"道德法庭"开始逐渐成为有形的准组织形式，并逐渐显露其特有的道德评判乃至道德惩戒的独特作用。

2009 年 3 月 19 日，江西省乐平市人民政府专门下发了《关于在全镇范围推行'民事道德法庭'工作的实施意见》文件，具体内容包括：指导原则、

---

① 《上海市思想政治工作研究会和上海市形势政策教育研究会第十六次双月理论务虚会"市民道德建设"》，《思想政治工作研究通讯》2001 年第 6 期。

② 《青山区"市民道德档案"建设试点的几点作法》，《湖北档案》2005 年第 5 期。

③ 《"市民道德记录卡"将推出，你怎么看?》，《深圳日报》2009 年 2 月 21 日。

组织机构、目标要求、工作职责、组成人员、工作流程、工作措施，并附有相关表格、职责、工作流程等。从 2009 年 1 至 7 月，全镇共排查出 47 起矛盾纠纷，在各"民事道德法庭"化解的有 38 起。乐平市临港人民法庭 2009 年只受理了洪岩镇 9 件案件，这里作为邻接三县的山界之地，十年时间已无边界纠纷，无民转刑案件，无涉诉信访案件。①

（四）实行未成年人道德教育与法制教育的有机结合

单纯的未成年人道德教育如不与法制教育有机结合，就难以收到应有的效果。新加坡在这方面的成功经验对我国具有一定的启示价值和借鉴意义。新加坡作为一个崇尚严刑峻法的高度法治国家，把道德教育的许多内容纳入了法制化轨道。如对随地吐痰、乱扔废弃物、随地大小便、便后不冲水、乱涂乱画、随便攀折花木、在公共场所抽烟、吐口香糖渣等都分别规定为违法犯罪行为，通过相应的经济惩罚、肉体惩罚、舆论工具曝光等，对不道德行为过行鞭挞，实践证明，其详尽且颇具操作性的法律条规，对未成年人的行为引导和规范发挥了积极作用，取得了明显的成效。

新加坡道德与法制教育的融合经验成功之处在于：首先，高度重视培养对"新加坡人"的认同感和对本国的归属意识，以人的全面发展为最高目标，形成道德教育和法制教育的良好社会环境。其次，将道德教育与法制教育有机地融合，既注重对人们良好道德的培养，又通过严厉的法律制度，加强人们对法律信仰和自觉遵守的意识，以此帮助人们提高思想道德素质。再次，积极挖掘优秀的传统文化资源，将道德教育中的柔性文化与法制教育中的刚性文化相结合，培育民族精神，增强民族凝聚力，形成自律意识，使道德内化成人们内心的行为诉求。②

二、自律性和他律性的未成年人道德规范

无论是自律性的未成年人道德规范，还是他律性的未成年人道德规范，都可以一种有形的文字规范，通过自律或他律方式促进未成年人道德行为的养成。各地各部门各单位可根据未成年人道德法治化建设的具体情况和需要，制定切实可行的自律性或他律性的未成年人道德规范。

---

① 《这里有个"道德法庭"》，乐平市人民政府网，见 http：//www. lepingshi. gov. cn／，2009 年 5 月 31 日。

② 方婷：《纵观新加坡道德教育与法制教育的融合及其启示》，《沙洋师范高等专科学校学报》2010 年第 3 期。

（一）自律性的未成年人道德规范

近年来，自律性的未成年人道德规范在各地纷纷出台。2011 年 9 月，广州市文明办和市教育局联合制定出台了《广州市未成年人道德规范》，内容为：

《广州市未成年人道德规范》

热爱祖国，志存高远；

好学善思，求真务实；

孝亲敬老，勤劳俭朴；

团结友爱，奉献互助；

遵纪守法，明礼诚信；

活泼开朗，谦和包容；

尊敬师长，礼貌待人；

自尊自爱，勇敢坚强；

积极进取，开拓创新。

（二）他律性的未成年人道德规范

一般来说，各地各单位的他律性未成年人道德规范比自律性未成年人道德规范更为多见。如湖北省巴东县《巴东二中学生形象礼仪基本要求》即为此类道德规范：

《巴东二中学生形象礼仪基本要求》

头饰

不染发烫发（青少年染发烫发影响身心健康）；

不留怪发（不留光头、不故意着假发、不盲目模仿明星等）；

男生不留长发（不过眉、不过耳、不过领）；

不化妆（不涂口红、不染眉、不涂指甲等）；

不佩戴首饰（不戴耳环耳坠、不戴手镯戒指等）。

服饰

不穿奇装异服（特别是外短内长的搭配、多口袋的长裤）；

不穿拖鞋高跟鞋（拖鞋可在公寓寝室内使用）；

不外着短裤背心进入公共场合（寝室内、体育运动时除外）；

不敞衣露肩（上好拉链衣扣、不穿低胸露肩半透明衣服）；

不追逐高档名牌（着装朴素大方、不攀比、提倡穿校服）。

言行

不说脏话（使用文明用语、使用普通话、不骂人说粗话）；

不乱扔废弃物（不随地吐痰擤鼻涕、垃圾入袋入桶入池、不向窗外泼水扔废物）；不抽烟喝酒（抽烟喝酒对人体有害，且存在严重的安全隐患）；

不谈恋爱（异性同学健康交往，自尊、自爱、自重）；

不上网玩手机（不进网吧游戏厅、不在校内使用手机）。①

（三）兼具自律和他律的未成年人道德规范文件

我国《小学生守则》、《中学生 守则》和《小学生日常行为规范》、《中学生日常行为规范》分别自 1981 年、1991 年、1994 年发布以来，对中小学生良好行为习惯的养成，以及学校形成良好的校风、学风、教风等都起到了重要作用。随着社会发展变化，中小学生思想道德建设面临许多新的情况和新 的问题，根据《中共中央国务院关于进一步加强和改进未成年人思想道德建设的若干意见》、《公民道德建设实施纲要》的要求，教育部对上述守则、规范进行了修订，将《小学生 守则》和《中学生守则》合并为《中小学生守则》，对《小学生日常行为规范》、《中学生日 常行为规范》的内容进行了必要的调整和补充，形成新的《小学生日常行为规范（修订）》、《中学生日常行为规范（修订）》。

附一：中小学生守则

热爱祖国，热爱人民，热爱中国共产党。

遵守法律法规，增强法律意识。遵守校规校纪，遵守社会公德。

热爱科学，努力学习，勤思好问，乐于探究，积极参加社会实践和有益的活动。

珍爱生命，注意安全，锻炼身体，讲究卫生。

自尊自爱，自信自强，生活习惯文明健康。

积极参加劳动，勤俭朴素，自己能做的事自己做。

孝敬父母，尊敬师长，礼貌待人。

热爱集体，团结同学，互相帮助，关心他人。

---

① 《恩施巴东二中出台学生形象礼仪基本要求》，中国德育资源网，见 http://zgdyzy.cn/Index. html，2010 年 3 月 24 日。

诚实守信，言行一致，知错就改，有责任心。

热爱大自然，爱护生活环境。

附二：小学生日常行为规范（修订）

尊敬国旗、国徽，会唱国歌，升降国旗、奏唱国歌时肃立、脱帽、行注目礼，少先队员行队礼。

尊敬父母，关心父母身体健康，主动为家庭做力所能及的事。听从父母和长辈的教导，外出或回到家要主动打招呼。

尊敬老师，见面行礼，主动问好，接受老师的教导，与老师交流。

尊老爱幼，平等待人。同学之间友好相处，互相关心，互相帮助。不欺负弱小，不讥笑、戏弄他人。尊重残疾人。尊重他人的民族习惯。

待人有礼貌，说话文明，讲普通话，会用礼貌用语。不骂人，不打架。到他人房间先敲门，经允许再进入，不随意翻动别人的物品，不打扰别人的工作、学习和休息。

诚实守信，不说谎话，知错就改，不随意拿别人的东西，借东西及时归还，答应别人的事努力做到，做不到时表示歉意。考试不作弊。

虚心学习别人的长处和优点，不嫉妒别人。遇到挫折和失败不灰心，不气馁，遇到困难努力克服。

爱惜粮食和学习、生活用品。节约水电，不比吃穿，不乱花钱。

衣着整洁，经常洗澡，勤剪指甲，勤洗头，早晚刷牙，饭前便后要洗手。自己能做的事自己做，衣物用品摆放整齐，学会收拾房间、洗衣服、洗餐具等家务劳动。

按时上学，不迟到，不早退，不逃学，有病有事要请假，放学后按时回家。参加活动守时，不能参加事先请假。

课前准备好学习用品，上课专心听讲，积极思考，大胆提问，回答问题声音清楚，不随意打断他人发言。课间活动有秩序。

课前预习，课后认真复习，按时完成作业，书写工整，卷面整洁。

坚持锻炼身体，认真做广播体操和眼保健操，坐、立、行、读书、写字姿势正确。积极参加有益的文体活动。

认真做值日，保持教室、校园整洁。保护环境，爱护花草树木、庄稼和有益动物，不随地吐痰，不乱扔果皮纸屑等废弃物。

爱护公物，不在课桌椅、建筑物和文物古迹上涂抹刻画。损坏公物要赔偿。拾到东西归还失主或交公。

积极参加集体 活动，认真完成集体交给的任务，少先队员服从队的决议，不做有损集体荣誉的事，集体成员之间相互尊重，学会合作。积极参加学校组织的各种劳动和社会实践活动，多观察，勤动手。

遵守交通法规，过马路走人行横道，不乱穿马路，不在公路、铁路、码头玩耍和追逐打闹。

遵守公共秩序，在公共场所不拥挤，不喧哗，礼让他人。乘公共车、船等主动购票，主动给老幼病残孕让座。不做法律禁止的事。

珍爱生命，注意安全，防火、防溺水、防触电、防盗、防中毒，不做有危险的游戏。

阅读、观看健 康有益的图书、报刊、音像和网上信息 ，收听、收看内容健康的广播电视节目。

不吸烟、不喝酒、不赌博，远离毒品，不参加封建迷信活动，不进入网吧等未成年人不宜入内的场所。敢于斗争，遇到坏人坏事主动报告。

附三：中学生日常行为规范（修订）

一、自尊自爱，注重仪表

维护国家荣誉，尊敬国旗、国徽，会唱国歌，升降国旗、奏唱国歌时要肃立、脱帽、行注目礼，少先队员行队礼。

穿戴整洁、朴素大方，不烫发，不染发，不化妆，不佩戴首饰，男生不留长发，女生不穿高跟鞋。

讲究卫生，养成良好的卫生习惯。不随地吐痰，不乱扔废弃物。

举止文明，不说脏话，不骂人，不打架，不赌博。不涉足未成年人不宜的活动和场所。

情趣健康，不看色情、凶杀、暴力、封建迷信的书刊、音像制品，不听不唱不健康歌曲，不参加迷信活动。

爱惜名誉，拾金不昧，抵制不良诱惑，不做有损人格的事。

注意安全，防火灾、防溺水、防触电、防盗、防中毒等。

二、诚实守信，礼貌待人

平等待人，与人为善。尊重他人的人格、宗教信仰、民族风俗习惯。谦恭礼让，尊老爱幼，帮助残疾人。

尊重教职工，见面行礼或主动问好，回答师长问话要起立，给老师提意见态度要诚恳。

同学之间互相尊重、团结互助、理解宽容、真诚相待、正常交往，不以大欺小，不欺侮同学，不戏弄他人，发生矛盾多做自我批评。

使用礼貌用语，讲话注意场合，态度友善，要讲普通话。接受或递送物品时要起立并用双手。

未经允许不进入他人房间、不动用他人物品、不看他人信件和日记。

不随意打断他人的讲话，不打扰他人学习工作和休息，妨碍他人要道歉。

诚实守信，言行一致，答应他人的事要做到，做不到时表示歉意，借他人钱物要及时归还。不说谎，不骗人，不弄虚作假，知错就改。

上、下课时起立向老师致敬，下课时，请老师先行。

三、遵规守纪，勤奋学习

按时到校，不迟到，不早退，不旷课。

上课专心听讲，勤于思考，积极参加讨论，勇于发表见解。

认真预习、复习，主动学习，按时完成作业，考试不作弊。

积极参加生产劳动和社会实践，积极参加学校组织的其他活动，遵守活动的要求和规定。

认真值日，保持教室、校园整洁优美。不在教室和校园内追逐打闹喧哗，维护学校良好秩序。

爱护校舍和公物，不在黑板、墙壁、课桌、布告栏等处乱涂改刻画。借用公物要按时归还，损坏东西要赔偿。

遵守宿舍和食堂的制度，爱惜粮食，节约水电，服从管理。

正确对待困难和挫折，不自卑，不嫉妒，不偏激，保持心理健康。

四、勤劳俭朴，孝敬父母

生活节俭，不互相攀比，不乱花钱。

学会料理个人生活，自己的衣物用品收放整齐。

生活有规律，按时作息，珍惜时间，合理安排课余生活，坚持锻炼身体。

经常与父母交流生活、学习、思想等情况，尊重父母意见和教导。

外出和到家时，向父母打招呼，未经家长同意，不得在外住宿或留宿他人。

体贴帮助父母长辈，主动承担力所能及的家务劳动，关心照顾兄弟姐妹。

对家长有意见要有礼貌地提出，讲道理，不任性，不耍脾气，不顶撞。

待客热情，起立迎送。不影响邻里正常生活，邻里有困难时主动关心帮助。

五、严于律己，遵守公德

遵守国家法律，不做法律禁止的事。

遵守交通法规，不闯红灯，不违章骑车，过马路走人行横道，不跨越隔离栏。

遵守公共秩序，乘公共交通工具主动购票，给老、幼、病、残、孕及师长让座，不争抢座位。

爱护公用设施、文物古迹，爱护庄稼、花草、树木，爱护有益动物和生态环境。

遵守网络道德和安全规定，不浏览、不制作、不传播不良信息，慎交网友，不进入营业性网吧。

珍爱生命，不吸烟，不喝酒，不滥用药物，拒绝毒品。不参加各种名目的非法组织，不参加非法活动。

公共场所不喧哗，瞻仰烈士陵园等相关场所保持肃穆。

观看演出和比赛，不起哄滋扰，做文明观众。

见义勇为，敢于斗争，对违反社会公德的行为要进行劝阻，发现违法犯罪行为及时报告。

附四：高等学校学生行为准则

一、志存高远，坚定信念。努力学习马克思列宁主义、毛泽东思想、邓小平理论和"三个代表"重要思想，面向世界，了解国情，确立在中国共产党领导下走社会主义道路、实现中华民族伟大复兴的共同理想和坚定信念，努力成为有理想、有道德、有文化、有纪律的社会主义新人。

二、热爱祖国，服务人民。弘扬民族精神，维护国家利益和民族团结。不参与违反四项基本原则、影响国家统一和社会稳定的活动。培养同人民群众的深厚感情，正确处理国家、集体和个人三者利益关系，增强社会责任感，甘愿为祖国为人民奉献。

三、勤奋学习，自强不息。追求真理，崇尚科学；刻苦钻研，严谨求实；

积极实践，勇于创新；珍惜时间，学业有成。

四、遵纪守法，弘扬正气。遵守宪法、法律法规，遵守校纪校规；正确行使权利，依法履行义务；敬廉崇洁，公道正派；敢于并善于同各种违法违纪行为作斗争。

五、诚实守信，严于律己。履约践诺，知行统一；遵从学术规范，恪守学术道德，不作弊，不剽窃；自尊自爱，自省自律；文明使用互联网；自觉抵制黄、赌、毒等不良诱惑。

六、明礼修身，团结友爱。弘扬传统美德，遵守社会公德，男女交往文明；关心集体，爱护公物，热心公益；尊敬师长，友爱同学，团结合作；仪表整洁，待人礼貌；豁达宽容，积极向上。

七、勤俭节约，艰苦奋斗。热爱劳动，珍惜他人和社会劳动成果；生活俭朴，杜绝浪费；不追求超越自身和家庭实际的物质享受。

八、强健体魄，热爱生活。积极参加文体活动，提高身体素质，保持心理健康；磨砺意志，不怕挫折，提高适应能力；增强安全意识，防止意外事故；关爱自然，爱护环境，珍惜资源。

第六章

未成年人道德越轨与非刑罚化处遇

随着被称为"垮掉的一代"的"80后"逐渐步入社会，进入到各个行业，并成为各行业的主力军，其成绩受到社会各界的肯定后，对"80后"的争议也慢慢消逝。随之而来的是对"90后"、"00后"的广泛关注，人们似乎能够更宽容、更客观的看待"90后"、"00后"，不再用"叛逆"、"无知"等带有贬义色彩的字眼去评价他们，而是能够理性的对待他们。现在大多"90后"、"00后"还是未成年人，他们一出生就面临这前所未有的复杂的社会，充斥各种负面的东西，他们的身心能否健康成长成为社会各界最为关注的话题。未成年时期是一个人道德观、价值观、世界观的形成时期，其形成是在生活和学习中潜移默化而来的，道德作为调节人的行为的内在准则能够形成一种内在约束力来管束自己的行为是否越轨。不可否认，"90后"、"00后"乐观、积极，对任何事情都富有极大的热情，但是他们个人意识强，标榜"个性"、"独立"，易冲动，容易做出"破格"的事情，无意识中道德就"越了轨"。藐视社会公德，违反学校纪律，甚至做出违法犯罪的行为。道德的堕落和道德滑坡引人堪忧，中国"礼仪之邦"的地位受到威胁。本章就将我国未成年人的道德越轨行为、未成年人的非犯罪化的道德行为及其处遇进行论述。

第一节　未成年人道德越轨的类型

道德越轨，属于社会越轨的范畴，是指社会成员偏离或违反社会道德规范的行为。一般可以分为积极、消极和中性三种类型。① 本章主要讨论危害社会正常运行秩序、对社会发展起到消极作用的道德越轨。包括未成年人违反社会公德、学校纪律，甚至与法律的各种行为。

---

① 贾灵充：《大学生道德越轨现象的社会学分析》，《新西部》2010年第12期。

一、伦理性越轨

伦理性越轨是未成年人违反道德观念和道德准则的越轨行为。当前我国未成年人的思想主流是好的，他们积极、乐观，关心时事，思想活跃，重视自我价值的实现，有强烈的创新意识和成才意识。但是，同时我们也看到，未成年人的道德中也存在暗流，有许多背道德而行的行为。未成年人的伦理性越轨主要表现为：

（一）无视社会公德，随地吐痰、乱扔果皮纸屑、采摘花草等破坏生态环境等行为，损害公物，其所谓的"课桌文化"、"墙壁文化"、"厕所文化"屡见不鲜，在公共汽车上与老妇幼争抢座位在图书馆、宿舍大吵大闹，无视他人需求，在公共场所不讲礼仪，不讲文明，严重影响了未成年人在社会中的形象。

（二）价值观念歪曲。新一代的未成年人他们自私、任性，以自我为中心，缺乏同情心；以"人不为己，天诛地灭"，"遇到责任给别人，遇到利益想自己"为人生信条，对父母、家庭、社会的责任感丧失殆尽；崇拜不劳而获，金钱至上，信奉"金钱决定一切"、"有钱能使鬼推磨"，崇尚享乐为先，甚至出现偷窃，强夺财物情况。

（三）身陷网络世界不能自拔。将大量金钱和精力投入到网络上，迷恋网络游戏，为网络不惜逃学，甚至偷取家人的钱财；不遵守网络规则，乱发垃圾邮件、破译他人密码、偷窃他人网络信息，造成他人利益损失，不负责任地乱发虚假信息扰乱社会秩序等。

二、违纪性越轨

当前我国未成年人大多都处于学龄阶段，学校是他们主要的活动场所。其未成年人的纪律性越轨是在学习中违反校纪校规的越轨行为。在当前的我国学校中主要是指两种情况：其一，涉及学校校规中与学习有关的违纪行为；其二，是与个人生活态度、沾染不良嗜好的个性行为等有关的问题。

（一）学习中的违纪行为。在当前我国学校中，未成年人上课迟到、早退的现象比较普遍，无故旷课、考试作弊等现象是学习中违纪行为的主要问题，有些学生甚至发展到因旷课过多，情节严重而被学校勒令转学、退学的情况。然而，对于那些学习违纪的学生，不少学校工作方法简单粗暴，处理不当，加上家长对子女的关心不够，放任自流，结果造成学生流向社会，越轨情节更加严重。

（二）生活中的违纪行为。一般而言，学习中的无故旷课，跟未成年人个人的不良生活习性密切相关。未成年人的生活违纪主要集中体现在吸烟、酗酒、打架、赌博、沉迷街舞、电子游戏和网吧中，有些甚至看通宵黄色录像，逛按摩院。有些少男少女早恋，与早恋对象发生性关系，严重影响未成年人的身心健康，有的甚至出现三角恋与多角恋，并为此大打出手。未成年人出现吸烟、酗酒、早恋等情况都是好奇心的猎奇心理作祟，他们处于青春懵懂时期，渴望能像大人一样拥有成年生活，寻求刺激，张扬个性。

三、法律越轨中的非犯罪化道德行为

法律越轨是未成年人的触犯法律甚至刑法以致犯罪的行为。然而未成年人犯罪与否是很难界定的，这存在年龄问题和对未成年人的特殊保护的问题。首先，我国刑法就明确规定 14 岁以下的未成年人即使触犯刑法也不负刑事责任；14 岁至 16 岁的未成年人仅对故意杀人、故意伤害致人死亡、抢劫、强奸、投放危险物质、贩卖毒品、放火、爆炸等八种行为负刑事责任，以犯罪论处，其他触犯刑法的行为不以犯罪论处；16 岁至 18 岁的未成年人则对他的所有的触犯刑法的行为承担刑事责任。本学者认为 14 岁以下未成年人以及 14 岁至 16 岁的未成年人所实施的除刑法明确规定的需承担刑事责任的八种行为外的虽然是触犯了刑法的越轨行为但非犯罪，这些行为被称为未成年人非犯罪化道德行为。其次，出于对未成年人的特殊保护，相关法律文件对未成年人是否犯罪做出了很多不同于成年人的特殊规定，在危害程度相当时，按规定成年人是犯罪的，而有些未成年人的行为则是非犯罪，如幼男幼女双方自愿发生性行为时，幼男不以犯罪论处；未成年人发生盗窃，数额较大时，如果情节轻微，也不以犯罪论处。这些虽然对刑法越轨但是由于法律的特殊规定不一犯罪论处的行为即是未成年人的非犯罪化的道德行为。

多数未成年人在违法犯罪之前均有一些不良行为，这些不良行为多是前面所讲的伦理性越轨行为和违纪性越轨行为，这些行为不受大家重视，放任未成年人的无知，无意中逐渐酿成法律越轨的后果。下面就是由不良行为诱发的未成年人常见的典型的法律越轨行为。

（一）酗酒行为易引起打架斗殴行为。未成年人一般自控能力较差，特别是饮酒之后更易导致情绪失控、冲动易怒，且酒吧、小饭馆等场所人员复杂，容易与他人发生冲突而导致殴打他人或损毁财物等情况发生，引发犯罪。

（二）由于争强好胜引出的失控行为"争风吃醋"，或为在异性朋友面前争取表现而"逞强好胜"，从而引发聚众斗殴、故意伤害等犯罪。旦恋行为在

好奇心的趋动下容易过早地发生性行为，严重影响未成年人的身心健康，而且时常会引起强奸行为的发生。最高人民法院 2006 年 1 月 23 出台的《关于审理未成年人刑事案件具体应用法律若干问题的解释》第 6 条规定："已满 14 周岁不满 16 周岁的人偶尔与幼女发生性行为，情节轻微、未造成严重后果的，不认为是犯罪"这在一定程度是实现了未成年人在性犯罪中的非犯罪化。

（三）网络聊天、游戏行为易引起"强索"行为。一方面未成年人猎奇心理较强，容易受到网络虚拟空间的吸引和诱惑，沉迷于网络聊天、游戏等，另一方面他们又无经济能力，难以维系上网费用，所以易引发抢劫、抢夺、盗窃等侵财类犯罪。此外，因网络虚拟财产等引发纠纷而导致的故意伤害等犯罪也时有发生。同样是在最高人民法院 2006 年 1 月 23 出台的《关于审理未成年人刑事案件具体应用法律若干问题的解释》中第 7 条规定，已满 14 周岁不满 16 周岁的人使用轻微暴力或威胁，强行索要其他未成年人随身携带的生活、学习用品或者钱财数量不大，且未造成被害人轻伤以上或者不敢正常到校学习、生活等危害后果的，不认为是犯罪。第 9 条规定，已满 16 周岁不满 18 周岁的人实施盗窃行为未超过三次，盗窃数额虽然已达到"数额较大"标准，但案发后能如实供述全部盗窃事实并积极退赃，且具有该条列举规定的特殊情节的，可以认定为"情节显著轻微危害不大"，不认为是犯罪。此外，已满 16 周岁不满 18 周岁的人盗窃未遂或者中止的，可以不认为是犯罪。已满 16 周岁不满 18 周岁的人盗窃自己家庭或者近亲属财物，或者盗窃其他亲属财物但其他亲属要求不予追究的，可不按犯罪处理。这在一定程度上认定了未成年人在一定情况下的强索和盗窃行为的非犯罪化。

（四）旷课、逃学行为。部分在校学生旷课、逃学而脱离学校管理流散到社会上，容易与不良人士接触而沾染不良习惯，且逃学未成年人之间拉帮结伙、集群倾向明显，容易相互感染不良习气，进而引发犯罪，常见的有抢劫、寻衅滋事和盗窃这三类犯罪，多为结伙作案。

（五）小偷小摸行为。部分未成年人法治观念淡薄，贪图小利，或贪图享乐、盲目攀比，为满足自身物质欲望而随意偷拿他人财物，养成小偷小摸的习惯，极易发展成为触犯刑法的盗窃行为。

第二节　未成年人道德越轨的非刑罚化处遇

前面已经论述了未成年人道德越轨的主要种类，产生的主要原因以及对未成年人道德越轨的控制措施。随之摆在人们眼前的就是对未成年人道德越轨的处理问题。如果不对这些越轨未成年人进行及时评价和处理，听任放之，未成年人责会更加肆无忌惮，做出更多更加严重行为。对于像伦理越轨、纪律越轨这种对社会危害不大，仅对个人的身心成长和周边的小环境产生影响的轻微的道德越轨行为，只要加以提醒，帮助其改变自身的行为，对其进行道德教育，或对其进行轻微的惩罚就能达到很好的效果。然而，对于那些触犯法律的越轨行为甚至触犯刑罚的犯罪行为的未成年人，仅仅对其进行教育和惩罚是不能规制其行为的，这就进而牵涉到刑罚的问题。但是未成年人犯罪不同于成年人犯罪，在犯罪的概念范围、危害社会的程度都不尽相同，所以，传统的刑罚不适用与未成年人犯罪。

随着对传统的刑罚方法的审视和反思，人们开始寻求一种更为人道、有效、灵活的方法对未成年人进行特殊的司法保护。考虑到未成年人性格的可塑性和回归社会的需要，目前世界上大多数国家对未成年违法犯罪情况的处罚已明显出现轻刑化、非刑罚化的趋势。对于未成年人违法犯罪行为进一步扩大适用非刑罚处置措施，以避免刑罚给违法犯罪未成年人带来痛苦和不利影响，已普遍为世界各国所采纳。并通过长期实践和探索，已形成各具特色的非刑罚处置制度。非刑罚处置措施对于教育改造违法犯罪未成年人，促使其健康成长具有重要意义。

一、未成年人非刑罚处置的一般理解

自 19 世纪 60 年代起，在世界范围内就出现了惩罚刑向教育刑转变的趋势，而在 20 世纪 60 年代非监禁化成为现代刑罚立法的取向，以实现犯罪行为人的成功转化和回归及社会秩序的良性和谐为终极目标和以教育刑为核心的刑罚体系逐渐成为占主导地位的刑罚思想。未成年人由于其独特的生理、心理特点，刑罚对他的身心影响较成年人更为深刻，一旦受到刑罚制裁被贴上无形的"犯罪标签"，就不仅影响他的后续行为和态度，甚至影响其一生的命运。因此，在处置未成年犯时，很明显，非刑罚处置的效果优于刑罚处罚。

与监禁刑一样，非监禁刑的处罚方式同样是国家对违法犯罪行为作出的正式判决，所不同的是，非监禁处罚方式不剥夺人身自由，而只是要求被判处刑罚的人履行特定的义务，或者接受法院对其特定权利的限制。非监禁刑对未成年犯来说，有着非常明显的优势：（一）未成年犯可以在相对自由的环境中接受教育、学习和改造，其生活不会因为服刑而明显受到不利影响，因而有利于其再社会化。（二）有利消除未成年犯同社会的对立情绪，提高刑事立法的权威性和刑事司法的质量。上法庭对于一个未成年犯来说，本身就是一个很重的惩罚，因此，非刑罚处罚方式可以相对减轻未成年犯的心理压力，降低其思想上的抵触情绪。（三）非刑罚处罚方式可以更为有效地保护未成年犯的合法权益，维护其人权，更易取得未成年犯对刑事立法和司法的认受。（四）对于未成年犯来说，尤其重要的是，由于被判刑的未成年犯不在监狱服刑，因此，他们也就不存在受到其他罪犯在监舍内相互传授犯罪技术、教唆犯罪方法和各种犯罪手段之间的相互消极影响的可能性，对未成年犯的再社会化和教育改造起到事半功倍的效果。（五）将大量的未成年犯，特别是那些初次犯罪的未成年犯科以非监禁刑，而不将他们收监执行，这就在很大程度上减轻和缓解了监狱方面的压力，从而从根本上缓解监狱人满为患所带来的卫生、饮食等生活上及其他一系列的问题，节省有限的司法资源，有利于行刑的经济化。

我国对于非刑罚处置措施的研究并不深入，因此对于它的含义理论界、实务界也没有统一的认识。主要观点有以下几种：第一种观点认为：非刑罚处置措施是指"人民法院对于犯罪人适用的刑罚以外的其他处理方法"。① 第二种观点认为：非刑罚处置措施是指"对免除刑罚处罚的犯罪人，给予刑罚以外的实体上的处罚的方法"。② 第三种观点认为：非刑罚处置措施是指"人民法院根据案件的不同情况，对于犯罪分子直接适用或者建议主管部门适用的刑罚以外的其他处理方法的总称"。③ 笔者认为这些观点存在一个共同的问题，即把非刑罚处置措施作为刑事责任的一种实现方式适用于"犯罪人"，与我国现行《刑法》的规定存在逻辑矛盾。根据我国《刑法》第37条规定，"对于犯罪情节轻微不需要判处刑罚的，可以免于刑事处罚，但是可以根据案件的不同情况，予以训诫或者责令具结悔过、赔礼道歉、赔偿损失，或者由主管部门予以行政处罚或者行政处分。"非刑罚处置措施的适用主体是免于承担刑事责任的，也就是说非刑罚处置措施并不是刑事责任的实现方式。

本章所论述的非刑罚处置措施是少年司法制度中对未成年人处遇的一种，其适用对象与范围和传统观点所定义的有所不同。笔者认为，在少年司法制度中，非刑罚处置措施是指由少年法院（少年法庭）对于实施了包括严重的道德越轨、纪律越轨以及违法、犯罪等行为，而根据法律规定，不能或者不需要

① 苏惠渔：《刑法学》，中国政法大学出版社1994年第1版，第326页。
② 张明楷：《刑法学》，法律出版社1997年第1版，第491页。
③ 马克昌：《刑罚通论》，武汉大学出版社1999年第1版，第731页。

追究刑事责任的未成年人或者需在刑罚之外采取某些辅助性措施加以矫正的未成年人适用的，不具有刑罚性的处置方法的总称，适用对象不仅是传统意义上的犯罪行为，还包括道德越轨、纪律越轨、违法等不良行为。

非刑罚处置措施与刑罚一样，都体现国家对行为人的一种否定性评价和谴责，都具有教育、改造犯罪分子的功能，但是二者又有着很大的区别：首先，性质不同，这是两者的本质区别，刑罚是承担刑事责任的一种方式，非刑罚处置措施则仅仅是对违法犯罪后的一种后果。其次，二者的严厉程度不同，刑罚是最严厉的制裁措施，它甚至可以剥夺受刑人的自由和生命；而非刑罚处置措施则不剥夺自由和生命，具有一定的和缓性。再次，二者适用的对象和范围不同，刑罚适用于需要承担刑事责任的犯罪人；而非刑罚处置措施适用于不需或不能承担刑事责任的犯罪少年和违法少年。最后，二者所引起的法律后果不同，适用刑罚表明犯罪分子已经受到刑事处罚，产生前科，存在累犯问题；而适用非刑罚处置措施则意味着免予刑事制裁，因此也就没有前科，不存在累犯问题。

非刑罚处置措施与保安处分也不同。"保安处分，是国家刑事法律和行政法规所规定的，对实施了危害行为的无责任能力人、限制责任能力人以及其他有相当人身危险胜的人所采取的，代替或者补充刑罚而适用的，旨在消除行为者的危圈犬态、预防犯罪、保卫社会安全的各种治疗、矫正措施的总称。"可见，保安处分着眼于行为人具有的社会危险胜，基于社会防卫的根本出发点，在于补充刑罚，立足于一种典型的社会本位；而非刑罚处置措施以少年违法犯罪的事实为适用依据，立足于未成年人的保护、福利的权利本位，在于替代刑罚、避免刑罚。

二、未成年人非刑罚措施处置适用对象范围的各国比较

一般来说，犯罪指的是行为人实施的具有严重社会危害性、触犯刑事法律、并应受到刑罚处罚的行为，这是狭义的也是刑法学意义上的犯罪的概念。但在未成年人犯罪的场合，"犯罪"概念的范围就出现了某些变化，不再仅仅只包括为大家所熟知的狭义上的犯罪行为，而是广义上的犯罪，广义的未成年人犯罪是指背离社会规范的一切不良的行为，其包括前文所讲的论理性越轨、纪律性越轨，当然也包括法律越轨。

狭义的未成年人犯罪概念有利于司法实践中正确认定犯罪和适用刑罚，可以防止滥用权利，避免司法混乱和专横。但是，从刑事政策角度看，这种狭义的未成年人犯罪概念把犯罪前的违法行为，反道德行为排除在预防和教育之

外，未成年人实施的不良行为中主要是一般违法行为和反道德行为。无论从有效地防止犯罪还是从有效地保护未成年人来说，社会应当更关心未成年人犯罪前的行为即一般违法行为和反道德行为，即对未成年人尚未给社会造成严重危害的行为的干预。况且，从犯罪原因论上看，未成年人的犯罪、违法、不道德行为之间是很难划分清楚的，犯罪行为一般都是从越轨行为、不道德行为和违法行为这些"前犯罪"行为逐渐演化而形成的，这些不良行为甚至基于同一原因而产生。为了预防犯罪，就应当及时地对前违法犯罪活动进行有效的社会干预。① 所以，未成年人非刑罚处置措施不仅针对未成年人的狭义的犯罪行为还包括其他一切背离社会规范的不良的行为，如伦理性越轨行为、纪律性越轨行为。下面是其他国家对未成年人犯罪行为的界定范围，也即非刑罚处置措施的适用对象范围。

（一）美国及其他英美法系国家的界定范围

美国法学家将未成年人犯罪称为少年罪错，它包括诸如盗窃财产这样一些犯罪行为，也包括诸如宵禁后呆在外边或者酗酒这样一些非法行为，还包括违反道德规范、法律规范、社会风俗习惯和各种社会组织的规章等社会规范的不良行为。按照美国法律规定，少年法院管辖范围还包括失去抚养"需要帮助的少年"以及无人照管"需要监管的少年"。根据马里兰州法典，所谓"需要帮助的少年"，是指那些因为精神不健全或者接受不了正常的、适当的照顾与关注；父母、监护人或管理人不能或者不愿意对该未成年人及其造成的问题给予适当照管与关注而需要法院或其他机构给予帮助的未成年人。所谓"需要监管的少年"，是指一贯逃学，一贯不服从，并且监管人管教不了的；其举动使自己或他人受到伤害或处于危险境地的；犯了只限于未成年人干的一种罪行而需要监护、处置或者矫正的未成年人。

其他英美法系国家对于未成年人犯罪的界定与美国相类似，如英国少年法所规定的"犯罪"少年包括下述三类：不听父母的话或父母放任不管的未成年人；与不道德的人交往或其家庭成员犯某些特定罪行（如卖淫、乱伦等）的未成年人；违反政府法令的未成年人。可见，英美法系国家法律所规定的未成年人罪错不仅仅限于刑法犯罪，还包括违法行为和一些违反社会规范的不良行为。

① 王牧：《犯罪学》，吉林大学出版社 1992 年第 1 版，第 234 页。

（二）日本的界定范围

日本学者普遍将未成年人犯罪称为"少年非行"，它包括日本《少年法》第 3 条规定的犯罪少年、触法少年和虞犯少年。犯罪少年不难理解，即我们所熟知的触犯刑法的少年；触法少年指的是未满 14 岁触犯刑罚法令，虽然按照日本刑法的规定不负刑事责任，但是为了进行教育改造，交付家庭裁判所进行审判，予以保护处分的少年；虞犯少年是指现在没有犯罪，但参照少年的品行或环境，具有下列事由之一，被认为将来可能会犯罪或者触犯刑罚法令的少年：具有"不服从监护人正当监督恶习的；无正当理由离家出走的；与具有犯罪性质的或不道德的人交往的，或者出入可疑场所的（妓院、赌博场所）；具有损害自己或者他人品德行为的"。可见，日本少年审判的对象包括三类少年非行：一是犯罪行为；二是未满 14 岁触犯刑罚法令的触法行为；三是有犯罪之虞的虞犯行为。

（三）我国台湾地区的界定范围

我国台湾地区将未成年人犯罪称为"少年事件"，根据台湾《少年事件处理法》第 2 条和第 3 条的规定，可知少年法院处理的少年事件是指年满 12 岁不满 18 岁的人触犯刑罚法令的行为，或者有下列情形之一而有触犯刑罚法令之虞者：1. 经常与有犯罪习性之人交往者；2. 经常出入少年不当进入之场所者；3. 经常逃学或逃家者；4. 参加不良组织者；5. 无正当理由经常携带刀械者；6. 有违警习性或经常于深夜在外游荡者；7. 吸食或施打烟毒以外之麻醉或迷幻物品者。显而易见，台湾地区少年事件包括两种行为，即少年犯罪和少年虞犯。

（四）我国大陆的界定范围及转变

我国大陆未成年人犯罪指的是严格以普通刑法为依据的"犯罪"，它与成年人犯罪没有什么实质的区别，只要行为具备严重社会危害性、刑事违法性和应受刑处罚性三个基本特征，就构成犯罪。也就是说，我国大陆少年司法管辖的范围仅仅包括了国外规定的犯罪少年，而将未成年人的违法行为以及其他伦理性越轨、纪律性越轨等不良行为排除在管辖之外。这虽然有利于防止司法权力的滥用，维护少年的合法权益，减少"标签"的消极影响，但却制约了预防和治理未成年人犯罪的积极性，不利于及时管束和矫正有违法和不良行为的未成年人，防止他们进一步危害社会。

因此，我国大陆 1999 年通过的《预防未成年人犯罪法》首次正式将"不良行为"作为一个专属于未成年人的法律术语使用，将未成年人犯罪的范围扩大到违法行为和不良行为，突破了我国刑法学界传统的未成年人犯罪的概念。

根据《预防未成年人犯罪法》的规定，不良行为又可以分为一般不良行为（第14条）和严重不良行为（第34条）两类。一般不良行为是指未成年人实施的、严重违背社会公德、但尚不符合给予行政处罚或采取特殊教育保护措施（工读教育）条件的行为。主要包括以下几种：1. 旷课、夜不归宿；2. 携带管制刀具；3. 打架斗殴、辱骂他人；4. 强行向他人索要财物；5. 偷窃、故意毁坏财物；6. 参与赌博或者变相赌博；7. 观看、收听色情、淫秽的音像制品、读物等；8. 进入法律、法规规定少年不适宜进入的营业性歌舞厅等场所；9. 其他严重违背社会公德的不良行为。严重不良行为是指少年所实施的具有严重社会危害性，但尚不够刑事处罚的违法行为。它主要包括：1. 纠集他人结伙滋事，扰乱治安；2. 携带管制刀具、屡教不改；3. 多次拦截殴打他人或者强行索要他人财物；4. 传播淫秽的读物或者音像制品等；5. 进行淫乱或者色情、卖淫活动；6. 多次偷窃；7. 参与赌博，屡教不改；8. 吸食、注射毒品；9. 其他严重危害社会的行为。

三、目前我国未成年人非刑罚处置的主要措施

我国没有制定专门的少年刑法，对非刑罚处置措施也没有做出系统的规定。但是，我们会在《刑法》或其他相关的法律法规中能零星的看到关于未成年人非刑罚处罚的相关规定。

（一）《刑法》的规定

现行《刑法》第17条第4款对未成年人犯罪适用非刑罚处置措施做出了明确的规定："因不满十六周岁不予刑事处罚的，责令他的家长或监护人加以管教；在必要的时候，也可以由政府收容教养。"另外，《刑法》第37条规定："对于犯罪情节轻微不需要判处刑罚的，可以免予刑事处罚，但是可以根据案件的不同情况，予以训诫或者责令具结悔过、赔礼道歉、赔偿损失，或者由主管部门予以行政处罚或者行政处分。"但是这条规定并非专门针对未成年犯罪人，它适用于所用的犯罪人。据此，我国刑法规定的可以适用于未成年人的非刑罚处置措施有以下几种：

1. 责令严加管教。由法院对于因不满16周岁不予刑事处罚的未成年人，责令他的父母或其他监护人对其进行严格的看管和教育。

2. 收容教养。由于实施了刑法越轨的行为，但不满16周岁不需要判处刑罚的未成年人，由政府在必要的时候依法收容教养，收容教养采取限制人身自

由的方式，给予少年保护性教育，收容教育期一般为 1 – 3 年。未成年人在被收容教养期间，坚持"以教育改造为主，轻微劳动为辅"的改造方针，半天学习半天劳动，既实施政治、道德文化教育，也实施生产、技术教育；对没有完成义务教育的未成年人，执行机关应当保证其继续接受义务教育。解除收容教养的未成年人在复学、升学、就业等方面与其他未成年人享有同等的权利，任何单位和个人都不得歧视他们。

3. 训诫。对于免予刑事处分的未成年犯，由人民法院根据具体情况当庭公开予以批评、谴责，责令其改正、不再犯罪，并对其进行帮助教育。训诫一般采用口头的方式，但也可以采用书面的式。

4. 责令具结悔过。对于情节轻微，免予形势处罚的未成年犯，人民法院依法责令其承认错误，并以书面方式保证悔改。这一方式使犯罪未成年人认识到自己行为的社会危害性，承认其主观过错，促使其按照自己的保证改恶从善，重新做人。

5. 赔礼道歉。由人民法院依法责令情节轻微、免予刑事处罚的未成年人向被害人当面承认错误，表示歉意，并保证今后不再侵犯被害人的合法权益。这种方式不同于民法意义上的赔礼道歉，仍然反映了国家对刑法越轨的行为的否定评价和犯罪人的谴责，有利于促使犯罪未成年人悔过自新，平息被害人及周围群众的愤怒。

6. 赔偿损失。对于情节轻微，免予刑事处分的犯罪未成年人，由人民法院依法责令其向被害人赔偿一定数额的金钱，以补偿其越轨行为给被害人造成的损失。

7. 建议予以行政处罚或行政处分。人民法院可以根据案件的具体情况，对于某些轻微的违法犯罪未成年人，向其所在的单位提供给予一定的行政处罚或行政处分的司法建议，由主管部门自行决定并具体执行诸如警告、记过、降脂等行政处罚或行政处分。

（二）其他法律法规的规定

我国不仅《刑法》规定了关于刑罚处置措施，而且在《未成年人保护法》、《预防未成年人犯罪法》，以及其他诸如《治安管理处罚条例》等行政发中也明确了未成年人非刑罚处置的思想，并建立了一系列的非刑罚处置措施，根据《预防未成年人犯罪法》及其他相关法律规定，这些非刑罚处置措施主要适用于那些有悖道德、违反纪律，甚至违法等不良行为的未成年人：

1. 严加管教，或者送工读学校等进行矫治和接受教育，对于有悖道德、违反学校纪律、违法等不良行为的未成年人，其监护人和学校应主动采取措施严加管教，有关部门也可以责令监护人严加管教，也可以送工读学校进行矫治和教育。工读学校是对有不良行为的未成年人进行教育、感化、挽救的措施，是一种对未成年人进行特殊教育的半工半读的教育制定，其招收对象是 12 - 17 岁有严重有悖道德、违纪、违法和轻微犯罪行为的未成年人，不适宜留在普通的学校学习，但又不够劳动教养、少年收容教养的程度的未成年人，也包括那些被学校开除或自动退学，流浪在社会上的 17 周岁以下的未成年人，学习期限一般为 2 - 3 年，课程设置与普通学校相同，但更注重法制的教育，针对未成年人的各种越轨行为产生的原因以及未成年人的心理特点，开展矫治工作。工读学习毕业的未成年人在升学、就业等方面，同普通学校毕业的学生享有同等的权利，任何单位和个人都不得歧视。有脚注可见工读教育不是刑罚，也不同于劳动教养之类的行政处罚，而是一种特殊的教育保护措施。

2. 治安处罚，或训诫。对于有违反治安管理行为道德，由公安机关依法予以治安处罚，因不满 14 周岁或者情节轻微免予处罚的，可以予以训诫。治安处罚属于行政处罚措施，根据《治安管理处罚条例》第 6 条规定，其种类包括警告、罚款、拘留三种。但是对于未成年人适用拘留应当慎重，尽量避免使用，此处规定的训诫是治安处罚的替代性措施，是针对未成年人法律越轨行为，起警示作用的教育措施。

3. 收容教养。因不满 16 周岁不予刑事处罚的未成年人，在必要的时候，可由政府依法收容教养。我国《刑法》第 17 条对此有相同的规定，前文已述，在此不再赘述。

4. 劳动教养。劳动教养是一种最严厉的行政处罚措施。适用于已满 16 周岁、有严重纪律越轨、法律越轨和轻微犯罪的行为、尚不够刑事处罚、符合有关劳动教养法规规定条件的未成年人。根据《公安机关办理劳动教养案件规定》，对未成年人进行劳动教养的期限，除强制戒毒后又吸食、注射毒品的以外，一般为 1 年或 1 年零 3 个月，最长不得超过 1 年零 6 个月。

5. 收容教育。是指对卖淫、嫖娼人员进行法律教育和道德教育、组织参加生产劳动以及进行性病检查、治疗的行政强制教育措施。虽然《预防未成年人犯罪法》并没有规定这种处置措施，但根据 1993 年 9 月国务院发布放入《卖淫嫖娼人员收容教育办法》等法律法规的规定对于年满 14 周岁，有卖淫、嫖娼行为，但尚不够实行劳动教养条件，可以采取收容教育措施。收容教育的期限为 6 个月—2 年，在专设的收容教育所执行。

6. 强制戒毒。这是对吸毒上瘾者的一种行政处罚措施。根据全国人大常委会通过的《关于禁毒的决定》和后来制定的《强制戒毒办法》、《强制戒毒所管理办法》等规定，对于有吸毒成瘾行为的未成年人应采取强制戒毒措施，强制戒毒的期限为3—6个月，特殊情况可以延期，但实际执行的强制戒毒期限连续计算不得超过1年。强制戒毒在公安机关专设的强制戒毒所执行。

四、我国未成年人非刑罚处置措施的问题和不足

我国《未成年人保护法》和《预防未成年人犯罪法》的制定，显示出了我国对保护未成年人和预防未成年人犯罪的高度重视，我国还加入了《儿童权利公约》、《北京规则》、《联合国预防少年犯罪准则》（《利雅得准则》）、《联合国保护被剥夺自由少年规则》等一系列国际公约或准则。在这些国际公约或准则的指导下，我国确立了"教育、感化、挽救"和"教育为主、惩罚为辅"的少年犯罪刑事政策，这一刑事政策是符合人道主义的。在司法实践中，法院也运用了非刑罚处置措施来处理未成年人违法犯罪的案件，并取得了一定的成效。另外，近年来，基层法院、检察院也一直在积极探询更加人道、更加有效的非刑罚处置措施，并做了诸多尝试，例如试行监管令、社区服务令等，虽然这些司法创新引起了较大争议，但其无疑为完善少年非刑罚处置制度提供了有益的经验。这些都是我国少年司法过程中取得的成就，应该予以肯定。但是，不能否认的是，我国未成年人违法犯罪的非刑罚处置措施还存在很多问题和不足：

第一，理论基点不够明确。刑罚在我国历史的发展进程中，一直扮演着重要的角色，严酷的刑罚从来没有中断过，从而形成了重刑主义的法律传统，并且成为中国法律文化的重要特征。用刑罚，尤其是用重刑来对抗犯罪的思想已经深入到中华民族的血脉之中。我国少年司法制度的缺失，不能不说是深受传统重刑主义的影响。在立法上，我们没有通过立法将未成年人犯罪者从成年犯罪中区分出来，反映到少年司法的实践中，依然是将未成年人犯罪者作为一个"罪犯"来对待，而不是作为一个"孩子"来对待。虽然我们也已经意识到了未成年人犯罪和成年人犯罪有所区别，但他依然是一名罪犯，因此，仍然要予以严惩、打击，我们关注的依然是刑罚，而不是教育。另外，中国长久以来的中央集权的政治体制导致国家主义盛行，任何人犯罪侵害了国家利益和社会利益，都是不可原谅的，必须对其施以刑罚，个人的利益尤其是犯罪人的利益根本不值一提，即使是未成年犯罪也是如此。在这种传统的社会防卫的观念下，我们在防卫社会和保护未成年之间，实际选择了防卫社会。然而，少年司法经

过一百多年的发展，我们已经逐步认识到传统观念对少年司法的束缚和引起的种种弊端。"惩罚为主"的观念与少年司法的理念完全相悖，"社会防卫"实际上是把"幼弱的未成年人当作社会治安恶化的替罪羊而已"。在这种理念影响下，我国的未成年人非刑罚处置措施制度当然得不到重视和良好发展。

第二，立法上的不足。我国并没有独立的少年法，对于未成年人违法犯罪的处遇制度也没有专门的法律规定，甚至没有在《刑法》中设立专章，对于未成年人犯罪的非刑罚处置措施多是散见于相关法律法规，没有体系性。且这些法规并没有对非刑罚处置措施的性质和地位予以明确，也没有确立"非刑罚处置措施优先"的原则，这使得实践中处理未成年人违法犯罪的案件缺乏具体的实体法依据，"少年宜教不宜罚"、"教育为主、惩罚为辅"的理念在实践工作中难以真正贯彻和落实。另外，由于现存法律制度规定的几种非刑罚处置措施形式单一，内容不丰富，缺乏更多的非刑罚处置措施供法院选择，导致司法实践部门要么对可以免除刑罚处罚的未成年人升格处理，判处刑罚。要么降格处理，免除刑事处分后一放了之。显然，现有的规定已很难适应少年司法制度改革与发展的需要。

第三，处罚性质过重。我国历来是重刑主义的国家，有罪必罚、罚当其罪的报应刑观念在我国根深蒂固。因此，在制度设计上，虽然认识到了未成年人犯罪与成年人犯罪的区别，但是教育保护的理念并没有得到落实，很多处置措施并非专门为违法犯罪少年所设计，而是把适用于成年人的处置措施未加改造就适用于未成年人。而且，从处罚的性质来看，基本上都属于强制性教育改造措施或行政处罚措施，收容教养和劳动教养等措施更是对未成年人的人身自由进行限制或剥夺。现行刑法将未成年人的伦理性越轨行为、纪律性越轨行为及违法行为等不良行为排除在少年犯罪之外，虽然使得这些少年免受刑罚的处罚，但是，施加于他们的行政处罚措施严厉程度甚至更甚于刑罚。这些措施的惩罚性都相当明显，难以起到教育和保护未成年人的作用。

第四，封闭性过强，程序监督机制弱。违法犯罪未成年人的矫治和改造，必须顺应其自身特殊的心理、生理特点，充分考虑他们实施违法犯罪行为的主客观原因，因此，对未成年人的处遇措施应该有别于成人，体现教育、感化、挽救的方针要求。然而我国适用于未成年人的非刑罚处置如劳动教养等都是在相对封闭的少年犯管教所、劳动教养所中执行的，显然这种封闭的执行方式不利于未成年人的人格正常发展，不利于违法犯罪未成年人回归社会。而且有些措施适用程序十分简单，仅由公安机关就可以对未成年人采取剥夺或限制其人身自由的行政措施，程序上缺乏监督制约机制，未成年人的合法权益难以得到保障。这与国外大多数国家的做法不一致，其合法性与合理性受到多数学者的质疑。

第五，效果不够显著。由于未成年人违法犯罪的非刑罚处置措施关系到理念、实体和程序诸多方面，因而，没有系统性的规定和相关立法的保障，在实际适用上也大打折扣，难于发挥应有的作用并取得实效。例如，训诫、具结悔过、赔礼道歉的方式，犯罪未成年人在审判时可能悔罪态度良好，以求得较轻的处罚，但由于没有一定的考察期，法官很难在短时间内确定未成年被告人是否真心悔过；又如赔偿损失，这种方式针对性不强，因为少年大多没有独立的经济来源，导致这种责任实际上转嫁到了其父母或监护人身上，未成年人自己没有切肤之痛；再如责令父母或监护人严加管教这种措施，由于缺乏社会和有关机构监督，因而往往难以收到任何效果。

五、完善我国未成年人非刑罚处置措施的构想

通过以上论述可知，我国非刑罚处置不够完善，至今还未完整的体系，也没有制度保障它的实施。鉴于《北京规则》在广泛吸取世界多数国家未成年人犯罪司法经验的基础上，对未成年人非刑罚处置措施的适用所做出的有益探索，我国可以以此规则为基本指导，借鉴其他国家或地区的先进立法和司法经验，并结合我国对未成年人犯罪适用非刑罚处置措施的实践经验，对我国未成年人非刑罚处置措施体系进行合理构建。

（一）转变观念

"当来自体制内部的力量成为延缓这一制度建设的阻力之时，观念上的论辩便显得尤为重要。"未成年人在生理、心理上的未成熟性，决定了未成年犯罪与成年人犯罪不仅存在量的差异，而且呈现质的差异。少年正处在生长发育的时期生理发育变化明显，心理上也逐渐由不成熟向成熟过渡，但由于涉世未深，他们对事物和自己行为的性质分辨不清，好冲动，容易用超常规的思维去认识世界，更容易用超常规的方式去行动。正是由于少年这些生理和心理上的变化和特点，使其更易受社会不良因素的影响，再加上家庭、学校和社会等约束力的缺位，从而走上做出违背道德，违反纪律，违法甚至犯罪的行为。也正是由于未成年人的认识能力和控制能力相对要低，未成年人犯罪的动机一般比较单纯，大多是激情犯或偶犯，主观恶性明显小于成年人，人身危险性也相对成年人较低，其犯罪行为的社会危害性自然也要小于成年人。国外少年司法制度显然已经充分注意到了这一点，因此，他们并不将少年危害社会的行为称为

犯罪，而是称之为"少年非行"、"少年罪错"、"少年事件"等，在处理上也是运用另一套不同于传统成人法典的方式来对待。反观我国，由于对少年违法犯罪和成年人违法犯罪的本质区别没有足够认识，同时，由于传统刑罚思想的兴盛，致使我国在处理少年违法犯罪案件时依然侧重于惩罚和打击，依然将社会防卫作为少年处遇制度的首要目的。这些传统观念的束缚，成为我国至今仍未建立少年司法制度的一个根本原因。因此，要构建我国未成年人非刑罚处置体系，必须首先转变观念，把犯罪未成年人当作一个孩子来对待，彻底放弃报应主义、重刑主义的旧思想，超越罪则必罚的怪圈，确立少年利益优先原则，设计出完全不同于成人犯罪处罚体系的处遇体系，以教育代替刑罚，促使未成年人的健康成长，达到既保护未成年人又防卫社会的双重目的。

（二）完善我国现有非刑罚处置措施

根据前文论述可知，我国现行法所规定的可以适用于未成年人的非刑罚处置措施主要有以下几种：责令严加管教、训诫、责令具结悔过、赔礼道歉、赔偿损失、治安处罚、罚款、工读教育、收容教养、劳动教养、收容教育、强制戒毒等，其他法律依据主要是《预防未成年人犯罪法》和《治安处罚条例》等。这些措施在适用范围、适用程序等方面存在很多不科学的地方。要构建我国未成年人非刑罚处置体系，必须对以上这些措施加以完善，能改革的改革，该废止的废止。

1. 将训诫、责令具结悔过、赔礼道歉这三种措施合为一种：司法警告。训诫作用在于谴责未成年人的严重纪律越轨行为和违法行为的非法性，并告诫其不得再犯；具结悔过则是让未成年人自我谴责，加强对自身犯罪行为的危害性的认识，并保证不再犯罪；赔礼道歉则是责令未成年人向被害人正式表示歉意和忏悔，请求被害人原谅。这三种方式内容相近，性质上有重合之处，因此这三种措施可以并用，没有必要将它们单列。即由少年法官对具有不良行为的未成年人予以警告，加以批评教育，并同时责令具结悔过，以书面方式做出悔改保证，有被害人的，同时责令向被害人赔礼道歉，承认错误。

2. 改革责令严加管教措施。前文已经提到过，现行法所规定的责令父母或监护人严加管教有一个弊端，即疏于对父母、监护人履行严加管教的监督。笔者认为为了加强未成年人的父母、监护人履行严加管教的职责，可以责令其缴纳一定数额的保证金，以督促严加管教处分的执行。对于严加管教的执行情况，可以由少年法庭负责监督，或者交由青少年社工监督。未成年人父母或监护人也应定期向少年法庭汇报严加管教的情况。如果在严加管教期内，未成年人违反规定，再次受到行政拘留以上处理的，保证金予以没收，上缴国库；如果没有违反规定，则退还保证金。这就避免了责令严加管教这种措施在执行上的无力和监督上的缺位，具有切实的可行性。

3. 改革赔偿损失或治安罚款措施。赔偿损失和治安罚款可以由金钱支付，对于未成年人的父母、监护人对未成年人违法犯罪等不良行为负有疏于管教责任的，可以责令其父母或监护人代为支付。但在未成年人无力缴纳，其父母或监护人已经尽了监管职责时，或者认为以社会服务代替缴纳更有利于未成年人的教育、矫治时，就应该责令未成年人直接向被害人提供劳动或从事社会公益劳动。这不仅能满足被害人的要求，也能培养未成年人的劳动能力和社会责任感。与此同时，要有专门的帮教人员对从事劳动赔偿的未成年人进行思想教育，从而使其在身体和思想两方面加以改变。

4. 剔除建议主管部门予以行政处罚或者行政处分这一措施。从严格意义上来说，建议主管部门予以行政处罚或行政处分并不是一种非刑罚处置措施，因为法院享有的只是建议权，而不是决定权，处罚或处分的具体内容由主管部门自行决定，对未成年人产生直接影响的并不是法院的判决，而是主管部门的决定。表面上看来，这种做法似乎将未成年人排除在了刑罚处罚之外，但实质上却让未成年人落入了行政权膨胀的圈套之中，让所有行政制裁都有成为非刑罚处置措施的可能，未成年人的权利无法得到必要的程序保障。而且有的行政措施轻者可以剥夺未成年人数天人身自由，重者可以剥夺其数年的人身自由，不仅起不到保护和教育少年的作用，相反，还侵犯了少年的某些合法权益，最终无益于社会。因此，笔者建议将该项措施从少年非刑罚处置体系中剔除，将实践中的几种行政措施进行重构并转化为司法措施，然后纳入到少年违法犯罪非刑罚处置体系中。

5. 改革工读教育这一措施并将其司法化。我国的工读教育制度不是一种刑事处罚，也不是行政处分，而是一种特殊的教育措施。其法律依据主要是1987年国务院办公厅下发的《关于办好工读学校的几点意见》，不仅立法层级低，其中的很多内容也已经明显不适应形势发展的需要。所以，我国应该通过立法，健全工读教育这一措施，将这种特殊教育措施司法化，纳入到未成年人非刑罚处置体系中。值得一提的是，我国现行的工读教育实行的是由行政教育部门主管，公安机关协管的体制，而司法化以后的工读教育制度，其招生审批权自然也应该从教育行政部门转移到少年法庭，由少年法庭按照法定程序决定适用。

6. 完善收容教养措施。我国学界对收容教养的性质一直存在争议，有"刑事处罚说"、"行政处罚说"、"刑事强制措施说"等。之所以产生分歧，主要是因为法律规定不明确，根据规定，收容教养的适用机关是公安机关，而不是法院，法院只是建议机关。笔者认为，应该通过刑事立法，将收容教养规定为司法措施，明确规定适用对象、条件、期限等，并改变决定机关和执行机关合而为一的做法，规定应由少年法庭通过法定程序审理后，由法官做出裁决，由公安机关执行。而且应该建立独立的收容教养院，切实贯彻"教育、感化、挽救"的方针，祛除收容教养的监狱化色彩，将其改革成带有福利性质的感化教育性措施。

7. 废除劳动教养和收容教育。劳动教养在程序上不经法院判决而由行政机关决定剥夺一个公民的自由，其后果的严厉性更甚于某些刑罚，严重违背了人权保护理念和法治精神。劳动教养作为适用于成年人的处遇措施已经存在诸多弊端，将此种措施适用于未成年人，更容易因剥夺自由的随意性、教养场所的不规范性和单纯强制劳动的惩罚性而侵犯未成年人的基本权利。收容教育的对象是有卖淫嫖娼行为、但尚不够实行劳动教养条件的人，期限为6个月—2年，作为一种可以剥夺未成年人的人身自由长达两年的行政措施，像劳动教养一样，存在行政立法侵权、人身自由难以保障等弊端。可见，劳动教养和收容教育适用于未成年人的负面影响更大于积极作用。因此，从保护未成年人的现代少年司法理念出发，必须废除劳动教养和收容教育，将这两种措施剔除出未成年人非刑罚处置措施体系。

8. 将社会帮教纳入未成年人非刑罚处置体系。社会帮教是我国在社会治安综合治理的实践中所创造的一种依靠群众和社会各方面的力量，对违法和轻微犯罪的未成年人进行帮助教育的社会性管理的措施。其最大优点就是使少年在一个开放的环境中接受教育改造，避免了封闭改造可能导致的交叉感染，也不存在改造结束后回归社会的不适应问题。但是，由于我国法律对社会帮教的规定过于简单、笼统，尚未制度化和体系化，适用时也比较随意，影响了其作用的有效发挥。因此，笔者认为有必要把社会帮教作为适用于未成年人的一种非刑罚处置措施，将其司法化，由法院派辅导员对未成年人进行帮教。具体适用对象、期限、执行程序等还需法律进一步明确规定，以使社会帮教真正在实际中发挥积极特有的作用。

（三）借鉴国外经验，增设新的非刑罚处置措施

前文已经提到，我国现有的少年违法犯罪非刑罚处置措施种类单一，而国

外的非刑处置制度相对我国而言较为完备，在实践中也发挥了应有的作用。笔者认为，可以借鉴国外的先进经验，考虑增设几种少年非刑罚处罚措施。

1. 监管令。目前我国上海市长宁区人民法院已在实践中已经采取了这一措施。它主要是指少年法庭在刑事案件的判决或暂缓判决的决定生效以后，对未监禁或已解除监禁的未成年人及其监护人发出的，要求他们在一定期限内必须遵守和履行某些限制性规定的书面指令。其适用对象为两类：一类是未成年被告人，具体包括免刑的未成年人、暂缓判决的未成年人和单处罚金的未成年人；另一类是未成年被告人的父母或其他监护人。监管令应分别送达未成年人及父母或其他监护人，期限一般为3—6个月。在监管令生效期间内，审判人员应进行有效的指导和考察，并组织未成年人定期汇报。监管期限届满时，少年法庭应组织未成年人及帮教组织进行总结，评定未成年人的监管表现及效果，做出书面监管总结，交有关单位备案。

2. 社会服务令。即法院责令未成年人从事公益劳动或者到某一指定场所，完成一定期限无偿的社会服务劳动。其目的是为了让未成年人以自己的劳动来弥补因自己的行为对社会造成的损害，增强其社会责任感。由于这一措施是在不脱离社会、不影响正常工作和学习的情况下对不良未成年人进行教育改造，不仅避免了监禁所带来的副作用，而且有益于他们以健康的心态回归社会，符合少年司法的理念，所以自1972年在英国首创以来，就得到了迅速发展，目前已被世界数十个国家所采用。我国现行法律目前还没有关于社会服务令的规定，但在实践中上海市长宁区法院就已经在少年犯罪案件的审判中运用了这一措施，并取得了一定成效。笔者认为将社会服务令纳入我国未成年人非刑罚处置体系是必然的趋势，在具体执行上，可考虑以下几点：适用条件以审判时年满16周岁，家庭有管教条件，身体健康，监护人支持同意的少年为宜；时间可以确定为4～240个小时，即相当于半个工作日到30个工作日的时间，但不宜集中完成，每天最多劳动4小时，以使少年在一段时间内得到经常的教育；场所宜以公共福利性单位为主，如学校、敬老院、医院等；在监督上，可与有关单位和公共场所的负责人或管理人员联系，由他们负责考核或由少年法庭的陪审员协助监督，并定期与少年法庭进行联系。

3. 强制医疗措施。某些未成年人由于智力低下或心理缺陷，存在严重的病态性格特点或缺乏辨别是非的能力，因而实施了危害社会的行为。对这些未成年人宜采取专门的矫治和辅导，而不宜采用刑罚手段。国外立法中对这种情况专门做出了特别规定。如《瑞士刑法典》在第4章"未成年人之处遇"中规定，未成年人有精神病、愚钝或严重的生理缺陷以及"在精神、道德方面之发展，受有重大阻碍或极端迟滞，需要特别处遇时"，应给予特别处遇而不予刑罚处罚。笔者认为我国法律也应明确规定对上述未成年人予以强制医疗。另外，对于吸毒成瘾、酗酒成瘾、患性病等情况的未成年人，也可以适用强制医疗措施。有必要指出的是，我国目前的强制戒毒带有较强的行政色彩，不是真正意义上的强制医疗措施，因此，适用于未成年人的强制戒毒可以由强制医疗措施所取代。

4. 保护观察制度。也称为观护制度、保护管束制度等，是指在一定期限内，由法院决定将不良未成年人放置于社会中，由专门的保护观察人员对其行为是否符合要求进行考察教育，其目的是在维护未成年人正常生活的情况下改变其生活作风，使之正常化。保护观察人应：（1）告知少年应遵守的事项，如禁止到特定场所，这类场所往往是娱乐场所、进行赌博性活动的场所等；禁止不良交往，如禁止与有犯罪记录的人、犯罪团伙的成员进行交往；（2）与之常接触交流，注意其行动；（3）与其家长保持定期联系，了解未成年人的具体情况，并作必要的协商，对于家长怠于管教的情况进行指出纠正。另外未成年人应接受监管人员的来访，定期向监管人员汇报。我国正在探索的社区矫正改革，就带有保护观察制度的性质。因此我国可以在社区矫正改革的基础上建立少年保护观察制度。

第七章

未成年人制度伦理建设

　　未成年人制度伦理建设在全社会制度伦理建设中的地位举足轻重，然而单纯地将未成年人制度伦理建设作为研究对象的却是很少。随着我国伦理学、哲学、犯罪学等学科研究程度的加深，未成年一代的伦理观、道德教育、价值观教育也日益引起了国家和全社会的关注和重视。

第一节　未成年人制度伦理建设的相关基础理念

　　随着人类文明程度的加深，在人们的社会生活中出现了一个蕴含着人类文明成果的词汇——制度。在经济领域，国家的统治阶级为了建立、维护和发展有利于其政治统治的经济秩序，从而制定了经济制度；在政治领域，随着人类社会政治现象的出现，人类出于维护共同体的安全和利益，维持一定的公共秩序和分配方式的目的，从而制定了政治制度。但是，我们可以清楚的看到，无论是经济领域的经济制度，抑或是政治领域的政治制度，归根结底有些问题并未实际的解决。究其原因，邓小平同志的一番话切中了要害，他指出："制度好可以使坏人无法任意横行，制度不好可以使好人无法充分做好事，甚至会走向反面。"[1] 因此，一种合理的、平等的、公正的制度呼之欲出——制度伦理。

一、制度伦理的涵义

　　如何建设未成年人制度伦理，首先需要厘清相关概念。在前文的描述中，有关"制度伦理"，仅仅可以将其理解为"一种制度的公正、平等、自由"。但是作为伦理学学科的一个重要概念，制度伦理的涵义并非一言以蔽之。

　　制度伦理，从概念构成来看是由制度和伦理两个范畴组合而成的复合概

---

　　① 《邓小平文选》第2卷，人民出版社1994年版，第333页。

念，具有知识叠加与融合的意义；从学科发展来看，是制度范畴在伦理学研究中的引入，也是伦理分析向制度问题研究的渗透，体现当代科学研究视域和方法的交叉与综合。① 但是学术界对于制度伦理的认识和理解并未统一，主流观点有三种：第一，"制度中心论"，认为制度伦理就是"制度化的伦理"，它以道德建设的制度化为目标，主张伦理道德建设的任务是道德立法，强调要把道德原则和要求提升为制度和法律，甚至要使道德在上层建筑中与政治、法律有同等地位，赋予道德监督和执行以"法律"的效力和作用。第二，"伦理中心论"，认为制度伦理就是"伦理化的制度"，它以制度的伦理评价为基本出发点，认为制度伦理是指制度中的伦理，即制度本身要体现社会生活的伦理性和道德性，主张要对制度进行伦理审视，强调社会治理的各种制度安排都要符合伦理原则和道德要求。第三，"制度与伦理统一论"，认为制度伦理就是伦理制度化和制度伦理化的辩证统一，它以制度和伦理的内在同一性为依据，主张制度伦理既是制度的伦理也是伦理的制度，强调制度安排与道德建设的双向互动：一方面制度安排要符合人类文明的伦理精神，要体现社会进步的道德要求；另一方面要把文明社会最基本的伦理原则和道德要求整合为制度安排的具体内容。②

笔者认为"伦理中心论"更符合本章的内容。首先，本文探讨的是未成年人制度伦理建设，属于伦理学的范畴。伦理学讨论的主要是道德问题或是伦理问题，因此只能将"伦理"作为中心概念，而"制度中心论"和"制度与伦理统一论"都偏离了主题。其次，"伦理中心论"，明确了制度伦理是一种制度的伦理化，其将伦理原则和道德要求作为评价制度合理与否的标准，旨在强调制度建设过程中是否符合伦理精神，这对未成年人相关制度建设能否获得道德力量的支持起着至关重要的作用。

二、未成年人制度伦理建设的历史进程

结合制度伦理的涵义，未成年人制度伦理主要指以年龄在18周岁以下的公民为主体的，对其的伦理要求，同时包括关于这一类群体的规范体系和运行机制的伦理安排，体现的是对这一制度本身的道德要求，以及制度在制定和执行过程中相关环节的道德评判和价值判断。

中国真正意义上的未成年人制度伦理建设起步较晚，将未成年人制度伦理

---

① 李仁武：《制度伦理研究》，人民出版社2009年第1版，第1页。

② 同上，第2页。

化的雏形可以追溯到 2004 年《中共中央国务院关于进一步加强和改进未成年人思想道德建设的若干意见》。《意见》提出，"未成年人是祖国未来的建设者，是中国特色社会主义事业的接班人"；"他们的思想道德状况如何，直接关系到中华民族的整体素质，关系到国家前途和民族命运"。《意见》共 28 条，分为十部分，包括：加强和改进未成年人思想道德建设是一项重大而紧迫的战略任务；加强和改进未成年人思想道德建设的指导思想、基本原则和主要任务；扎实推进中小学思想道德教育；充分发挥共青团和少先队在未成年人思想道德建设中的重要作用；重视和发展家庭教育；广泛深入开展未成年人道德实践活动；加强以爱国主义教育基地为重点的未成年人活动场所建设、使用和管理；积极营造有利于未成年人思想道德建设的社会氛围；净化未成年人的成长环境；切实加强对未成年人思想道德建设工作的领导。《意见》指出，加强和改进未成年人思想道德建设的指导思想是：坚持以马克思列宁主义、毛泽东思想、邓小平理论和"三个代表"重要思想为指导，深入贯彻十六大精神，全面落实《爱国主义教育实施纲要》、《公民道德建设实施纲要》，紧密结合全面建设小康社会的实际，针对未成年人身心成长的特点，积极探索新世纪新阶段未成年人思想道德建设的规律，坚持以人为本，教育和引导未成年人树立中国特色社会主义的理想信念和正确的世界观、人生观、价值观，养成高尚的思想品质和良好的道德情操，努力培育有理想、有道德、有文化、有纪律的，德、智、体、美全面发展的中国特色社会主义事业建设者和接班人。同时，《意见》提出了未成年人思想道德建设的主要任务是：从增强爱国情感做起，弘扬和培育以爱国主义为核心的伟大民族精神。从确立远大志向做起，树立和培育正确的理想信念。从规范行为习惯做起，培养良好的道德品质和文明行为。①

之后，2004 年 10 月，《中共中央国务院关于进一步加强和改进大学生思想政治教育的意见》。该《意见》强调指出，大学生是十分宝贵的人才资源，是民族的希望，是祖国的未来。加强和改进大学生思想政治教育，提高他们的思想政治素质，把他们培养成中国特色社会主义事业的建设者和接班人，对于全面实施科教兴国和人才强国战略，确保我国在激烈的国际竞争中始终立于不败之地，确保实现全面建设小康社会、加快推进社会主义现代化的宏伟目标，

---

① 《中共中央国务院关于进一步加强和改进未成年人思想道德建设的若干意见》，《人民日报》2004 年 3 月 23 日。

确保中国特色社会主义事业兴旺发达、后继有人，具有重大而深远的战略意义。《意见》指出，加强和改进大学生思想政治教育的主要任务，一是以理想信念教育为核心，深入进行树立正确的世界观、人生观和价值观教育。要坚持不懈地用马克思列宁主义、毛泽东思想、邓小平理论和"三个代表"重要思想武装大学生，深入开展党的基本理论、基本路线、基本纲领和基本经验教育，开展中国革命、建设和改革开放的历史教育，开展基本国情和形势政策教育，开展科学发展观教育，使大学生正确认识社会发展规律，认识国家的前途命运，认识自己的社会责任，确立在中国共产党领导下走中国特色社会主义道路、实现中华民族伟大复兴的共同理想和坚定信念。同时，要积极引导大学生不断追求更高的目标，使他们中的先进分子树立共产主义的远大理想，确立马克思主义的坚定信念。二是以爱国主义教育为重点，深入进行弘扬和培育民族精神教育。要把民族精神教育与以改革创新为核心的时代精神教育结合起来，引导大学生在中国特色社会主义事业的伟大实践中，在时代和社会的发展进步中汲取营养，培养爱国情怀、改革精神和创新能力，始终保持艰苦奋斗的作风和昂扬向上的精神状态。三是以基本道德规范为基础，深入进行公民道德教育。要引导大学生自觉遵守爱国守法、明礼诚信、团结友善、勤俭自强、敬业奉献的基本道德规范。四是以大学生全面发展为目标，深入进行素质教育，促进大学生思想道德素质、科学文化素质和健康素质协调发展，引导大学生勤于学习、善于创造、甘于奉献，成为有理想、有道德、有文化、有纪律的社会主义新人。①

其后，2006 年 3 月，胡锦涛总书记提出，要引导广大干部群众特别是青少年树立社会主义荣辱观，坚持"以热爱祖国为荣、以危害祖国为耻；以服务人民为荣、以背离人民为耻；以崇尚科学为荣、以愚昧无知为耻；以辛勤劳动为荣、以好逸恶劳为耻；以团结互助为荣、以损人利己为耻；以诚实守信为荣、以见利忘义为耻；以遵纪守法为荣、以违法乱纪为耻；以艰苦奋斗为荣、以骄奢淫逸为耻。"社会主义荣辱观，点明了中国社会，包括未成年群体当中有着思想道德方面的弊端，当然也为重构中华民族的荣辱观、塑造具有良好道德修养的社会主义公民，促进良好社会风气的形成和发展指明了方向。

未成年人制度伦理建设从未停止过，并且成绩斐然。在此期间，全国涌现

---

① 《中共中央国务院关于进一步加强和改进大学生思想政治教育的意见》，《人民日报》2004 年 10 月 15 日。

出了众多积极响应国家号召的未成年人，比如：2010 年 4 月 27 日，发生在邳州的 16 岁少年勇救落水同学而身亡；2011 年 6 月 30 日，于都一名 17 岁少年勇救落水儿童；2011 年 10 月 21 日，安徽芜湖的三位青少年，将突发重病而卧倒路旁的八旬老人送医院救治等等，谱写出了一曲曲生命的赞歌。

三、未成年人制度伦理建设的基本原则

尽管未成年人制度伦理建设成效理想，但是，在制度伦理建设过程中还是出现了许多问题，面临着不少的困惑。如何真正意义上的找到问题的突破口，则需要树立以未成年人为主的基本原则。

（一）价值基础：人道主义原则

无论何种领域的制度，归根结底都是为了人类服务的，因此制度伦理建设，建成"制度"并非其目的，而通过制度这一手段，满足了人类的需求，这样的制度才是真正符合伦理和道德的。未成年人伦理制度建设，同样应当围绕未成年人这一群体展开，尊重、维护和促进未成年人的权利，肯定他们的价值与尊严，只有这样才能真正有利于未成年人的身心发展。

制度伦理的人道主义原则，是指社会制度的安排必须符合人的存在和发展需要，满足人际交往的道义要求，同时制度的执行能够起到维护人的尊严、捍卫人的权利、体现人的价值、促进人的幸福等道德促进作用，对人生的解放具有积极意义。[①] 这就要求在未成年人制度伦理建设的过程中，所制定的一系列制度规范需要考虑未成年人的身心特点以及其他区别于成年人的特殊性，同时应当具有人性关怀所必需的道德要求和伦理责任。同时，基于制度伦理的人道主义原则的要求，应当本着"以人为本"（人：特指未成年人）的理念，符合未成年人的价值取向，不断的促进制度规范的道德他律与未成年人自身的道德自律相统一的境界。当然，人道主义原则在未成年人制度伦理建设中，不需要一一地转化为具体的制度，而是将规制未成年人道德行为的规范等等需要体现出人道主义精神，符合他们的利益，并且激发每一位未成年人能够积极向上，不断成长。

（二）价值核心：维护正义原则

俗话说"有十个读者，就有十个哈姆雷特"，人是具体的、现实的，每个人之间的差异性也是十分明显的；而社会物质生活条件也是有限的，不可能完

---

① 李仁武：《制度伦理研究》，人民出版社 2009 年第 1 版，第 237～238 页。

全满足每个人的需要。制度伦理建设除了需要人道主义之外，在其之上还需要正义原则去维护。未成年人，无论在生理上还是心理上与成年人的差距都较大，而每个未成年人之间也都有着各自的特点，因此，制定规范不能顾此失彼。

制度伦理的正义原则，是指制度的道德、制度的德性，其实质是要把人的发展、人的价值、人的尊严视为人的世界、人的关系以及人的行为的根本。任何社会制度与体制对社会规范的规定必须具有普遍性、现实性、最高目的性的正义追求，使符合人道的正义原则能够成为直接影响人类社会生活的基本原则。① 也就是说，未成年人制度伦理建设应当着眼于当下未成年人发展的新动向，关注未成年人整体的状态而制定相关的规范，而不应只关注极端个别事件，这样才能够实现未成年人自身的发展与个性的完善。

（三）价值体现：保障公平原则

在制度伦理的基本原则当中，人道原则、正义原则和公平原则，三者构成了一个既相互区别又相统一的有机整体。三者的关系是：一个社会如果人道了，就必须是正义的；如果是正义的，就必须是公平的。公平原则是人道原则和正义原则的具体体现。社会的不公平现象由两方面组成：第一方面是客观因素导致的不平等，如人类先天疾病导致的未成人之间在智力或者身体方面的差异，但是纵使医学发展再高明，身体的残疾、智力的残疾都不可能完全的消除。但是，第二方面人为因素导致的不平等，则是可以通过制度的安排与调整得以缓解甚至是消除，例如社会保障制度、社会医疗制度等等。② 因此，公平原则成为了衡量制度安排是否合理的重要标准。

当下社会，出现了一种怪现象——"拼爹"现象，"官二代"、"富二代"的一些言行越来越发人深省，"官二代"打架伤人可以用权力摆平；"富二代"想取得文凭只需要用钱搞定，这样的例子比比皆是，因此在未成年人制度伦理建设中，公平原则显得更为至关重要。首先，便是要实现机会的公平。机会公平也就是指，未成年人发展的起点一致，在合理的制度下每一个未成年人都有机会进行技能和能力的公平竞争。无论是在班级、学校还是社会当中，未成年人之间的关系是平等的，他们可以充分发挥自己的才能，争取学习、竞赛等的机会；不能因为未成年人家庭环境、学习成绩等因素歧视和排斥未成年人。其

---

① 李仁武：《制度伦理研究》，人民出版社 2009 年第 1 版，第 249 页。
② 同上，第 253 页。

次，保证过程公平。过程公平也就是指，未成年人参与学校或者社会活动时的规则要公平、公开和透明，绝对要杜绝暗箱操作。过程公平，上呈机会公平，下起结果公平，因此至关重要。第三，促进结果公平。结果公平，也就是指利益分配上的公平。在未成年人当中，结果不公平的现象主要是班级学校干部名额的分配问题，学校竞赛名额的分配问题等等，使得一些真正优秀的学生与名次失之交臂。

第二节 未成年人传统非制度伦理——农村与城市的比较研究

中国五千年的灿烂文明铸就了一个民族的辉煌，未成年人的伦理与道德教育也是灿烂文明的组成部分。孔子的儒家传统思想、中华的传统美德都是教育和引导未成年人发展的良方。未成年人非制度伦理，是指尚未形成规定、规范等文件形式的，但是在民间约定俗成的，制约未成年人言行、引导未成年人发展的一些村规、乡约或者民俗。基于我国农村地区与城市在经济、文化等方面有着较明显的差距，因此本段将以农村地区与城市两个不同的视角，解读未成年人传统非制度伦理。

一、农村地区未成年人传统非制度伦理

传统道德文化作为传统文化的重要组成部分，在历史的发展进程中，形成了内涵丰富的社会道德体系，由于农村人民有着勤劳朴实的性格，传统道德、伦理在广大农村地区产生更为深远的影响。

（一）农村地区未成年人传统非制度伦理的状况

1. 宗族观念强烈。所谓宗族，是指基本上按男性血缘世系原则建立起来的，存在某种组织形式和具有宗族色彩的活动，有着一种内部认同和外部边界的社会群体。① 宗族作为封建社会的产物，本应该随着社会的发展和历史的进步而日渐消亡，但是宗族在农村地区的影响并未减少，并呈现出不断蔓延泛滥之势，直接或间接地影响着乡村治理，更想象着未成年人的伦理观。未成年人从小就被他们的父母、族人灌输以"亲三代，族万年"的思想，他们认为无论是自己的事，抑或是家里的事都应当遵守宗族的制度，而且无论宗族制度正确与否，合理与否；由于未成年人从小秉持着宗族伦理的观念，他们缺乏一种

---

① 杨孝艳、张勇刚：《宗族对乡村治理的消极影响与消解对策分析》，《邢台学院学报》2011 年第 1 期。

自治自理的观念。有的未成年人，对于家族、宗族长辈的话，言听计从，听之任之，出现了一系列违背政策和法律的事件；有的未成年人，学习、生活被宗族制定的规范限制，导致错失学习、婚姻的机会，一生的命运被改变；有的未成年人，由于是异族的，遭到了本族未成年人的排挤和歧视，不利于未成年人身心的发展。

2. 男尊女卑思想严重。男尊女卑的思想，归根到底是为宗法制所制约并为之服务的宗教伦理思想。例如，《周易·家人》中有"女正位于内，男正位于外，男女正，天地之大义也"。说明了中国古代妇女的活动范围要小于男子，更说明了中国古代妇女的地位是何等的低下。由于，农村地区较为封闭，而农民大多勤劳朴实，一些封建愚昧的观念在他们心中根深蒂固，他们将这种观念代代相传，因此，未成年人也对此耳濡目染。在农村地区，女性未成年人得不到尊重的事件常有发生。她们在学习和日常生活中，无法完全享受男性未成年人的权利，更有甚者她们的生命和健康还遭受迫害。即便如此，男尊女卑的思想丝毫没有减退或者根除的迹象。

3. 重儒家观念。儒家思想，包含的内容十分广博。其中，"以和为贵"、"亲亲"、"尊尊"等的儒家观念对农村地区的影响十分深远，不少农村地区现在仍然保持夜不闭户的习惯，每家每户的未成年人嬉戏在一起，更多一份亲切感，少一份距离感；他们比城市中的未成年人多一份隐忍，他们重家庭的和睦与团结，长幼有序；在日常的学习生活中，他们尊重老师、团结同学，互帮互助；在家庭生活当中，他们的家庭责任感比城市中的未成年人更为强烈，他们孝顺父母，帮助父母、长辈劳作；他们生活独立，不会有衣来伸手，饭来张口的坏习惯。

（二）原因分析

1. 封闭的生存环境的限制。在我国，广大农村地区地处偏僻，交通不便，信息堵塞。农民沿袭祖辈传下来的生活方式，对外界的变化敏感度不高。置身其中的农村未成年人，也不重视人生目标规划，难以形成一个很好的人生价值观和较清晰的道德伦理取向，因此，一些陋习得以在他们之间以较快的速度传播，至于文明礼貌用语、维护社会公共秩序等，农村地区的未成年人并不能理解其真正含义所在。

2. 教育的缺失。如今，九年制义务教育在农村已普及，而未成年人的思想伦理教育主要来自学校，家长极少参与。在有些农村地区，出现了大量的"留守儿童"，他们的父母外出打工，家庭教育缺失；留在家中的祖父母辈文化水平低，无法给他们伦理道德层面的引导，甚至反学校教育而行。例如学校教育孩子不能随便动手打人，可父母却教育孩子不管有理没理，先下手为强。诸如此类都会给孩子带来困惑，不知怎样才是正确的行为准则。家庭教育与学校教育各自成军，无法为青少年的健康成长建立一个完整的联合教育平台。由于农村地区经济、自然条件的限制，在学校教育中许多德育教学内容亦无法开展。许多农村学校都缺乏专业心理教师，心理教育欠缺。

3. 社会环境的影响。当前社会提供给未成年人的良好的精神食粮严重不足，适合农村地区未成年人阅读的、集知识性、趣味性、娱乐性、教育性于一体的读物很少。很多家长苦于没有好的书籍给孩子阅读。农村地区，由于管理存在大量的缺失和漏洞，未成年人被黑网吧毒害，不健康的读物和音像制品在未成年人当中肆意的传播。由于未成年人鉴别能力差、自制力弱，而好奇心重、模仿性强等特点，一旦沉迷于网络游戏、色情聊天和凶杀暴力书刊中就往往难以自拔。

二、城市未成年人传统非制度伦理

中华传统文化在中国的广袤大地上深根发芽，无论是农村还是城市。城市因其特殊的地理条件、经济和社会文化生活，其非制度伦理状况也与农村有着天壤之别。

（一）城市未成年人传统非制度伦理的状况

1. "家长制"的根深蒂固。相对于农村地区的宗族制，城市存在着"家长制"。旧中国的家长制，是在封建制度下，以封建的法律、礼教、习惯势力来束缚家庭成员，维护封建统治。由于城市土地的限制，不可能像农村那样村庄、乡房聚落的形态，城市之中形成不了宗族制，因此，同样蕴含封建传统观念的"家长制"十分盛行。在"家长制"的影响下，家庭中家长与家庭成员地位十分不平等，甚至出现了服从与被服从，领导与被领导的关系。在这种家庭中成长的未成年人，同样秉持着"家长制"的观念，他们或完全听从于父母、长辈，变成父母、长辈希望成为的模样；或是因为在棍棒之下产生了逆反心理，走向了极端；或是某些未成年人的创新思想或是先进观念，被"家长制"锋利的"刀刃"扼杀在了摇篮之中。

2. 拜金主义盛行。拜金主义，就是指盲目崇拜金钱、把金钱价值看做最高价值、一切价值都要服从于金钱价值的思想观念和行为。在拜金主义者的观念中，认为只要有钱就可以得到任何他们想要的东西，并用金钱来衡量一个人的成败得失，甚至认为拥有金钱越多就越幸福。金钱成为衡量一切的标准。①城市中的未成年人，往往家庭条件中上，其父母都会为他们提供最为优越的学习和生活环境，因此，在不知不觉中就形成了拜金主义，甚至引发未成年人学习目标功利化、职业选择现实化、人际交往庸俗化、物质生活享乐化、理想追求物欲化。

3. 自我、个人主义观念强烈。城市当中的未成年人由于家庭条件优越，从小就有着娇生惯养的不良习惯，当投入到学校或者社会这个大环境下，个人主义的观念会在集体中更为明显的展现。这类未成年人更看重个体的幸福和成就，而不关心所属集体的需要和目标，集体对于他们的影响作用也是微乎其微。但是反过来说，这类未成年人更具有创造性，他们认为"君子和而不同"，他们不愿意流俗，他们大胆、积极，想法丰富。

（二）原因分析

1. 社会环境的影响。社会上不正之风的大面积存在，是导致城市未成年人道德滑坡的重要因素之一。所谓的，"先人后己"、"尊老爱幼"、"礼仪廉耻"、"助人为乐"都被城市未成年人抛之脑后。其次，各种不良的传播与宣传媒介，诸如黄色书刊、淫秽录像与画册和其他影视、戏曲以及黄赌毒物品对未成年人的影响都是不可估量的。最后，社会转型导致了道德也在转型，不少道德领域出现了"道德亚健康"的现象。"小悦悦"事件的发生，是"道德亚健康"的最好说明，人们对他人生命的漠视，失去的是最为起码的道德感，是人性的灭失。成年人尚未给未成年作出榜样，让未成年人如何在一个缺少社会公德和人情味的社会，培养高尚的道德情操。

2. 教育上"重智轻德"。现在的学校将成绩的好坏，作为衡量学生的唯一标准，使得德育教育成为了一纸空话。成绩排名，使得未成年人只有学习上竞争的快乐，失去了尊师重道的基本精神；分数至上的应试教育模式，使未成年人只拥有学习知识的热情，却失去了汲取德育知识的过程。有些地区，对未成年人的思想教育工作用经济工作去替代；有些则用知识教育去排挤未成年人的思想道德教育。当然，在城市当中，学习的资源以及师资队伍能够得到相应的保障，使得未成年人的道德教育较之农村有明显的优势。

3. 独生子女政策的影响。在城市家庭中，独生子女政策贯彻的较好，使得一些家庭过分的溺爱孩子，导致未成年人贪图享乐，只顾自己，不顾他人的

---

① 张高桢：《大学生出现拜金主义现象的原因及其对策》，《经济研究导刊》2011 年第 32 期。

不良习惯。有的未成年人，习惯饭来张口，衣来伸手，对待父母也没有起码的尊重，有的甚至对父母谩骂和动手，这些都是城市中未成年人的弊病。但是，城市里一个孩子的家庭中，家长负责教育孩子的责任相对于农村来说更轻，而且城市中家长的各方面的素质也更高，对于未成年人的道德教育可以起到部分以身作则的效果，因此城市当中未成年人的思想道德水平会更高。

未成年人传统非制度伦理，有很大一部分存在封建、落后，甚至是不科学的成份，也就是为什么它们只能停留在非制度层面。但是，传统非制度伦理既然存在，那么就是有它的合理性。笔者认为，未成年人传统非制度伦理对于未成年人现在制度伦理的研究是一种铺垫，提供了丰富、详实的研究素材。当然，这种充满中国传统文化因素的研究，是以历史为主线的，慢慢的摸索，才能够进行下一部分的研究。

第三节 以新的时代背景构建未成年人现代制度伦理

时间进入 21 世纪后，我们所面临的世界已经发生了巨变。生产力的大力发展，使得人们安居乐业，物质生活得到了极大的丰富；科技的日新月异，全球化和网络时代已经提前迈入了我们的生活。相比较于物质贫乏的年代，人们的价值观也是瞬息万变的。未成年人现代制度伦理的建设也应当适应时代的改变而改变。

一、全球化背景下未成年人现代制度伦理建设

（一）全球化趋向对于未成年人现代制度伦理建设的积极意义

全球化是指当代人类社会生活的活动空间正在日益超越民族国家主权版图的界限，在世界范围内展现出全方位的沟通、联系、交流与互动的客观历史进程和趋势。① 全球化给人类带来的最大的改变就是科技的迅猛发展，而普通人能够感觉到的就是人类所居住的环境借助科技的力量得以缩小，人们可以在短暂的时间或者有限的空间内，借助网络、通讯卫星等技术，迅速有效地与任何人取得联系，获得信息、知识、技术，并相互交流和沟通，开展文化活动。

全球化带来的积极效应有目共睹，笔者认为它对于未成年人现代制度伦理建设的帮助主要有：第一，有利于未成年人树立一种独立的、开放的价值观。

---

① 刘济良：《青少年价值观教育研究》，广东教育出版社 2003 年第 1 版，第 92 页。

从前的中国，闭关锁国，不肯接受来自他国的先进经验和制度，造成落后。现在，在全球化的影响下，人与人之间普遍实现交往、对话和沟通。未成年人的发展，由全球化提供一个平台，使得未成年人摆脱地域的限制而与整个世界产生联系，利用联系促进未成年人身心的全面发展与解放。第二，有利于形成与全世界未成年人共同的、进步的价值观念。全球交往的增多，沟通对话的频繁，信息资源的共享，合作范围的扩大都有利于人类全球共同价值观的形成。有学者指出，"在未来全球化时代，自由将成为第一价值，因为自由是人类内心最高的价值追求。而作为同样是人类内心的强烈要求的平等、公正等，将成为人类共同追求的第二最高价值。"① 因此，未成年人现代制度伦理理应融合自由、平等、公正的价值理念。第三，有助于全球未成年人伦理道德教育资源的流通与共享。全球化发展，网络的形成，信息公路的开通都为教育要素的全球流动和教育资源的攻击共享提供了良好的条件与技术支撑。国内未成年人伦理道德教育能够借鉴的内容一下子丰富起来，视野开阔了，时间也节约了，加速了国内未成年人制度伦理建设的脚步。

（二）中国传统道德理念与全球化理念的碰撞与融合

作为绵延数千年的文明正大之邦、歌诗礼义之地，中华民族拥有广博庞大、精深缜密的传统道德资源。这些道德资源除了使今天的国人振奋和感恩之外，毫无疑问的是，如何继承并发扬就成为一个义不容辞、责无旁贷的任务，而如今全球化的思潮又在这泱泱大国之上传播。中国古代社会的伦理道德，因为建立在血缘宗法关系和人身依附关系基础上，因此，是"君子有君子的道德"，"小人有小人的道德"、"爱有差等"、"理有三分"。而全球化背景下的现代公共伦理道德必须是对传统道德与传统方式的超越，也正是本节"现代"二字的要求。

也正因为"现代"二字，新时代背景下的未成年人现代制度伦理构建，就需要发挥"扬弃"的精神。第一，未成年人现代制度伦理构建既要保持中华传统道德中的优势，也要具备全球价值观念。全球化作为一股巨大的浪潮，向世界上每一个国家涌去，任何国家、任何人都无法阻挡它的前进，这是大势所趋。但是中华传统美德，如爱国主义精神、社会主义荣辱观等仍然需要在未成年人心中立有一席之地。未成年人在爱党、爱国、爱校、爱家的基础上，有些全人类应当共同遵守，为了全世界共同利益的观念应当树立。如，拒绝吃鱼

---

① 刘济良：《青少年价值观教育研究》，广东教育出版社2003年第1版，第95页。

翅，同样也要劝道身边的亲朋好友。因为世界动物保护组织的公益广告说道，"没有买卖，就没有杀害。"第二，未成年人现代制度伦理构建既要保持中华传统道德中的优势，也要具备全球伦理观念。随着全球化进程的加快，人口爆炸问题、生态环境问题、资源利用问题、南北经济差异、战争和核扩散、恐怖主义、失业和难民、艾滋病与毒品、非法移民、债务与粮食危机、文化发展与人的问题等等，日益成为具有世界性、危机性、普遍性的"全球性"的总问题。未成年人现代制度伦理中，所提及的不乱扔垃圾，不随地吐痰等等只是一个相对较浅的层面。在未成年人成长过程中，更应当不断输入全球化以及相关的信息，让他们感受到一个客观的、理性的、可信的世界，建立一种全球共通的制度伦理关系。第三，未成年人现代制度伦理构建既要保持中华传统道德中的优势，也要具备全球生态观念。生态问题超越制度、国家、阶级、民族、宗教信仰和地区差异，它是全球性的，是人类共同面临的一个现实问题。未成年人在面对生态问题时，应当融合儒家"和谐观"与国外生态治理的先进理念，对自然界爱护和关心，实现人与自然的和谐相处。

二、网络时代背景下未成年人现代制度伦理建设

美国著名未来学家阿尔温·托夫勒说，电脑网络的建立与普及将彻底改变人类生存及生活的模式，而控制与掌握网络的人就是人类未来命运的主宰。谁掌握了信息，控制了网络，谁就将拥有整个世界。——网络时代的到来，也改变了传统伦理道德领域的构成。

（一）网络力量对于未成年人现代制度伦理建设的积极意义与消极影响

网络是一种新型的技术手段和文化特征，它在为人类带来方便的同时也会带来不便之处，如同一把双刃剑，为未成年人现代制度伦理建设带来发展的动力，也带来了巨大的挑战。

1. 网络力量对于未成年人现代制度伦理建设的积极意义

第一，网络对于未成年人塑造个性，发挥创造力具有重要作用。在正常社会中，个体为了形成自己独立的个性，为了获得集体的认同，常常不得不放弃自己的许多想法、追求、理想等。但是，在网络的海洋中，未成年人可以挥洒个性的光芒，并与志趣相投的同伴畅谈人生理想、畅所欲言，激发创造力，展现年轻人的活力。第二，未成年人能够提前的参与各种人际关系——由网络构建的新型人际关系。在网络中，不同制度、不同信仰、不同文化、不同民族、不同地区、不同肤色的人们，没有任何障碍、歧视的进行自由、民主、平等的沟通、交往和对话，这种交往是超越时间和空间而存在

的，具有更大的开放性、选择性、多样性和丰富性。未成年人参与其中，能够培养他们提前进入社会角色的适应能力，为人处世的方式，一起一种网络交往中的道德伦理。第三，网络为未成年人学习、文化生活提供了更加广阔的平台和资源上的共享。网络是一个庞大的信息库，里面的资源和信息，取之不尽，用之不竭。对于未成年人来说，好比畅游知识的海洋，里面的信息来自全世界各地，信息与知识的交换更加快捷和方便。未成年人还能通过网络，与其他国家的未成年人进行知识的交换与竞赛，为创建属于全世界未成年人共通的道德规范作出贡献。

2. 网络力量对于未成年人现代制度伦理建设的消极影响

第一，不利于未成年人现实生活中人际交往关系。随着高度信息化、自动化的虚拟社会的到来，在家办公、网上学校、电子银行等出现，人们终日与个人终端打交道，具有可视性、亲和性的人际交往机会则大大减少，导致人际关系的疏远，个人也会产生紧张、孤僻、冷漠等问题。[1] 不少未成年人沉迷于网络游戏当中，难以自拔，对于身边的父母、长辈及其的冷漠；但是一进入网络世界，便换了一种性格。由此可见，网络的消极面使得未成年人的精神世界极度空虚，甚至患上了"上网瘾失衡症"、"鼠标手"、"信息污染综合症"等等，更为严重的还走上了犯罪的道路，断送了大好的前途。第二，网络改变未成年人的道德认知结构。众所周知，网络中大量存在的广告多是自吹自擂、空洞无物，人们对它并不介意，也从不设防。但是，未成年人由于心智尚未健全，而且模仿能力较强，这种"电子游牧生活"极易影响未成年人，慢慢的未成年人承认和接受网络提供的新的思维方式、生活方式、价值观念和文化意识形态。[2] 例如，我国不少未成年人极度崇拜西方的一些观念，比如个人利益至上、个人利益独大等等，都不利于青少年树立正确的价值观念。第三，网络当中存在大量腐蚀未成年身心健康的信息。网络中，大量有害于未成年人身心健康的信息，如不良读物、音像节目、黄色信息等。由于网络覆盖范围的全球性和信息传递的多媒体化，使之成为了制黄贩黄这的乐园。未成年人长期接触，会改变他们的伦理道德观念，精神层面会被严重污染。第四，网络为滋生未成年人违法犯罪提供了温床。有的未成年人，通过自己的技术，制造网络病毒，给国家和社会造成重大经济损失；有的未成年人，因为网络不良信息的影

① 李娟芬、茹宁：《"虚拟社会"伦理初探》，《求是学刊》2000 年第 2 期。

② 王列等编译：《全球化与世界》，中央编译出版社 1998 年第 1 版，第 11 页。

响走上了犯罪的道路；有的未成年人，通过网络结交了狐朋狗友，成为他们利用的工具。

（二）网络时代下未成年人现代制度伦理建设的可行步骤

面对网络带来的双重影响，在未成年人现代制度伦理建设中，我们应当：

第一，构建未成年人网络伦理规范。未成年人网络伦理，是用于调整、规范使用计算机的未成年人的思想、言论和行为的道德要求、伦理规范与价值准则。它是对网络中未成年人的最基本的道德要求，任何一个有道德感、公德心的未成年人都应当自觉遵守的。

第二，培养未成年人的道德自觉性。信息技术、网络的发展冲破了原来社会的众多限制，为人们提供了一个广阔的发展空间，拥有了更多的机会和权利。在这种情况下，人的道德自觉性和自律性就显得尤为重要，更加需要靠个人的道德自觉性来约束自己的不道德、有损他人和社会的行为。因此，未成年人道德自觉性的培养成为了实现网络健康发展的重要一环。未成年人要主动从自身做起，增强自己对网络、对他人、对社会的道德感和责任感，自觉地约束、规范和限制自己在使用网络中的不道德行为。

第三，未成年人应当丰富自己的精神世界，提高自己的文化品位。网络本来是人类文明进步的结晶，它拓展了人与人之间的交往，提升了人类的生活品质和质量。但是，如果网络的使用者文化品位低下、精神世界极度贫乏，那么网络的发展必将走入另一端。因此，未成年人应当认识到网络是与人生活息息相关的平台，为人类生活提供方便，维护网络的健康发展，就是"予人玫瑰，手留余香"。

第四，未成年人应当具备辨别和抵抗不良信息污染的能力。未成年人是网络最大的使用群体，据香港一项有关青少年网上行为的研究，年轻人是主要的互联网用户，年龄在 15～19 岁的互联网用户占 44.9%。[①] 因此，未成年人能否具备辨别的能力，显得尤为重要。而只有具备辨别能力，才能够自觉抵制不良信息的侵害。

第五，未成年人牢固树立中华民族价值观。中华民族经过 5 千年的洗礼，形成了自己独特的民族传统和文化风格，正是这一传统和风格，才使中华民族日益强大。网络时代的来临，使得西方一些腐朽的思想在未成年人中散播，并影响着这群祖国事业的接班人正确、科学价值观的形成。因此，未成年人应当

---

① 阿丹：《互联网对香港青年的影响》，《中国青年研究》2000 年第 2 期。

坚持中华民族的价值观，继承中华民族优良的传统文化，发扬中华民族的文化风格，同时积极、主动的抵制、消解、拒斥西方资本主义腐朽的价值观、生活方式和意识形态。

（三）未成年人网络伦理规范的构想

在信息技术日新月异发展的今天，人们无时无刻不在享受着信息技术给人们带来的便利与好处。然而，随着信息技术的深入发展和广泛应用，网络中已出现许多不容回避的道德与法律的问题。因此，在我们充分利用网络提供的历史机遇的同时，抵御其负面效应，大力进行网络道德建设已刻不容缓。

未成年人的网络不道德行为主要有：第一，随意使用他人电脑，登陆他人信息系统。第二，擅自进入十八周岁才能进入的网站。第三，随意下载盗版软件，音乐等。第四，偷窃资料、设备或智力成果；

未成年人网络规范：第一，你不应该用计算机去伤害他人；第二，你不应干扰别人的计算机工作；第三，你不应用计算机进行偷窃；第四，你不应使用或拷贝没有付钱的软件；第五，你不应窥探别人的文件和信息；第六，你不应未经许可而使用别人的计算机资源；第七，尊重知识产权，包括版权和专利在内的财产权；第八，尊重他人的隐私，保守秘密。

第四节　未成年人现代制度伦理的价值取向

人之所以区别于动物，除了驾驭工具之外，人比动物多更多的需求，比如政治上的需求，经济上的需求，还有的就是道德层面的需求。未成年人也是一样的，虽然他们的心智尚未成熟，但是他们也希望追求物质上的满足，生活上的舒适；而在精神层面，他们也会追求自己道德的高尚、精神的丰富、生命的充实、信仰的崇高和灵魂的安宁。但是在社会转型后，不少未成年人过分追求物质利益和享受，而忘却了精神层面的提升，因此明确未成年人现代制度伦理的价值取向迫在眉睫。

一、未成年人现代制度伦理的价值取向确定的艰难历程

未成年人伦理道德教育的进程中，出现过反复；但是，也正因为曾经误入歧途，才为之后进行正确的、科学的道德伦理观教育形成了前车之鉴。未成年人现代制度伦理价值取向的确立大致经过下列三个阶段：

（一）"政治标准高于一切"的价值观教育时期

建国之后，对于未成年人的价值观教育，主要是教导他们如何用阶级的眼

光去判别事物的好坏，给他们灌输的是政治意识、阶级意识，甚至是畸形的政治意识、阶级意识。在建国后的社会发展历程中有一条基本的线索贯穿其中，这就是政治、阶级斗争："要斗私批修"、"阶级斗争是纲，纲举目张"、"阶级斗争一抓就灵"、"宁要社会主义的草而不要资本主义的苗"、"卫星上天红旗落地"等等，这些都反映出了强烈的政治意识、阶级意识。作为一种价值取向，它要求人们在一切社会领域都要突出政治，社会、经济、文化、教育、卫生，人们的思想和日常生活的一切都要用政治标准来衡量，人们的一切生活都被笼罩在政治的气氛下。① 在那个特殊的年代里，个人理想被取代，取而代之的是社会理想，特别是在"文革"时期，每个人的目标都是"争当红卫兵"，如果出现"想当科学家、老板、专家教授"的职业理想，那么便会被冠以小资产阶级的思想，更有甚者是反革命的思想。未成年人易冲动、盲目跟风的性格，使他们成为了政治的信徒。

除了无法实现个人理想，那个年代里，"个人道德也会被圣神化"。② 在这种情况下，道德已经完全意识形态化，道德不但以一种暴力强制的方式从外部监督、管束着社会成员，而且从内部，在人们内心，建立起一种精神统治，使人们终日生活在诚惶诚恐之中，一举手一投足，都惟恐"失德"。③ 在这种错误的价值取向的引导下，"文革"时期，学生罢课闹革命、殴打老师、侮辱学者的事件时有发生。

此外，在"政治标准高于一切"的价值取向引导下，人们的个人生活是得不到肯定的，现实生活被一一否定。计划经济的年代，未成年人有满腔的热血，但是都投入到了革命运动当中，而正常生活却被忘记。在这种情况下，贫穷成为光荣，没有人为自己争取什么。未成年人失去了孩童时代应有的天真烂漫和富于幻想的生活，剩下的只有闹革命和打打斗斗的生活状态。

综上所述，阶级斗争的年代里，未成年人没有价值选择的自由和空间，同时也不具备多元意识形态和文化精神统治或支配下的起码的选择能力和评价意识，在这种情况下，未成年人无需运用创造思维，而只需运用重复性的思维按照特定意识形态所提供的思维框架和行为模式来思考和行动就行。④ 未成年人渐渐的变成了盲从的、无独立性的、迷信而愚昧的政治产物了。

---

① 刘济良：《青少年价值观教育研究》，广东教育出版社 2003 年第 1 版，207～208 页。
② 同上，第 209 页。
③ 王彬彬：《独白与驳诘》，百花文艺出版社 1999 年第 1 版，第 210 页。
④ 荆学民：《社会转型与信仰重建》，山西教育出版社 1999 年第 1 版，第 259～260 页。

（二）"经济利益至上"的价值观教育时期

改革开放之后，党和国家的工作重心逐渐的转移到经济建设上来了，特别是社会主义市场经济取代计划经济之后，中国的经济发展取得了举世瞩目的成绩。人民的生活水平得到了极大的改善，国家也在稳步的的迈向大国、强国之列。人们的价值观在一夜之间得以转变，从计划经济时期个人价值观遭遇否定，变成了市场经济下个人利益和需求被尊重，被肯定。在"经济利益至上"的价值观的影响下，个人拥有了自主选择的权利，可以自主的选择生活的目标、生活的价值观、生活的理想。

但是，任何新生事物在被接受的过程中，都会出现不适应的状况。社会主义市场经济作为一种新型的经济形态，它必定有其不规范、不健全的一面；另外，在计划经济左右下，人们的思想、物质需求长期受到禁止和压抑，使得人们产生了过分崇拜市场经济的情绪——在追求经济利益、效益的过程中，产生了唯利是图、拜金主义、金钱万能和物质至上等自私自利思想，人们精神和道德走向了另一个极端。

在"拜金主义"和"享乐主义"这些牛鬼蛇神的作祟下，成人世界中，出现了公款吃喝、公车私用的情形；官场中，贪污腐败、以权谋私比比皆是；社会中，制假售假，缺乏诚信到处可见；在未成年人的世界中，出现了攀比之风和功利主义，学习的热情消失了，取而代之的是读书为了赚大钱，当大官的扭曲理想；尊师重道的精神消失了，取而代之的是，给老师送礼，请老师行方便的怪异理念；团结同学的友谊之情消失了，取而代之的是比官（班级、学校干部）大，比家庭条件的不良情绪等等。

出现众多的反面例子，并不是社会主义市场经济的初衷，只是因为在市场经济注入一大股经济利益的时候，没有相应的人文和道德层面的支撑和依托。美国著名学者丹尼尔·贝尔曾说过："为经济提供方向的最终还有养育经济与其中的文化价值系统。经济政策作为一种手段可以十分有效，不过只有在塑造它的文化价值系统内它才相对合理。"[①] 笔者认为，计划经济到市场经济；个性被束缚到个性解放，本身是人类文明进步的表现，人们具备了话语权和自主选择的权利，而市场经济自身拥有自主性、竞争性、开放性等的特点，如果以人文价值为依托，结合二者，必将形成一种正确的价值观。应用到未成年人身上，应当劝解他们重在提升自己的精神，明确价值取向，树立正确价值观，而

---

① 丹尼尔·贝尔著、严蓓雯译：《资本主义文化矛盾》，三联书店1992年第1版，第21页。

非一味的追求物质利益的满足。

（三）"人文主义登上舞台"的价值观教育时期

"政治标准高于一切"和"经济利益至上"的价值观教育，可以说是未成年人价值观建设过程的不和谐，但是，也正是有这些不和谐的因素存在，再加上一种"摸着石头过河"的探索精神，使得未成年人制度伦理的价值取向走入正轨。

为了保证未成年人的茁壮成长，人文价值观教育十分关键。因为未成年人的发展与进步，如果失去了人文意蕴和价值支持，如果不同时促进社会的道德、政治、信仰和思想境界、精神信仰、行为方式的提高与进步，那么，也就失去了其自身的价值和意义。人文主义价值观教育，可以体现在：第一，着眼于未成年人的精神文化需求，吸收大众文化中的积极因子，适时传播给他们，使其成为未成年人发展的精神文化资源的保证。第二，准确把握未成年人的流行心态、审美倾向、价值观念等思想状态，对其进行积极的价值导引；第三，用主流文化、精英文化引导、提升大众文化。不断提升其质量规格，反对拜金主义、享乐主义、极端个人主义，消除封建思想、资本主义腐朽思想对社会主义和谐文化的不良侵蚀，克服其庸俗性、盲目性和单纯娱乐性。

人文主义的价值观教育仍在进行中，而且将不断汲取更加有益于未成年人制度伦理建设的新养分。

二、未成年人现代制度伦理价值取向确立的四大支柱

如何树立未成年人现代制度伦理价值取向，解脱未成年人的精神困境，给予未成年人精神上的慰藉与照耀，在确立其价值取向之前，还需要四大支柱的支撑，犹如房屋建设的根基，只有根基牢固，房屋的建设才会游刃有余。

（一）价值取向确立的基础——现实生活

从前文中可以了解到，计划经济时期，人们的生活脱离现实，理想和命运归结于国家这个"设计者"，生活中充斥着"假、大、空"，而忘却了人类真正的生命来源——现实生活。价值取向的确立，不能好高骛远，应当从实际出发。价值取向的确立，是将未成年人培养成为现实生活中充满道德伦常的正常人，而非道德的圣人，伦理的神人。

脱离现实生活而确立的价值取向，只会抹杀未成年人的人性与个性，是一种形而上学。将未成年人培养成为道德的圣人或是伦理的神人，只会让他们也逐渐脱离正常的人类情感和生命的美好，最终成为只具有崇高理想和道德精神，却生活在小说之中虚幻的一类人。只有将现实生活作为确立价值取向的基

础，未成年人才会对学习生活、生命、人性等真正的了解，并且充满人情味和真切感。因此，未成年人在确立价值取向的过程中，应当培养人格上的独立，感情上的丰富，意志上的坚强、性格上的健康，不能一味的只按老师和价值设定的预定目标而行动，成为"考试机器"，而应当立足于现实，多挖掘和培养个性和潜能，明白自我创造的重要性。成为现实意义中的被赋予科学价值取向的未成年人，才能真正成为祖国事业的接班人！

（二）价值取向确立的本质——关爱生命

强调关爱生命，走进现实生活，是因为在现代科学技术和工具理性的影响下，人们被他的政治功能、经济欲望和实利追求所异化，而对于人生的理想，对于青春的梦想，对于生命的意义的追寻被击得粉碎。① 本应该充满生命活力的未成年人群体当中，出现了忽视生命——因为老师的不理解而跳楼自杀的事件；扭曲生命——因为父母的责骂而离家出走的行为，酿出了一桩桩家破人亡，白发人送黑发人的惨剧。

笔者关注到，新的《中学生日常行为规范》，将"见义勇为，敢于斗争"给删除了。这才是符合伦常的现代生命观。未成年人是社会发展的未来与希望，其特有的天性和身心特征决定了他们在成长过程中需要给予特殊的关注和正确的保护。鼓励未成年人见义勇为，参与与其年龄不相适应的行为，实际上是对未成年人生命健康权的不负责任，其初衷似乎是合乎社会公德的，但是可能会诱导未成年人身处险境而遗患无穷。正是由于未成年人处在成长时期，个人力量和生活经验、判断能力都十分有限，并不具备助人脱险或与犯罪分子做斗争的能力。如果面对危险贸然挺身而出，其行为不仅难以带来多少积极的社会效果，还会增加未成年人自身的危险，对个人，对家庭，乃至对社会都有不良的影响。从保护未成年人的角度，与未成年人关爱生命的角度出发，社会不应鼓励更不应提倡未成年人见义勇为。虽说，"见义勇为，敢于斗争"是社会每一位成员都向往学习的目标，但是将其写进未成年人的日常行为规范当中，要求过分的严格了。每一个未成年人的生命都值得尊重和保护，在危险来临之时，正确的自救自护，才是切合实际与关爱生命的正确做法。

未成年人是未成年人制度伦理价值取向确立的主体，但是未成年人生命健康更是价值取向确立的本质。只有在此基础上，才能培养出心智健全，人格完善的国家事业接班人！

---

① 刘济良：《青少年价值观教育研究》，广东教育出版社 2003 年第 1 版，第 225 页。

（三）价值取向确立的关键——注重精神

精神是人类灵魂的家园，是人类心灵的港湾。未成年人的成长之中，如果缺乏精神的支柱，那么，与行尸走肉没有区别。未成年人个人精神境界的塑造，至关重要；否则就会出现计划经济时代的盲目闹革命，或是市场经济初期的拜金主义和享乐主义。

丰富、健全精神世界，培养未成年人正确的制度伦理观，可以从三方面入手：第一，正确处理物质追求和精神提升的关系。当下，国家日益重视经济的发展，未成年人极易被金钱所诱惑，对国际大牌、世界大牌的盲目崇拜，愈加提醒着我们应当重视对未成年人价值观方面的引导。因此，一方面我们应当肯定未成年人在物质追求上的合理性，但是要把握尺度；另一方面，要提升未成年人的精神，帮助他们树立远大理想，培养他们成为驾驭金钱的主人，而不是拜倒在"金钱"石榴裙下的奴隶。第二，丰富未成年人的精神世界。精神世界一旦空虚，那么未成年人就容易走上堕落的道路一去不返。只有精神世界的不断壮大，未成年人才会慢慢远离过度的物质世界。第三，人文精神的重塑。对未成年人人文精神的培养和塑造，能够为未成年人的发展指明方向和道路，充满意义。

人是一种精神的存在，人不能没有精神！未成年人制度伦理价值取向的关键就是注重精神，只有精神世界不匮乏，未成年人的发展道路才会顺畅，成长道路两旁才会布满鲜花！

（四）价值取向确立的中心——重塑信仰

有人说，现代人缺乏诚信，没有道德，但这背后最关键的是缺乏信仰。信仰本质上是一个人内心的确信，它是属于每个人自己灵魂方面的事物。它是从终极价值取向即终极关怀上指导人类精神世界和行为实践的精神机制，它在终极价值目标上给人提供一种内在的动力和精神的支柱。[①] 未成年人则更需要有自己的信仰，未成年人只有重塑了自己的信仰，才能准确定位自己的位置，知道自己想做什么，然后充满动力的去实现自己的人生目标。

信仰能够帮助未成年人设定自己的理想，能够为他们的灵魂找到一处避风港，因此信仰的重塑至关重要，分为三步：第一步，未成年人首先需要关注自己的信仰。每个未成年人都有自己的个性和特点，因此也会各有各的信仰，未成年人自己的信仰不能被家长或者老师所摆布，家长和老师只能循循善诱，引

---

① 刘济良：《青少年价值观教育研究》，广东教育出版社 2003 年第 1 版，第 233 页。

导、教育未成年人不偏离轨道。第二步，未成年人应当用信仰净化灵魂，提升精神。秉持信仰的未成年人，无论在学习还是生活当中，都会是一名精神高尚、乐于助人、团结同学、尊师重道的好学生，而不会斤斤计较、好高骛远，因为他精神世界的财富丰厚，他以此为荣。第三步，未成年人应当用信仰指导生活。精神世界的丰富，不能脱离现实生活，因此信仰的重塑最终应当回归到现实生活，用于指导现实生活。

未成年人用信用指导自己的生活，丰富自己的精神世界，生命之花才会绚烂开放，生活才有它真正的意义！

三、未成年人现代制度伦理的价值取向及内容

江泽民同志在中国共产党成立 80 周年纪念大会上强调："要帮助人们树立正确的世界观、人生观和价值观"。而未成年人作为祖国事业的接班人，帮助其树立正确的价值观，也是国家教育事业的重要任务。未成年人现代制度伦理的价值取向内容丰富，但是主要包括：

（一）社会主义理想的树立

党的十五大报告指出："重视受教育者素质的提高，培养德、智、体等方面发展的社会主义事业的建设者和接班人。"社会主义事业的建设者和接班人，没有社会主义的理想信念，是不可想象的。因此，我们必须把坚持正确的政治方向教育，培养未成年人树立建设有中国特色社会主义的理想信念放在重要位置。

只有社会主义才能救中国，只有社会主义才能使中国走上健康发展的道路，才能使中国的经济不断的腾飞，实现国家的长治久安。社会主义价值理念，应当是所有中国人都应树立的价值观。未成年人群体，作为社会主义事业的接班人，更应当由此觉悟。

未成年人树立社会主义理想价值观，首先需要认识到社会主义的先进性和正确性，从而坚定社会主义信念；更应当认识到只有社会主义才能够引导中国走向繁荣富强。其次未成年人应当认识到，社会主义自身正在不断完善和前进，因此许多地方有待改善，所以，每一个未成年人都应当"坚持以马克思列宁主义、毛泽东思想、邓小平理论、三个代表为理论指导，立足于建设有中国特色社会主义的实践，着眼于世界科学文化发展的前沿，不断发展健康向上、丰富多彩，具有中国风格、中国特色的社会主义文化"。第三，未成年人在日常的生活和学习中，应当以社会主义理想指导自己，维护社会主义制度，但也不应只停留在课本之上，应当增加实践性较强的活动，以增强社会主义信

念。比如，去参观一些现代企业或脱贫的先进农村典型，使未成年人在实践过程中认识到这些地方人们的物质和文化水平的变化，都是坚持建设有中国特色社会主义理论的实践结果，从而增强他们对改革的中国坚持走社会主义道路的认识。同时，参加社会实践，还可以引导未成年人直接接触一些基层干部和广大工农群众，使他们深入了解基层党员干部的作风，对党风和社会风气有一个全面的认识，正确地看到在改革开放和市场经济大潮中，绝大部分党员、干部都保持着为人民服务的本色。要善于扩大未成年人的视野，引导他们能够从整个历史发展过程中去考察、认识改革中出现的一些困难和问题，全面、辩证地予以认识，以加深对党对社会主义的感情，坚持社会主义的信念。

（二）爱国主义精神的塑造

"我们都有一个家，名字叫中国！"每当歌声萦绕在耳边的时候，心里都会有一种莫名的激动，是一种骄傲，一种自豪，我想这就是我们所说的爱国之情。但爱国决不仅仅只是简单的心理反应，在全球化不断发展的社会形势下，作为祖国未来的希望，未成年人弘扬爱国主义精神，就是要把爱国植根于思想中的每一个角落，落实到理想的每一个步伐中，贯彻在生活中的每一个细节中。

什么是爱国主义？列宁说："爱国主义是指人们对祖国的忠诚和热爱，是千百年来巩固起来的对自己祖国的一种最深厚的情感"。正是这种崇高的感情使人们为了祖国的繁荣富强奋斗终身，为了捍卫祖国的独立和尊严而奉献出自己宝贵的生命。中华民族 5000 年的文明历史过程中，爱国主义精神成为了鼓舞中华民族的精神支柱。古时有晏子"利于国者爱之，害于国者恶之"的大声疾呼，有诸葛亮"鞠躬尽瘁死而后已"的一生实践，有陆游的"位卑未敢忘忧国"的千古佳句，有林则徐"苟利国家生死以，岂因祸福避趋之"的悲壮高歌；现实中有国旗冉冉升起时的感动，有巡洋舰护航成功时的骄傲，有风雪地震来临时的支援等等。这些都是爱国主义的体现。当前，在激烈的国际竞争中，互联网络的发展，世界资本的流动，西方文化的流入等等，使得一些人认为爱国主义已经没有存在的必要了。我们常常见到，麦当劳、KFC 满大街都是；家乐福、麦德龙人流攒动；哈韩、哈日一族势力扩大……然而，国家仍然是民族存在的最高组织形式，只要国家存在，爱国主义就有其坚实的基础和丰富的意义，其就将是团结广大中华儿女为祖国发展努力奋斗的精神动力。①

---

① 刘雨辰：《青少年如何弘扬爱国主义精神》，《和谐社会》2010 年 5 月下旬刊。

中华民族的历史之所以悠久和伟大，爱国主义作为一种精神支柱和精神财富是起了重要作用的，爱国主义是一种深厚的感情，一种对于自己生长的国土和民族所怀有的深切的依恋之情。这种感情在历史的长河中，经过千百年的凝聚，无数次的激发，最终被整个民族的社会心理所认同，升华为爱国意识，因而它又是一种道德力量，它对国家、民族的生存和发展具有不可估量的作用。

塑造未成年人的爱国主义精神，应当围绕爱国主义的基本内容进行。第一，热爱祖国。作为中国特色社会主义事业的建设者和接班人，必须具有强烈的爱国主义思想。要大力弘扬以爱国主义为核心的团结统一、爱好和平、勤劳勇敢、自强不息的伟大民族精神。第二，建设祖国。建设中国特色社会主义是新时期爱国主义的主题。爱国主义的实践目标，是要振奋民族精神，增强民族凝聚力，树立民族自尊心和自豪感，巩固和发展最广泛的爱国统一战线，为实现现代化、振兴中华的共同理想团结奋斗。第三，保卫祖国。要把保卫国防和国家安全，作为爱国主义实践的基本内容。坚决反对一切分裂活动，捍卫国家主权和领土完整，保证全面建设小康社会顺利进行。第四，富强祖国。把社会主义祖国建设成为世界强国，是新时期爱国主义的最高目标。

（三）科学精神的培养

科学精神主要是指科学主体在长期的科学活动中所陶冶和积淀的价值观念、思维方式和行为准则等的总和。[1] 拥有科学精神的人，就拥有认真、严谨的生活、学习作风；同时也拥有强烈的社会责任感；他们诚信，可靠，拥有正确的人生观、价值观；他们尊重事实，客观公正，因此科学精神的培养，是未成年人必须具备的素质。同时，"以崇尚科学为荣、以愚昧无知为耻"的科学观，为未成年人科学精神的培养指明了方向。

未成年人科学精神的培养，应当具备以下几个方面：1. 执着的探索精神。根据已有知识、经验的启示或预见，加上锲而不舍的意志才能寻求真理。2. 创新、改革精神。创新精神是人在创造活动中逐渐凝聚而成的一种胆识与气魄。科学的发展需要突破，没有探索与创新，也就没有科学的突破。哥白尼的"日心说"使人类的认识解开宗教的绳索，使科学走上了独立发展的道路；爱因斯坦的相对论，冲破牛顿古典力学的时空观，使人类认识进入一个全新的时代。创新是科学的生命，科学活动的灵魂。未成年人只有不断创新，不断进取，才能提高未成年人学习或者社会实践的能力。3. 理性怀疑和批判的精神。

---

① 《科学精神》，百度百科，见 http：//baike.baidu.com/view/479155.htm，2012 年 2 月 12 日。

人类作为高级动物其区别于一切其他动物的最大特征是会思维，尤其是会"发展性"、"创造性"、"突破性"的高级思维。4. 实事求是的精神。科学精神在本质上是"实事求是"的精神。所谓"实"，就是客观事实、客观真实，这是真。科学精神的最高境界就是追求客观世界的规律性，这规律性就是"是"。科学精神不唯上，不唯书，只唯实。院士钟南山说："科学只能实事求是，不能明哲保身。学术上就是真理，就是事实，但是我们看到这个事实跟权威是不一样的话，我们当然首先尊重事实，而不是权威。"所以，科学精神就是尊重事实、尊重真理、反对迷信、反对盲从的精神。这是人类身上最大的优势所在。人类社会正是依靠了这三性思维，才达到今天这样的高度文明。相反，如果凡事皆易轻信，甚至迷信，往往会导致人们陷入只知唯书唯上，唯命是从的驯服心理和盲从心态中去。由此，终将丧失人所独有的最大优势和最大潜能。未成年人不应在科学精神的培养过程中，感情用事，而应当客观与理性，这样才能更好的激发未成年人的求知欲。5. 协作精神。在世界科学技术日新月异的今天，单一学科领域的研究不断深化，专业分工更加精细，各个学科之间的交叉渗透与融合的日益加深，使得大量的新兴学科、交叉学科、边缘学科、综合学科不断涌现。任何一门学科只有从其他学科的理论、技术和方法上汲取营养，才能形成学科发展的内在动力。当今世界上许多重大科学技术的突破，都是在多学科的科技工作者共同参与下实现的，多学科之间的互动和多向交流，促进了学科的发展和繁荣。因此，倡导科学的协作精神，开展跨学科的研究，这是由现代科学技术发展的内在规律所要求的。① 但是协作精神是现代未成年人作为缺乏的，独生子女政策的落实，使得现在的孩子养成了娇生惯养的习惯，他们不愿意互帮互助，因此，科学精神培养过程中的协作精神，也同时能够养成未成年人团结同学，互帮互助的精神。

未成年人制度伦理价值取向的确立，有利于他们淡泊现实的功利，净化自己的心灵；有利于他们提升自己的道德品质，充实自己的精神世界；有利于摆脱世俗的不足，形成高尚的、健全的心智与性格。

（四）审美精神的养成

马克思提出"艺术对象创造出懂得艺术和能够欣赏美的大众"的著名命题，并进而认为人追求需要的层次提高，也就是人的素质提高。随着生活水平、文化水平的提高，人们对物品的审美价值的追求也在日趋强烈。如果一个

---

① 刘长城：《论青少年科学精神的培养》，《山东省团校学报》2010 年第 5 期。

人不具备审美意识和辨美的能力那将会在扑朔迷离的多采的生活中感到困惑而莫衷一是，在琳琅满目的大千世界中感到踌躇而不知所措。改革开放以来，随着市场经济的发展，给生活注入了蓬勃生机。未成年人带着好奇的眼光审视这五光十色的大千世界，怀着一种尝试的心里，模仿西方的生活方式。他们摆脱了封闭的生活领域，向往着世界美好的未来。但是他们思想单纯幼稚，正确的世界观尚未形成，对是非、美丑的区别尚不能正确的判辨，对形式美和内在美的关系尚不能正确处理，以致出现爱美上的畸形发展，审美上的随波逐流。混淆了迫求真善美的视线，影响了身心健康成长。

世界万物的美好，不仅仅停留在锦衣华服和俊男美女上，例如优美的语言、动人的诗篇、可歌可泣的英雄事迹，都能感受到美的真谛；在祖国光辉的历史画卷中，在民族伟人创举史册上，拥有先烈们壮丽而美丽足迹，在心灵心受到美的熏陶；在祖国壮丽河山、丰富物产、改革开放以来的巨变图册上，看到祖国美好、看到祖国的未来，激发珍惜今天美好生活情感，启迪努力建设美好的明天的愿望，这些都是美丽，比只停留在外表上美，更加摄人心魄。但是，这份美好，需要未成年人培养审美意识以及养成良好的审美习惯。

第五节　未成年人制度伦理的建构

一、未成年人的新学习道德规范

道德是一种社会规范，依靠社会舆论来支持和维系。在社会生活中人们要遵守社会道德，在工作中要遵守职业道德，同样的，学生在学习过程中应该遵守学习道德。学习道德是指在学习活动中产生的、以是否遵守学习纪律为评价标准、并依靠人们的内心观念和社会舆论维系、调节学习行为的各种心理意识和行为规范的总和。学习道德与其他社会道德一样，是社会历史发展到一定阶段的产物；但又不同于一般的社会道德，它除了依靠人们的内心理念和社会舆论来维系、调节之外，还要依靠学习纪律来约束和规范。但学习道德又不同于学习纪律。学习纪律是学生在学习过程中必须遵守的行为规范和准则，依靠外界的强制和约束，如果违反就要受到一定的惩罚和制裁，但学习道德除了依靠学习纪律来约束之外，更多地依靠学生的内心理念来约束，即借助于不成文的、融化在学生意识中的观念来约束和维持。①

学习是知识累积的重要途径，而21世纪，知识的价值更是被喻为资本、财富或是无价之宝，因此未成年人学习道德规范的建构是提高未成年人精神活动的关键。未成年阶段是人类发展成才的关键时期，学习知识与技能是这一阶段的主要任务，拥有良好的知识结构，具有旺盛的求知欲和积极进取的精神，是指引未成年人成才的标识。因此，影响未成年人新学习道德规范建构的因素主要是环境因素。

环境因素的重要性十分明确，古有"孟母三迁"，今有家长连夜排队购买学区房，无一不说明环境在未成年人学习过程中的重要性。而环境因素又分为：第一，家庭环境。家庭环境是未成年人首先接触到的社会环境，对新学习道德的形成起成型的作用。家庭的教养方式、父母的教育观和知识观直接影响未成年人新学习道德的养成。家长有意无意中表现出来对学习知识的态度潜移默化地影响着未成年人，因此未成年人家长也应当纳入未成年人新学习道德规范建设中。第二，学校环境。未成年人学习的场所主要是指学校，他们在学校里学习各种知识和技能，同时也从老师和同学身上学到知识和为人处世的道理。未成年人置身于学习气氛浓厚的学校环境和班级环境之中，不自觉的会受到其影响，积极的投身于学习并从中体会到学习的快乐，逐渐意识到知识的力量。学校中的教师，相当于家庭里的家长，责任重大。② 如果教师兢兢业业，积极进取，热爱知识，学无止境，无形中也会感染未成年人，他们便会努力学习，追求新知识。随着年龄的增长，未成年人在学校中的交往也成为影响他们学习的因素，同学、同伴对于学习的热情程度会成为他们认同并效仿的榜样。

根据影响未成年人新学习道德构建的因素，新学习道德的构建可以从以下几方面入手：

第一，应当建立正确、清晰的学习目的。正确、清晰的学习目的是学生努力的方向，是学生不断自我完善的强大动力。学生既要有长远的理想，也要有某一特殊阶段更要明确每一天、每一周、每一月的努力方向，而不要让学生处于迷惘的状态。第二，应当培养踏实、勤奋的学习态度。学习不是一种可以偷懒的活动，也没有捷径可走，因此在学习中必须树立一种踏踏实实、勤奋努力的学习态度，在学习中要脚踏实地、一步一个脚印地去努力。对待学习，要有

---

① 屈新枝：《重视学生学习道德的养成》，《山西广播电视大学学报》2005年第2期。
② 黄希庭等 著：《当代中国青年价值观研究》，人民教育出版社2005年8月版。

一种积极的态度，把学习当成是自己生活的一部分，好的学习心态才能使学习过程充满乐趣。第三，应当养成良好的学习习惯。有句话说得好，"播种行为，收获习惯；播种习惯，收获性格；播种性格，收获命运。"学生想取得良好的学习成绩，除了有明确的学习目的和正确的学习态度外，形成良好的学习习惯将有助于学生顺利完成学业。第四，应当掌握适合自己的学习方法。虽然在学习上没有捷径，但却有许多学生在学习上走了弯路。教师有责任在要求学生努力学习、向学生传授知识的过程中，帮助学生掌握良好的学习方法，如记笔记的方法、预习的方法、阅读的方法、及时复习的方法等等，在教学过程中，鼓励学生互相交流学习方法、不断探索行之有效的新方法，使学生在学习知识的同时，掌握学习的方法。第五，应当遵守学习纪律。在班级学习的形式下，学习纪律的约束是提高学习效率和保证学习计划顺利进行的重要手段之一。教师要培养学生具有遵守纪律的意识，养成遵守纪律的习惯。同时，学校要建立健全各种规章制度，使学生有章可循，教师要不断监督、教育，使学生遵守纪律。另一方面，要帮助学生从"他律"走向"自律"，使学生自觉地遵守学习纪律，把学习纪律内化为学生的自我要求。① 第六，应当树立学习的自信。未成年人在学习的过程中，有时会有无能的感觉，认为自己比较笨，学不好，或在学习过程中经历了太多的失败，认为自己无论如何努力，也不可能取得好的学习成绩。针对这种情况，教师要帮助学生树立自信，这首先基于教师的基本信念，即教师从信念上坚信学生是能够学好的，而且要把这种信念给学生，让学生感受到教师的信任与期待；再者，在日常的教育教学过程中，要注意从学生当前的实际水平出发进行教学，让学生体验到学习成功的喜悦，从而树立学习自信，产生更强大的内驱动力与兴趣去完成自己的学业。学生在学习中建立起来的自信，也会对他以后的工作、生活产生积极的影响。

二、未成年人的新个体道德规范

所谓个体道德，是指具有一定社会身份，并起一定社会作用的个人，为自我实现、自我发展、自我完善而形成和具备的，并适合一定社会利益关系的客观要求的道德素质和内心道德准则的综合。② 而个体道德与社会道德的关系如下：个体道德完善是社会道德完善的基础，社会道德完善是个体道德发展的保障，和谐社会需要道德完善的社会个体。离开了人的道德发展、人与人的和

---

① 屈新枝：《重视学生学习道德的养成》，《山西广播电视大学学报》2005 年第 2 期。
② 唐凯麟：《论个体道德》，《哲学研究》1992 年第 4 期。

谐、信任，和谐社会就会缺乏根基，成为空洞之物。因此，个体道德规范属于根基，地位十分重要。

《大学·礼记》中有云："古之欲明明德于天下者；先治其国；欲治其国者，先齐其家；欲齐其家者，先修其身；欲修其身者，先正其心；……心正而后身修，身修而后家齐，家齐而后国治，国治而后天下平。"希望彰显自身明德之人，就有了"修身，齐家，治国，平天下"的四个境界。因此，个人道德修养也可以分为下列四个境界：第一，修身。处于这一层次的人们的主要任务是修身，通过学习，端正心态，建立诚信，明礼知教，其最基本的准则就是"学做人"。在这一层次，人们把外在的道德规范通过学习、觉悟等方式内化到各自的内心，体会道德价值，有时也通过社会实践体会道德意义。这应是个体在学校教育阶段的任务，即社会成员按照一定的道德原则和规范，为实现一定的道德理想，对自己的品行进行锤炼和陶冶的阶段，为进入社会承担社会义务做好充分的准备。第二，齐家。家庭的美满，需要一定的物质力量作为支撑。家庭成员的辛勤劳动，赚取金钱，是功利的表现，但是也需要讲求道德。既然，物质是家庭的基础，那么"功利"问题，仍然是社会人优先考虑的，建立美满的家庭是社会人的目标和使命，是个人功利取向的集中体现，也是个人是否遵循道德标准的原动力。实践证明，处理好家庭功利问题是个人道德修养的关键一环，事关人的诚信与和谐。如果人们太重视家庭利益，轻则破坏诚信，重则违法乱纪，贪污腐化。因此一个人，不管他身居何位，名分多少，建立自己美满的家庭，并推己及人，就可以说达到了齐家境界。第三，治国。这类人应当被称作"圣人"，他们的心中有社会利益的存在，充满正义，是真正有道德的人。但是，对于普通百姓，或者未成年人来说，这样的要求可以作为一种人生奋斗的目标，一种追求即可。第四，平天下。具有这种品德的人的思想境界早已超越俗尘社会，追求精神上的道德完美。他们把整个宇宙当作自己觉解的目标，从人类发展的大局面着眼分析和判断问题，关注人与自然的和谐发展，这种境界的人有着更广大的胸怀和更高尚的气节。①

笔者认为前两个，"修身、齐家"这两个境界伴随人的一生，并且是体现和规范个人道德体系的关键，因此，对于未成年人新个人道德规范的设定，也应当从这两方面入手。首先，应当贯彻"以人为本"的理念，实施人性化教育。以人为本就是要尊重个人在不同成长阶段的差异性，人与人之间的差异

---

① 张宝华：《论和谐社会和个人道德建设》，《东岳论丛》2005 年第 4 期。

性。未成年阶段，则要逐步加大社会道德价值教育，赋予其道德责任感。同时让他们在幸福和痛苦中体验道德的价值，也为他们进入社会打下良好的基础。其次，道德教育要贯穿人的一生，促进它从低级向高级阶段发展。基本道德规范是相同的，但是人在不同的阶段对道德的理解和执行的自觉性不同。最后，采取富有人性化的道德教育手段，采取人们喜闻乐见的方式，针对道德建设中的突出问题实施教育。

未成年人新道德规范如下：第一，建立以明礼、诚信、仁爱、忠恕、爱国等为核心的基本道德规范体系，使人与人之间建立信任、友爱、团结，把个人的发展同他人的发展结合起来。第二，建立未成年人个人道德惩戒体系。例如，国家教育部要求中学生建立"诚信档案"，作为评价学生的标准，我们可以把诚信档案与个人的身份证挂钩，记录一生的行为，建立共享的个人数据库，在全国都可以查到该人的行为记录，作为人们评价的依据，从而达到有效遏止违反道德的行为。等等。

三、未成年人的新社会道德规范

社会道德是指人们在履行社会义务或涉及社会公众利益的活动中应当遵循的道德准则；它是人类在社会生活中根据共同生活的需要而形成的，如遵守公共秩序、讲文明、讲礼貌、诚实守信、救死扶伤等；它对维系社会公共生活和调整人与人之间的关系具有重要作用。

2010 年的上海世博会，那一年上海市民与全国各地的市民，都接受了社会道德的考验，提交了一份社会道德的答卷。上海世博会，作为一场世界文明的盛宴，给予政府的是每天几十万甚至是几百人带的参观压力和事故防范的压力；而给予普通人的是关于规则的考试，即社会公德的考试。国人的进步应当被发掘，但是某些陋习也不可以熟视无睹。例如，有的不讲文明礼貌，不尊重他人。世博园区内，随意插队，占凳睡觉，吵闹哄抢的行为屡见不鲜。有的不爱护公物，如乱涂乱画，肆意践踏草坪。有的不保护环境，随意乱丢垃圾，随地吐痰。以上的这些行为，都是公民社会道德水平底下的表现，究其原因，可归结为：第一，传统文化的影响。公德的相对概念是私德。关于私德与公德的问题，梁启超曾说："人人独善其身谓之私德，人人相善其群谓之公德。"而中国几千年的文化发展中，私德往往高于公德，独善其身的人更多，诸如"中庸之道"、"明哲保身"之类的，即便是被国人奉为圣人的孔子也有将家庭私德置于社会公德之上的言论。几千年封建王朝形成的思想文化，是不太可能在短短的近百年时间里得到彻底改变的，这就造成了公德意识的群体性薄弱。

第二，惩罚机制的缺少。机动车驾驶者违反交通规则，必定会受到驾照扣分及罚款的处罚，而非机动车驾驶者及行人是不会受到任何处罚的。因此，绝大部分非机动车驾驶者以及行人便彻底抛弃了交通出行准则，将有关的社会公德弃之不顾，为自己赢得那短短的几十秒时间。再如，乱丢垃圾的行为，在新加坡和中国的香港都被被罚以千元，但是在我国却是空白。第三，公德教育的缺位。公德教育的缺位主要就是在家庭教育和社会教育中，学校教育中也存在。公德教育在慢慢丧失了学校这块重要的基地后，学校用说教的方式在学生心中播下的一点点公德的种子便再没有得到充分的浇灌，无法生根发芽。于是，相当数量的可塑性极强的学生在其接触更广泛的家庭与社会生活中，心中的那一点公德意识很快就被消灭或遏制，"闯红灯"就是一个很好的例证。①

由此不难看出，未成年人新社会道德规范的建立，应从以下几方面入手：首先，应在未成年人当中，宣扬"八荣八耻"，将爱护公共财物，遵守公共秩序，维护公共场所卫生，保护环境，关心公益事业等公民道德作为未成年人每天学习的内容。其次，政府和相关教育部门，应当不定期的公布未成年人的社会道德状况，根据不同时期的特点，制定不同的规定。同时，要通过各种渠道、媒体大力弘扬道德模范的崇高精神，用榜样的力量教育未成年人、引导未成年人。最后，开展学校教育、家庭教育和社会教育。并且按照未成年人的认知能力，从小学、初中到高中，由易至难，逐渐培养他们的公民意识，增强其规则意识。在行为养成上，学校应当组织未成年人参加各类契合学生实际的社会实践活动，让学生在社会实践活动中自觉遵守规则，逐步养成遵守公共准则的习惯。在家庭中，要充分发挥家庭这块阵地的正面影响力。而加强家庭教育应当从加强家庭双亲教育抓起。我们可以借鉴国外的一些优秀做法，如美国德"全美双亲协会"、英国的"全国双亲教育联盟"、法国的"全国家庭教育学中心"等，建立一些家长学校，以提高家庭教育中教育者的素质，从而提高新一代公民的素质。在社会教育中，要充分发挥上述各类机构的作用，全面利用，全面开展，使全体未成年人时时刻刻处于公民教育、公德教育的氛围中，长期熏陶，潜移默化，自觉地将意识转化为行动。

未成年人新社会道德规范，可以在上海市民"七不"规范的形式上加以修改，形成"四不"规范，即：一不破坏公物，无论是学校公物还是社会上

① 《从观世博到看社会公德和公民教育》，浙江文明网，见 http://www.zjwmw.com/07zjwm/system/2010/11/29/017124459.shtml，2012 年 2 月 13 日。

其他地方的公物；二不横穿马路，并遵守其他交通规则；三不乱扔垃圾，并慢慢认识垃圾分类规则；四不讲脏话，要求常用礼貌用语，习惯说普通话。

四、未成年人的新家庭道德规范

家庭道德是人类社会的伦理现象，也是中华民族传统道德的重要组成部分。"家和万事兴"，小家庭是大社会的组成部分，家庭道德的不断提高，也会成就全社会道德水平的提高。未成年人在众多家庭道德中，主要承担家庭责任道德、子女道德、亲友道德和邻里道德。

在家庭责任道德与子女道德方面，未成年人应当以"孝"为先。孝文化是中国传统文化的核心内容，自有人类文明史以来，"孝"便成为中国人维系社会稳定、家庭和谐的精神支柱。封建王朝以"愚忠""愚孝"达到社会的安定和政权的巩固；而现代社会，要求子女尽孝、赡养父母是每个公民应尽的责任，并用法律的形式规定下来。然而，"孝"是道德的范畴，是良心的本质体现，法律只对那些不赡养父母、虐待老人甚至犯遗弃罪的人有约束力，而对那些内心不愿接纳父母，其不孝行为并没有达到法律规定的伤害时，只有依靠道德教育来促使行为者的良心自省。未成年人为什么应当遵循"孝道"这一传统道德，原因有三：第一，孝是道德的本源。孔子说过："夫孝，德之本也，教之所由生也"。孝是道德之根本，也是教人如何做人的根本。未成年人只有遵守孝道，才能在形成其他道德素养的道路上，越行越远。在第二，孝是对具有血缘关系的宗亲的尊爱和维系。《礼记·祭义》中说："居处不庄，非孝也；事君不忠，非孝也；莅官不敬，非孝也；朋友不信，非孝也；战阵无勇，非孝也。五者不遂，灾及其亲，敢不敬乎？"这就是说，"中国的传统道德把一个人对社会、对国家所应担负的责任，都建立在对父母的孝的基础之上"。[①] 因此，孝不仅仅是维系宗亲间血缘关系的纽带，更重要的是它所具有的对国家和对社会的责任意义。未成年人作为国家事业的接班人，也只有先承担家庭责任，才可能有能力承担对国家，对社会的责任。第三，孝道是知识修养在德行上的体现。孝作为一种德性修养，是一个人赢得社会信誉度的重要指标，常常对一个人的事业发展产生影响。古往今来，无论是汉代的"举孝廉"制，还是自唐以后的科举制度，抑或是今天的干部选拔制，在选拔用人之前首先要考察的是德行和孝行。孝行不仅是人的知识修养的体现，又是良心和爱心的表

---

① 罗国杰：《罗国杰文集（下卷）》，河北大学出版社 2000 年第 1 版，第 421 页－422 页。

现；有孝心的人必然是遵守社会公德、遵纪守法的合法公民。① 因此，未成年人道德教育，首先应从家庭道德的培养入手。

针对 90 后，00 后的未成年人，新家庭道德规范至少应当包括：第一，改变以自我为中心的态度，体谅父母的艰辛。第二，改变不能自立、自理的生活状态，不能总是一味的索取。第三，提高并深化敬长意识，不得干预父母的生活，不得对父母态度生硬、语言不敬。第四，具备感恩意识，回报父母的养育之恩。因为感恩是良心的体现，是行孝道的基础。第五，应当做好成年以后赡养父母的准备，并且不得遗弃和虐待父母。

此外，邻里道德也是未成年人新家庭道德规范的重要组成部分。邻里关系不可不重视，它虽远不如经济、政治、法律、行政组织等关系那样引人注意，显出强有力的约制力，然而邻里关系对思想、政治乃至社会经济生活却发生着很大的影响。作为社会关系系统中的一个方面，邻里有它自己确定的地位。不但社会上的寒暑风雨会在邻里得到这样那样的反映，反过来，邻里又以自己的特殊方式作用于社会。邻里关系有着特殊的社会监督作用，邻里关系是社会信息交换和传播的一个途径，对人们的思想影响是不可低估的。邻里对社会的作用并不是单向的。好的邻里可以对社会进步起促进作用，反之，则可能为社会增加纷扰。在现实生活中，邻里曾为孕育张海迪这样的英雄、模范人物发挥了作用，但也可以擎生出流氓、恶棍。② 由于经济的发展与网络时代的作用，现代社会的邻里关系远不如以前好，住在邻里隔壁却不认识对方，有些甚至由于噪音、垃圾污染，使得邻里关系紧张。新时代背景下未成年人的邻里道德规范，可以概括为：互让互敬，互爱互助、敬老爱幼、先人后己，和气协商，居邻不扰，保护环境，爱护公共设施，参加公益劳动，分担公益工作，一家欢乐大家欢乐，一家困难大家解忧，文明处事，礼貌待人。

未成年人制度伦理建设，是一项内容庞杂的，对象的身心特点独特的的任务，可谓任重而道远。如何建设即适应社会主义文化建设，又适用于我国未成年人的伦理制度，相关部门和全社会都应当为此而共同努力！

---

① 韩文根：《中国传统孝文化在青少年德育中的作用——由青少年孝道缺失引发的思考》，《中国青年研究》2011 年第 6 期。

② 左孝彰、李鸿安：《邻里关系与邻里道德》，《道德与文明》1984 年第 2 期。

第八章

外国未成年人道德教育

对未成年人进行道德教育，是所有国家的共同教育行为。本章通过对几个有代表性的国家作一比较性研究，旨在达到洋为中用的目的。

第一节 各国未成年人道德教育

一、美国未成年人道德教育

美国作为现今世界经济体的龙头老大，其文化理念也因世界全球化的进程不断被其他国家所接受，所适用。因此在未成年人道德教育上，美国的道德教育模式也既有可以借鉴的优点，也有可吸取的教训。

（一）传统美国未成年人道德教育

所谓传统道德教育，一般是指一切道德教育思想、道德教育学说和实践继承于历史。从另一种角度上来说，是指在历史上业已存在的道德教育思想和教育实践。再者，通常意义上的传统道德教育，因其已相当程度上被现代的、更新的道德教育所替代，因而在定性意义上传统的道德教育有时特指那些闭塞的、保守的、强制的、非理性的道德教育手段。如戚万学教授所言，传统道德教育是指"人类教育发展史上所有试图借助一切可能的教育手段，向学生强加并使之接受单一的、固定的道德价值从而达到禁锢抑或封闭学生道德思想的目的之教育观念和教育活动"①。戚万学所指的传统道德教育主要是从后种角度来说，且带有贬义。虽然传统道德教育被现代道德教育所替代必有其落后，闭塞之原因，但笔者更倾向于将传统道德教育归化为时间意义上的传统教育，即历史上既存的思想道德教育。因为首先传统所对应的词汇就是现代而非先

---

① 戚万学著：《活动道德教育论》，南开大学出版社 1994 年第 1 版，第 15～16 页。

进，两者都为时间意义概念。其次，即使是现代最先进的道德教育也是立足于传统，由传统改善、进化而来以适应现代社会的发展模式。因此传统的道德教育和现代的道德教育一样，是就当时的历史环境、社会环境而言最为合适的。而随着历史的发展，当传统道德教育与当时的历史环境、社会环境发生冲突，则这种冲突与力量就促使着新生的道德教育替代传统教育。因此对于传统的道德教育的研究可以了解历史与社会的发展，了解未成年人道德教育需求的改变，有着相当的研究性意义。

美国虽然不像中国、印度等东方文明古国那样有着悠久的历史，也没有英国、法国等欧洲国家古老繁杂的传统文明，它作为一个十分年轻的殖民国家，其文化并不是从零起步，而是站在古典欧洲文化英国传统的肩膀上，同样有着自己的丰厚的底蕴，作为新兴的殖民国家，美国的传统又与英国等欧洲国家不尽相同。

1. 浓重的宗教色彩

美国殖民来自英国，来自欧洲，因而美的传统道德教育也源自英国。在当是的 16、17 世纪，欧洲虽然已经历了文艺复兴和宗教改革，宗教的力量不再似中世纪般压抑。但文艺复兴和宗教改革并没有使得欧洲不再信仰宗教。事实上，人们只是改变了对待宗教的方式，对宗教与世俗的关系有了新的看法。人们仍然是关注宗教、信仰宗教的。当欧洲移民首次来到北美大陆，欧洲的宗教传统与宗教精神也随着"五月花"号来到了这片未经开发的土地，生根发芽，形成了美国时至今日仍十分重视的宗教传统。因此美国的道德教育也不可避免地烙上了宗教的浓重色彩。

此外，北美大陆的首批移民并不是将宗教如附属品般随意地带入美国，而是作为一种精神支柱，追求信仰才远赴重洋。在英国宗教改革后，有一部分清教徒认为《圣经》才是唯一最高权威，任何教会或个人都不能成为传统权威的解释者和维护者。他们为了保持宗教的纯正、为了追求自己的信仰，乘着"五月花"号踏上美洲大陆，他们严格以宗教自律，期望在美国能够实现自己的宗教信仰。因此最初的美国移民有着强烈的宗教精神依托，他们建立学校、学院意欲保持自己纯正的宗教追求。因此美的传统道德教育在浓厚的宗教氛围中成长起来，带着深刻的宗教烙印。

美国的首批移民多为清教徒，而清教对于儿童的教育是一种强制性的，以外在约束为主的方式进行的。这正是由于清教的儿童观认为儿童生来邪恶为前提的。"清教关于儿童的观念，在新英格兰殖民地的教育中是另一个重要的因素。他们认为，儿童天性是堕落的——孕于罪恶之胎，生于臣子恶之境。儿童的游戏被视为懒散，儿童的说话被认为混乱不明。为了培养儿童，清教徒的教师经常运用纪律，儿童的举止要时时受到纪律的约束。这种举止被认为是上帝选民的外表。良好的儿童应表现少年老成。"① 在美国最初的殖民地时期，宗教在整个社会生活以及教育中占据了统治地位。"当时学校以大部分时间举行祈祷，讲宗教故事，阐明教义，阅读《圣经》。比这更重要的是以宗教为其他学科的统帅，识字、拼法、读法、写字以豚计算都要环绕宗教课而进行，绝对不许违反教义"。当时的儿童教育通过家庭、学校、教会、社区等途径共同完成。在大部分时间里，道德教育是未成年人教育首要的和根本的任务，以使首批移民的下一代能保证纯正的宗教信仰，清洁的宗教依托。

2. 明显的殖民地特征

美国第一代移民多是乘着"五月花"号来自大洋彼岸的英国人。而无论他们是自愿来到美国，还是被迫出逃，从内心深处来说，在美国建国之前他们仍感觉自己从属于原先的国家。美国本身也未成为一个独立的国度，各个殖民地上的人无论是政治、经济还是文化上都是依附于原先的宗主国的。对于英属殖民地来说，它是隶属于英王的海外领地，一切活动在原则上都必须经过英王的特许。在政治上，无论殖民地间如何争吵，大家都自觉忠于英王。在经济上，来到北美意求发展的公司都必须经过英国的批准或者特许。而在文化上，欧洲移民文化尤其是英国移民文化更是北美殖民地的主流文化。因此殖民地的属性对北美的传统道德教育有着深刻的影响。

首先，美国传统道德教育的殖民地特征首先表现为对于宗主国的忠诚，对于 WASP（White Anglo-Saxon Protestant）的忠诚。欧洲移民虽然远离家乡，但如上文所述，在政治，经济和文化上仍隶属于各自的宗主国。所以，在道德教育上，也同样体现了鲜明的殖民地特色。移民们在身份和意识，自觉地把自己归类为英国公民和国王的臣民，他们为自己是英国君主制下的臣民而自豪。同时英国人也把其他殖民地白人居民看成是自己的"表亲"。在价值观念和生活方式上，他们都是英国化的，道德教育的一个重要目标即是忠于英王，忠于宗主国。

其次，美国道德教育的殖民地特征另一个表现就在于此时的道德教育基本

---

① A. C. 奥恩斯坦著、刘付忱等译：《美国教育学基础》，人民教育出版社 1984 年第 1 版，第 68 页。

上是英国模式的翻版。自 17 世纪以来，英国的移民数量在北美大陆占了主导地位，因而英国的政治经济架构以及文化也同样处于主流地位。因此在教育上，北美的教育思想和实践也主要是英国式的，"美国教育的历史基础是由殖民主义者建立起来的，他们企图在北美重建英国类型的学校"。在美国还未建立共和国时，英国式的君主制、等级制等思想在道德教育上有所体现，教育的内容也是来自于英国的清教教义，其他教育都被排斥在外，教育的机构、教育的方式都是英国式的。

再次，对于北美大陆的本土居民印第安人来说，殖民地的风格更是显而易见的。美国的发展壮大对于早期的印第安人来说无疑是一部不堪回首的血泪史。在哥伦布发现美洲大陆时，美洲大陆就生活着大量的印第安人。自大量移民涌入美洲大陆，这些原著居民印来了一场血雨腥风，土地乃至生命都被剥夺。处于原始状态的印第安人根本无力抵抗来自文明国家的武力装备。在被大肆杀戮后，新移民开始对印第安人施以"教育"，进行文化传播，试图归化他们。所以对于印第安人、黑人以及其他非欧洲移民的教育、道德教育带明显的殖民地色彩与侵略者的姿态。究其根本目的则在于从精神上消灭印第安人的本土文化，令其从观念和行为上都能服从于移民的领导。

3. 显著的多样化特征

尽管美国在初期是以清教与英国文化作为主流宗教与文化的，但是美国的移民其实来自于多个国家。当时活跃在美国的宗教除了主流清教以外还有着其他宗教文化。因而在一定程度上道德教育必然是多样化、多元化的。"这些殖民地是在大相径庭的政府体制下成长起来的。其宗教千差万别，种族五花八门，风俗习惯截然不同。它们交往很少，互不了解，因此把它们用同一种理论原则和同一套行动体系联合起来，实在是一件非常困难的工作。"① 殖民地的道德教育不仅仅是在形式上多样化，比如存在不同的教育机构，更多的是在内容上的实质性多样化。因为美国作为一个移民国家，虽然英国是主要移民的来源地，但其他国家、人种虽在数量上不及英国人，但种类之多，造就了殖民地内部在宗教、人种、区域、宗主国、价值观都是有着很大程度的不同，也造就了文化上的实质多样化。不同的殖民地、不同的宗教、不同的人种以及不同的社区都对道德教育提出了自己的要求，各自按照自己的信仰、文化传统以及价值观来设计道德和道德教育。

---

① 赵一凡:《美国的历史文献》，生活·读书·新知三联书店出版社 1989 年第 1 版，第 105 页。

（二）现代美国未成年人道德教育

整个 20 世纪对于美国而言是一个现代化不断发展和膨胀的世纪。美国人对待现代化的也由最初的一味欣赏或者盲目排斥走向了日渐成熟和理性，同样，对待现代性的道德和道德教育，也大体上经历了一个类似的历程。

1. 现代道德教育生长期：20 世纪上半期

20 世纪上半期，现代道德教育经过与传统道德教育的对峙，其基本思想、基本理念及其实践基本在美国的学校教育中占据了主导地位，成为 20 世纪中期美国道德教育的主流形式。我们可以将 19 世纪末期到 20 世纪上半期现代道德教育在美国的发展和嬗变称为现代道德教育的生长期。19 世纪末至 20 世纪初，美国的资本主义开始由自由资本主义向垄断资本主义过渡，工业化、城市化基本完成，新技术不断出现，社会生产和生活方式，价值观念发生了颠覆性的变化。在 20 世纪上半期，美国经历了次世界大战的洗礼与经济大萧条的冲击，美国社会的政治、经济、外交等都得到了进一步的调整，美国逐渐成为世界首屈一指的高度现代化的国家。与此同时，美国的教育与道德教育也得到了进一步的成长。现代道德教育在美国的生长是与当时的社会环境、理论氛围以及教育改革不可分割。对于社会环境，现代道德教育既是现代社会的产物，也是现代社会的必要组成部分；对于理论氛围，现代道德教育的生长除了深受欧洲近代教育思想的影响之外，美国本土的种种现代思想文化，现代哲学、社会学、心理学等学科也为现代道德教育的生长提供了必备的思想基础；对于教育改革来说，现代道德教育的发展是现代教育改革的重要组成部分。

美国现代道德教育区别于传统教育的一个重要特征即为对儿童的了解之上。19 世纪末至 20 世纪初心理学研究蓬勃发展，为现代教育的形成提供了一个重要的理论基础。实验心理学、机能主义的心理学、行为主义的心理学、弗洛伊德的精神分析理论都直接或间接地对美国的教育与道德教育产生了举足重轻的影响。如上文所述，在美国移民初入美国时期，尤其是占主流的清教徒认为儿童是罪恶之胎形成，认为儿童的游戏是懒散是罪恶，儿童应当少年老成。而自 19 世纪末 20 世纪初以来，儿童研究，尤其是儿童心理研究的新成果改变了、更新了人们对儿童发展的认识，使现代教育有可能建立在科学的儿童发展观基础上。

2. 现代道德教育发展期：二十世纪六七十年代

在 20 世纪四五十年代，受当时的历史境况——二战与战后美苏争霸的影响，进步主义所倡导的现代教育、现代道德教育经历了短暂的沉寂。当时的教育暂时以服务国家主义、服务经济建设需要为主，现代道德教育备受冷落。但到了六七十年代，现代道德教育理论和实践又一次活跃起来，又找到了适合生长的社会土壤。这也与当时美国的社会经济和文化状况密切相关的。

第二次世界大战中，美国远离欧洲战场，当其他老牌资本主义国家饱受战争的拖累，遭受毁灭性的打击的时候，美国却以兜售武器和物资使国力迅速膨胀起来。因此，在二战结束后，美国由一个资本主义国家中的小弟弟一跃成为世界头号经济国。50 年代是美国经济发展的黄金时代，美国经济持续增长，消费水平不断上升，中产阶级过着富足的物质生活。然而，五六十年代经济的繁荣掺杂着泡沫。在 50 年代美国爆发了三次经济危机，依然有 7% 的家庭处于贫困之中，60 年代经济的滞胀初步显露。50 年代，美国在政治上推行反苏反共的高压政策，再加之麦卡锡主义的猖獗，美国国内气氛沉闷、呆滞、压抑。美苏两国又在军事上争相研制核武器，给人们带来世界末日般的恐慌气息。而在悄无声息又影响重大的文化上，美国的资本主义精神、道德、文化、价值观等并没有跟上经济的飞速发展，反而因为经济发展刺激了人门的欲望，无限扩大人们的物质需求，传统的清教徒所推崇的克勤克俭、努力奋斗、积累资本、遵守的伦理道德受到了猛烈的冲击，人们要求重视自我价值、自我完善，不断追求对人的尊重，而试图摆脱宗教的束缚，摆脱对神的崇拜，但同时也试图摆脱道德、法律、家庭和社会的种种制约。

60 年代，美国的现代性弊端日益彰显，美国人只不过是"行将沉没的'泰坦尼克'号游轮上的尽情享乐的快乐的游客"。① 一批知识分子和青年人带有明显的"左倾"倾向，以激进的形式对社会进行批判，表达对现实的不满。这其中也不无非理性极端的一面，"我们崇拜的是体育界和娱乐界的明星，我们抛弃的是价值的传输者——神父、老师和圣者"②。美国 60 年代掀起了一场反文化运动，促使人们对美国的价值观进行重新评估，使传统文化和价值观遭到了毁灭性的打击，在现实中也的确影响了美国的对外和对内政策，促进了社会的变革。同时，在反文化运动中所形成的社会批判、精神批判和文化批判精神，对以科技和工业为标志的现代化的反思，浓厚的人本主义和理想主义色彩，都对这个时期乃至以后的价值观、教育和道德教育产生了重大影响。

① 托尼·博萨著、赵文书等译：《美利坚帝国的衰落——腐败、堕落和美国梦》，江苏人民出版社 1998 年第 1 版，第 3 页。

② 莫里斯·迪克斯坦著、方晓光译：《伊甸园之门——六十年代美国文化》，上海外语教育出版社 1985 年第 1 版，第 129 页。

3. 现代道德教育调整期：20 世纪 80 年代

自 20 世纪 80 年代以来，随着冷战的结束，保守主义的复归和全球化速度的加快，美国的社会和文化发展又步入了一个相对稳健、理性和审慎的时期。而对于道德教育来说，与以往相比，过去的美国或者一味拥护传统、崇尚现代或者批判现实的态度，已经发生了很大的改变，既不简单复归传统，也不如 20 世纪初盲目乐观，更不似六七十年代那样激进，而是进入了一个经过审慎思考的自我调整时期。

回顾自 20 世纪以来，美国人对待传统与现代的态度在世纪末已经发生了很大的变化。在一个充满变化，多元和开放的社会里，在一个后工业化的时代，传统道德、道德教育因其保守、封闭、固执一元的特征而不符合时代的潮流，难以适应社会发展和个人生存的实际需要。但是崇尚个人自主、崇尚变化、崇尚多元的道德和道德教育同样也存在着各种缺陷。因为 60 年代的激进主义对个人价值，对多元化的推崇，使学校教育变得无力，学校害怕公众指责其强加价值观于学生，认为个人的价值理念完全是个人自己的事情，而小心翼翼避免向学生传授任何价值观包括道德思想，以期满足大众、政府、家长、学生各方面的需要。这无异于在另外一种意义上瓦解了道德教育。英国学者曼德斯教授称之为"去道德化的教育"（demoralizing education）。其实在这种情况下，学校道德教育的社会信任度大打折扣。于是在八九十年代的道德教育理论普遍转向了对极端现代主义的批判，至此强烈的传统与现代的分野也逐渐模糊，传统与现代在相互协调，相互补充，向着更加稳健的方向发展。1988 年，美国教育部直接向学校提醒，不要用价值澄清的方式来对儿童进行道德教育，因为毒品、暴力、性方面的混乱有增无减，儿童并不能自由选择价值观，他们需要学校和家庭的引导，需要被明确地告知什么是对什么是错。未成年人需要清晰的道德教育。

二、英国未成年人道德教育

英国作为美国初代移民的主要来源地，与美国一段时期的未成年人道德教育有着相当的相似程度。但是英国作为欧洲国家的代表，有着比美国长远得多的历史，同样英国的未成年人道德教育也经历了长远的历史变迁。且经过两次世界大战后，英国作为资本主义老大的地位被战争所拖累，渐渐与美国这个曾经的殖民地的地位差距变小甚至被反超，因此英国的未成年人道德教育作为欧洲资本主义国家的代表有着相当的代表性。

（一）20 世纪前的英国未成年人道德教育

英国作为西方文明国家也有着源远流长的历史，但与中国以儒家文化为主导的未成年人思想道德教育不同，英国道德教育起源于宗教，在相当长的一段时期内，英国的未成年人道德教育由教会控制和管理，从 7 世纪至 17 世纪，尤其是中世纪，英国的未成年人道德教育完全由宗教教育所代替。虽然自 18 世纪开始，宗教教育虽然有世俗化倾向出现，但是直到《1944 年教育法》颁布之前，英国的未成年人道德教育主要由宗教教育作为主导地位。

1. 以宗教为核心

"英国的学校是教会的产物，教会发展学校的同时也将基督教传到了英国。"① 公元 597 年，罗马教皇派奥古斯丁（Augustinus，Aurelius）到英国传播基督教，在肯特国王的允许下，他在坎特博雷建立了第一座基督教教堂。这一年对于英国的未成年人道德教育来说是一个标志性的一年，标志着英国教育进入了一个新时代。公元 598 年，第一所教会学校坎特博雷国王学校也随即开办。公元 604 年，英国北部的第一所学校圣彼得约克学校也由都会开办。当时，英国的学校就是教会的产物，教会将学校作为传播基督教和教化民众的主要工具，而学校的主要任务就是培养神父、牧师和皇室官员。当是的英国学校以教会教育为主，而教会教育又以伦理道德教育为主。在英国很长一段历史中，几乎所有的学校校长都是神职人员，教育法规作为宗教教规的一部分。可以说，未成年人道德教育被宗教教育所替代。

2. 以宗教为核心所带来的负面影响

英国在相当长的一段时间内以宗教为核心以进行未成年人道德教育，尤其是中世纪，宗教对人民的压抑愈发严重，过于强调宗教的未成年人教育负面影响重重。

基督教教会举办的一批教育机构旨在培养僧侣和为教会服务的人才，与此同时向群众宣传宗教。这些教育机构中水平较高的有僧院学校和大主教学校。教师都由僧侣担任，教师有着极高的权威，其教学要求绝对甚至可以说盲目地服从圣书和讲解人（僧侣教师），学生不被允许有任何探索和创造。而其他一些教区学校，水平较低，主要对一般教民进行一些读、写、算和基督教初步知识的教育。

---

① Curtis, S. J., History of Education in Great Britain, London: University Tutorial Press Ltd., 1963, p. 1.

进入中世纪以后，宗教的地位到达了至高无上的巅峰，"学生完全处于被统治的被动地位，他们没有丝毫的自由，学校的道德教育体现了纯粹的主体中心论，而其中道德教育的主体就是教会和僧侣。"① 当时的教育界普遍认为，引导儿童形成美德必须经过暴力和体罚。所有的教会学校都奉行禁欲主义，实行严格的管理和残酷的体罚，进行斋戒和频繁的祈祷。当时英国的教学内容完全限制在教会的利益和教义范围之内，人们行为的最高准则就是宗教的训诫。

直至文艺复兴之前，英国的道德思想基本上是以基督教神学为中心的，主要的思想来源和理论基础是基督教教义、教父哲学和经院哲学。这一时期，由于对宗教的绝对服从，对未成年人道德教育的简单化，甚至对体罚的推崇以期通过肉体的受难得到道德的洗礼实在有违人性。未成年人在这种宗教高压的环境中对个人的价值感知很低。人与神的关系中神占领着绝对的领导地位。即使经历了文艺复兴后的宗教改革，由于改革的不彻底性，宗教对英国学校未成年人道德教育的影响仍十分深远。

3. 以宗教为核心的作用

虽然英国在很长一段时期，特别是16世纪文艺复兴之前，对于未成年人道德教育几乎完全以宗教为主，压抑未成年人的天性，体罚有损未成年人的身心健康，且强硬单一的教育方式易使未成年人产生逆反心理，道德教育反而不甚有成果。但是，以宗教为未成年人道德教育的核心，推行严于律己，关爱他人的基督教义，也对培养世界闻名的英国绅士起到了很大的作用。

神学渗透于未成年人道德教育，基督教义作为未成年人道德的风向标使得未成年人严于律己，审慎，尊重权威，节欲勤奋。他们极为重视礼仪，遵守基督教义，将一切所得感恩于神明。经过渗透神学的未成年人道德教育，未成年人们更有感恩之心。即使是在宗教控制最为黑暗最为严重的中世纪，未成年人道德教育除宗教教育课程外，还包含了世俗的"七艺"——包括文法、修辞、逻辑学、算术、几何、天文、音乐。虽然说这包括这"七艺"在内的一切教育活动都渗透着宗教教育的目的和要求，体现宗教教育的特点，但是"七艺"的教学，也丰富着未成年人的学识与能力，从某种意义上来说，未成年人仍能接触科学知识与音乐培养。

而在文艺复兴后，英国进入宗教改革，宗教与世俗和科学的对抗逐渐转化

---

① 王玄武：《比较道德教育学》，武汉大学出版社2000年第1版，第318页。

为相互融合和利用。艰苦奋斗的伦理精神和倡导节欲勤奋的道德观仍被强调，但同时科学知识也被允许传授。自 17 世纪英国资产阶级革命后，新兴的资产阶级开始反对以禁欲为核心的宗教神学道德观，而开始坚持人道主义的以自我为中心的人性道德观，提倡人性至上、个性至上和理性至上，追求个性解放，追求人道主义而反对神道主义。自此英国的未成年人道德教育又迈上了一个新的台阶。

（二）进入 20 世纪的英国未成年人道德教育

进入 20 世纪后，英国的未成年人道德教育仍受到宗教相当的影响。在二战前宗教教育仍在学校教育中占有一席之地。二战之后，英国经济受到重创，帝国地位也丧失，总体实力早已让位美国，未成年人道德教育也受到战争的剧烈影响。而 20 世纪末世界步入全球化，英国未成年人道德教育面临多元文化的冲击，又有着新的发展。

1. 二战前的英国未成年人道德教育

在二战前，宗教教育仍在学校中占有一席之地，学校以双轨制存在，阶级分化明显。公学是上层阶级的学校，中层和中下层阶级的学校是语法学校，工人阶级的孩子只能上初等学校，只有极少数获得语法学校奖学金的学生才能接受中等教育。但是 1924 年剑桥郡地方教育局制定了《宗教训导大纲》（Syllabus of Religious Instruction），该大纲公布后，许多郡立地方教育局都依据此大纲来指导所属学校的宗教教育。而其他郡也很快制定自己的大纲。在 1938 年的《斯彭斯报告》（Spense Report）中清楚陈述"除非每一个男孩，女孩能够意识到这样一个事实，就是宗教的生命诠释的存在，否则他们就不能算作得到适当的教育。"

由此可见，即使经过了文艺复兴，宗教改革，资产阶级革命后，英国的未成年人道德教育仍以宗教作为进行道德教育的形式和内容。此外，战前的未成年人道德教育有着很强的等级性，不同的阶级接受的道德标准和依据这些标准而进行的道德教育都有所不同。战前的这种道德标准和依据这些标准被英国学都迈克·波特莱（Mike Bottery）称为"统治与被统治的道德行为标准"①。这种未成年人道德教育方式适应了当时贵族上层统治阶级和工业革命的需要。上层社会需要教导他们的孩子权力和统治的职责，而下层阶级则需要接受他们在社会中低等地位的认知以适应工厂的需要。

---

① Mike Bottery, The Morality of the School, Cassell, 1900, p. 18.

2. 二战后的英国未成年人道德教育

英国的未成年人道德教育这种阶级分化，宗教性和阶级性显著的特点直至二战后开始改变。二战后的英国经济受到重创，日不落帝国的辉煌不再。英国背负了高额的负债。二战后英国的国内政局也发生了巨大变化，力求建立福利国家作为战后重建的首要目标。而二战的阴影也使得人们开始质疑社会的价值，因此战后的教育建设主要以道德信仰重建作为重要目标，而后最重要的教育法案《1944 年教育法》也在战后颁布。

由于战争导致的社会动荡同样给教育带来了极大的影响。两次世界大战对英国传统文化的影响非常巨大，英国的教育事业也由此受到了严重的冲击。战争期间，许多城市学校关闭，学龄未成年人被迫疏散。英国国内的教育家面对战争造成的混乱状况，对教育改革呼声日益高涨。1944 年 8 月《1944 年教育法》（Education Act 1944）颁布。该法主要内容如下所示：

一是法定公共教育体系由初等教育、中等教育和继续教育三个相互衔接的阶段组成。

二是郡和郡自治市议会为负责三个阶段公共教育的地方教育当局。

三是改组民办学校，使它们可自由选择成为不同类型的公助民办学校。

四是地方教育当局必须为超过义务教育年龄者提供正规教育，并为利用闲暇时间进行有组织的文化训练及娱乐活动提供充足的敲诈为一切未满 18 岁但不受全日制中等教育或其他经官方承认的全日制或部分时间制教育的青年提供强迫的部分时间制教育。①

《1944 年教育法》的颁布为战后的英国提供了一个教育发展的总法律框架，具有划时代的意义。在二次世界大战期间，英国的未成年人道德教育核心转向了爱国主义教育。但是二战结束后，为了增强民族凝聚力、激发爱国主义热情为主要内容的道德教育已经不再重要，以国家利益为先的未成年人道德教育渐渐没落。首先，战争过后百废待兴，国家将主要精力投入到经济恢复中去。其次，战争的惨烈使人们对曾经价值理念产生怀疑。再者，战争结束后，人们对实用的技术类教育不断追求，学校也不再以培养有教养的绅士为目的。二战结束后未成年人道德教育一度没落，甚至被视为"过时的术语"。幸而《1944 年教育法》颁布，在英国饱受战争蹂躏，人们又因战争和纳粹主义的阴影开始质疑社会价值的时候，引领人们开始重建道德教育。

---

① 周洲：《20 世纪英国学校道德教育发展》，山东人民出版社 2010 年第 1 版，第 62 页。

3. 现代英国未成年人道德教育

英国教育专家菲利普·梅在《学校的道德教育》中谈到英国的传统学校道德教育主要有两种形式：一种是根深蒂固的宗教教育，学校通常直接给学生明确的道德训导，经常使用教理问答的办法和令人厌倦的道德说教，给年累人介绍并强调社会的道德必要性。……另一种是在教育的世俗化过程中逐步确立起来的"品格教育"，这种教育确信人类已经形成一套较为完善和固定的行为规范，学校道德教育的任务就在于尽一切可能让学生了解、掌握这些道德规则并最终按这些规范行事。① 传统的未成年人道德教育多偏重于说教，学校及教师作为权威严格控制学生。渐渐的随着社会的进步和发展，传统教育因为死板、说教、不容置疑的权威开始被摒弃。当然传统教育中精华之处继续被保留下来，再注入现代新鲜的活力，这样现代的英国未成年人道德教育得以与现代环境更好的融合。举例来说传统道德教育中，对于未成年人礼仪、绅士的教养继续得以保留，并且将道德教育融合于课外而非课堂教育单一途径的传统也继续保持。在现代英国，基于对雾都环境的重视，未成年人道德教育也与环境息息相关，因此现代英国道德教育融合环境的因素，使得道德教育颇有新意。

在英国，环境问题与道德问题之间是紧密联系乃至密不可分的，其中有部分学者认为，环境教育在本质上就是道德与道德教育的延伸与拓展。环境教育是以人类与环境的关系为核心，以解决环境问题和实现可持续发展为目的，以提高人们的环境意识和有效参与能力、普及环境保护知识与技能、培养环境保护人才为任务，以教育为手段而展开的一种社会实践活动过程。简而言之，环境教育就是以人类与环境的关系为核心而进行的一种教育活动，其内在特质就是尊重并爱护自然、保护并美化环境，促进环境的良性循环并保障人类的可持续发展。进行环境教育，加强环境污染的防控和治理，是优秀道德品质的体现，相反破环生态的平衡，则体现了作为主体的人类缺乏道德品质。人类在环境教育上所为的一切有益行动，从一定程度上讲，一面是对生物界与无机自然界"讲道德"，另一方面则是唤醒并培养公民的生态良知和相应的思想道德意识，这样看来，环境教育就符合了道德教育所期望的设想，并与其意旨一脉相通。由此进一步来看，环境教育具有道德的意义，进入了道德的领域和范畴。

英国未成年人道德教育的发展历史已经表明，道德教育的生机与活力，乃至道德的发展与进步，都离不开怀疑与批判的精神。所谓怀疑精神的就是不轻

---

① 周洲：《20 世纪英国学校道德教育发展》，山东人民出版社 2010 年第 1 版，第 203 页。

信，没有经过事实的论证没有经过自己独立的思考就不会轻意相信任何现成的甚至是绝大多数人眼中的真理；而所谓的批判精神，就是对现行思想议论及行为，在接受之前都要进行系统的分析与理性的思考的思维原则与立场。在现代英国道德教育中，怀疑与批判精神的价值愈加受到重视，尤其是学校通过调动学生的积极性和主动性，鼓励学生在生活学习中质疑与批判，从而培养学生勇于探究、敢于问难和大胆质疑的精神，进而促进学生的创新潜能的开发，促进他们思想道德的发展。同时，英国的教育工作者也不断创造有利于培养未成年人怀疑与批判的精神的机会或条件，其中"环境教育是一个优先的领域"。诚如英国学者迪奥斯（Dr. Dyos）所指出的那样，环境教育是"教育研究中最革新的方式。它能够培养学生的判断能力和批判意识"，有利于增强未成年人思维的灵活性，并促使其摆脱道德偏见和传统习惯的束缚，从而提炼并表达自己的道德见解和异议，进而深化未成年人在环境教育尤其在环境道德教育问题上的善恶辨别能力。

第一次工业革命发生在英国，虽然产生了巨大的经济、社会效益，但是以机器代替手工工具的时代也导致了环境的恶化，并危害到了人民的健康，随后英国对环境的保护增加了力度，其中之一就是致力于将未成年人的道德教育与环境教育相结合。

这种道德教育的方法尤其体现在学校课堂教育中，如在历史课堂上，教师首先通过各种教育方式揭示人类生活环境的历史变迁这一现状，进而促使学生对人类活动违背生态规律后，所可能招致的灾难后果以及对应的经验教训等形成清晰的认识，最后培养了学生爱护自然环境的思想品德；在地理课堂上，教师则首先让学生了解化石燃料的燃烧所可能导致的温室效应、氯氟烃等物质所可能导致的臭氧层空洞以及难分解的有机物等所可能导致的河流污染等现象，进而让学生清楚认识这些现象所可能导致的海平面上升、皮肤癌患者增加以及传染病病菌的增加等苦果，最后培养了学生自觉减少污染和保护环境的良好习惯；在生物课堂上，教师则通过让学生了解热带雨林的滥伐以及上述各种环境的破坏，对各物种的生存与发展、生物与自然的平衡所可能导致的影响，进而培养学生敬畏生命和关心生态平衡的思想道德。

三、日本未成年人道德教育

在日本的历史发展过程中，前期学习中国的优势，后期现代化过程中又学习西方优点，可以说在日本有着中西方化的结合与创新。因此日本的未成年人道德教育对于中国来说也有着一定的可操作性。透过其未成年人道德教育的观察与借鉴，可以把握东南亚各国未成年人道德教育的共同特征，也易于被同属东亚的中国未成年人道德教育所借鉴。

（一）江户时代

日本在 1192 年至 1868 年间处于军事封建贵族（武士贵族）专政的统治时期，一共经历了镰仓幕府（1192～1333）、室町幕府（1336～1573）、安土桃时代（1573～1598）和德川幕府（1603～1868）四个武家统治时代。而德川幕府统治时期，武士统治发展到了顶峰，日本形成了组织严密的幕藩体制。德川幕府时期就是日本有名的江户时代。

江户时代等级森严，但因其商业经济发展，当时的日本学术思想非常活跃。"孤立往往导致文化上的停滞，但是德川时代长期的和平稳定和经济增长却促成了名副其实的文化高涨。"① 江户时代"其一，旧学说不断分他，官学朱子学面临严重挑战。其二，新学说层出不穷，新人辈出，并通过师承关系，形成新型知识分子的集团力量和人才链。其三，各学派互联互动，交织融合，并顺应时代的需要，最终形成为近代日本国家发展战略提供基本思路的经世学派。"② 虽然江户时代思想文化学术界百花齐放，但儒学中的朱子学仍被奉为"官学"，是江户时代占据统治地位的意识形态，是江户时代思想文化的核心组成部分。因而江户时代的未成年人道德教育也是缘自于儒学，缘自于朱子学。而日本当时的学者不断丰富学术，也是在朱子学的基础上，争鸣中展开批判，发展新的学说，但离不开朱子学。

日本最初设立的以开展教育为主旨的学校教育机构设置于 670 年，但直到进入江户时代，学校教育才开始广泛普及。德川家康掌权之后，逐渐摒弃武治理而实行文治，在 1605 年聘用儒家朱子学者林罗山为学事顾问。但江户时代等级森严，幕府的直辖学校专以幕臣和陪臣子弟作为培养对象，即使后来诸藩的家臣子弟得以入学，但是庶民子弟仍始终不可进入直辖学校。但是日本各藩先后开始设立各藩的直营学校——藩校，以对藩士子弟进行教育。藩校中一开始多是以儒学为中心的进行传统教育的学校，注重以朱子儒学进行道德教育，这也是狭义的藩校。在江户时代后期，藩校发展迅速，并且逐渐向科学转变，向人文主义慢慢跨入实科主义。而且，在江户时代末期也有不少藩校开始招收

① 埃德温・奥・赖肖尔著、陈文寿译：《当代日本人——传统与变革》，商务印书馆 1992 年第 1 版，第 59 页。

② 宋成有：《新编日本近代史》，北京大学出版社 2006 年第 1 版，第 33 页。

平民子弟入学。据考察，全国234个藩中，除了24个情况不明之外，有89个藩禁止平民子弟入藩校，剩下的120个藩至少在原则上允许平民进入藩校学习。① 另外，江户时代还存在着乡校或者乡学，此类学校一般以下层武士和庶民的子弟作为教育对象，以传授日常所需的基础知识和道德修养。

江户时代学校开始发展，而且道德教育处于教育的核心地位。虽然说当时的日本社会等级森严，武士与庶民的教育完全分属于不同的两个轨道，在教育目的和教育内容、方法上也差异巨大，但是两者却均把道德教育置于核心地位。再者在道德教育中忠孝道德又居于核心地位，这也是江户时代道德教育的一大特点，原因在于当时的社会体制。江户时代的社会体制如上所述，上下贵贱身份差别和士农工商四民等级的区分非常森严，是一种身份制社会。为了维持这种身份等级制度，维护幕藩体制社会的稳定和秩序，江户时代的日本极力宣传忠孝道德，以期人们特别是被统治阶层的庶民能够接受身份的意识，并且认可身份秩序的意识和态度。因此江户时代将未成年人道德教育建立在等级秩序的基础上，因而将朱子学的儒教理论作为道德教育的根本理念。其中，忠与孝作为君臣关系和亲子关系的原则受到高度重视，也成为了日本江户时代福建社会体制得以存续、稳定的伦理基础和精神支柱。

1. 武士道德教育

江户时代幕藩体制下武士阶级享有较高的地位，这一阶层的未成年人道德教育主要关注于如何将用以支撑封建体制的忠与孝这类道德规范传授给下一代。从另一种意义上来，其实武士教育就是道德教育，这就是武士精神为何被称为"武士道"，即将道德贯穿于武士教育的整个过程之中。

武士道有一个形成与变迁的过程。"武士道"一词的出现和对武士道进行较为系统的理论总结，是从江户时代开始的。② 这是因为江户时代武士的角色与之前的历史相比发生了较大变化。德川家康获得独立政权后，江户时代的日本进入了一个较长的和平时期。幕府为了巩固政权开始改变过去的武治政策，渐渐开始推行文治政策。因政治政策的改变，武士的主要职能也不再是过去的战斗，许多武士开始转变万为行政官僚。过去受佛教禅宗思想的影响形成的"死的觉悟"的武士精神不再适用，武士道受儒学思想影响特别是朱子学影响，在江户时代形成了全新的"武士道"。

---

① 石川谦：《日本庶民教育史》，四川大学出版社1998年新装版，第81页。

② 王中田：《江户时代日本儒学研究》，中国社会科学出版社1994年第1版，第63页。

江户时代的武士道德主要特点是首先以忠孝为本。无论是德川幕府针对大名制定的《武士诸法度》还是针对嫡系家臣武士制定的《诸士法度》，以及一些儒家学者对武士道的理论分析与陈述，都将忠孝作为武士道的基本要求，尤其是对于君主对于上一阶层的"忠"更是武士道的核心，所有的道义教育都围绕"忠"来展开。在中国古时也有忠孝两全的道德要求，但日本的"忠"又与中国的"忠"不同。在中国，忠诚意味着对自我良心的真诚。而在日本，虽然它也在同样的意义上被使用，但是他的准确意义基本上是一种旨在完全献身于自己领主的真诚，这种献身可以达到为自己的领主而牺牲生命的程度。①其次，德川幕府时的武士道要求武士文武兼修。《武家诸法度》规定："左文右武，古之法也，不可不兼备"，凡武士者，必须"精熟文武弓马之道"。②因为武士的职责在于保护庶民不受外敌侵犯，精通武术和兵法是武士的基本要求，而在江户时代武士开始从事行政管理，因为必须掌握必要的文化知识。尤其重要的是，武士在履行自己的武士职责时，必须具备高度的道德性，担当起作为人伦之道的指导角色。再者，江户时代武士被要必须严守礼仪。这在日本当时各藩藩校的校则中可见一斑。武士一来利用礼仪可抑制自己的一已私心，以免落入堕落。二则通过礼仪武士可以给人威严感。山鹿素行所说的"祥威仪"和"慎日用"就是要求武士严守明日常生活中的各种礼仪，使他人感到威严。③

未成年人武士道德教育方式主要如下：

第一，通过汉学古典的学习进行未成年人道德教育。

江户时代的学校机构藩校采用的汉学中有朱子学派、阳明学派、古学派、折中学派等各种流派，各学派之前所注重的教育目的、计划，所采用的课程，所使用的教科书都不尽相同。其中采用朱子学的藩校为多数。朱子学派通常以学习"四书"、"五经"作为核心，再配之《小学》、《近思录》。以期直接以汉籍内容为中心进行儒教经典的教学，这对于江户时代的日本精英层来说有着相当的意义。首先，儒教价值观从小深入精英层，他们可以继承古汉学经典中所蕴含的传统伦理价值观，其次，儒家学说注重忠孝，注重阶级的意识，日本武士在未成年人时期即在潜移默化中接受具有阶级感的道德培养，以使儒学万

---

① 森岛通夫：《日本为什么"成功"》，四川人民出版社1986年第1版，第10页。
② 宋成有：《新编日本近代史》，北京大学出版社2006年第1版，第8页。
③ 王家骅：《儒家思想与日本文化》，浙江人民出版社1990年第1版，第302页。

为统治阶层的精神纽带。

第二，通过礼仪养成进行未成年人道德教育。

江户时代日本对武士的未成年人道德教育非常重视礼仪的养成。这从众藩校的校规校则中有着很明显的体现。比如"学校乃礼仪由来之所，无论如何也要谨慎笃实，不可片刻有傲慢放肆之行为"（高崎藩藩校之规定）；再比如"凡学生在校，出入、往来、进退、言语，一定要不失礼让"（岛山藩藩校之规定）。藩校校则除对未成年人行为约束外，也重视在学习态度上进行全面的规定，以要求学生在学习，行为上都有礼仪待人。比如以下是淀藩藩校的校则规定：

①所谓学问，乃辨孝悌忠孝之道理，理解圣贤之嘉言嘉行，成为好人之事也。专以求博学多识也。

②读经书者，应专以敬畏之心，切身体会，阅读圣人之言。

③修史，应当能够考辨自古以来治乱兴衰政治之得失和人品之邪正等，以致日用之益。

④士以节义为第一，乃应祛除卑劣之心，坚持操守。

⑤后学者应尽可能地多读书，真实地学习古人之一言一行。

⑥自己博学，不应做侮人之事；自己不学，也不要嫉妒别人之学问。此肠管劝学之本意。嫉妒人乃妇人之心，乃大丈夫可耻之事。

⑦学校乃礼仪之地，无论如何也要有正确的礼仪作法，相互谦让。

⑧轮讲会议之时，应仔细揣摩程朱正学之说。不要自己先入为主，相互争论。

严格遵循如上各条须知者，即可得劝学之实。①

淀藩藩校的校则八条显然强调礼与节在校内学习的重要性，并且将礼仪融合于学习中去。以朱子学为基础，要求未成年人武士学习古时圣贤的理论与言行，与中国古时要求习读四书、五经以培养道德非常相似。礼仪要要未成年人武士审慎自省，通过对古典著作的研读以及历史的学习，参照圣贤言行，考辨治乱兴衰的政治得失与品德邪正。鼓励学习，并不可有嫉妒之心，时刻怀有谦虚谨慎之心。

江户时代的藩校除了像淀藩藩校的校则那样规定未成年人武士在校时期学习行为的要求以外，还有很多藩校开始渐渐重视未成年人武士的校外教育。主

---

① 饶从满，《日本现代化进程中的道德教育》，山东人民出版社 2010 年第 1 版，第 52 页。

要措施就是将未成年人玩耍的伙伴进行教育组织化，学生们被分为若干个小组，设立组长。这些小组在上下学或者午后以及其他游戏时间里，由组长带领一起行动，以期使各小组成为学生自治地，能够相互自由交流。举例来说今津藩的藩校的做法就是这样：每天下午各组员的家轮流作为集合场所，按年龄顺序就座，首先由组长"讲话"，阐述"须知"：

①不得违背年长者所说的话。

②必须对年长者问候行礼。

③不得撒谎。

④不应有卑怯的行为。

⑤不得欺负弱者。

⑥不得在户外吃东西。

⑦不得在户外与妇女说话。①

"须知"阐明后，各学生通常会被查问是否有违反"须知"所述的事情。一旦有所违反，就会受到处罚。在此之后方能进入一同游戏阶段。这样的未成年人自由组织活动给未成年武士们带来的是非常直观的道德输入。团结精神、共同生活、服从秩序的训练被寓教于乐，并且因这些活动都于课外进行，并且进入各小组成员的家中，因此道德教育不仅在学校中进行，约束未成年武士的学习和行为，也延伸到了家庭和社会。对于未成年武士来说，道德教育从藩学至家庭至社会和到了一贯的落实。

2. 庶民道德教育

寺子屋发源于室町时代后期（15 世纪），是寺院开办的主要以庶民子弟为对象的初等教育机构。当时，寺院已经开始实行一定的世俗教育，许多武士家庭和少数庶民家庭把子弟送到寺院。到了江户时代，武士子弟纷纷前往学者的私塾和幕府或藩设立的学校就学，只有庶民子弟仍在寺院学习。因当时的大寺院主要致力于培养僧侣，实施这种世俗教育的一般是一些小寺院。随着庶民教育要求的不断提高，就学未成年人大量增加，小寺院已经难以全部容纳。为此，一些武士、浪人、神官、医生和有能力的庶民等开设了实施初等教育的民间教育机构，这些民间教育机构也被称为即寺子屋。②

在江户时代，德川幕府和各藩对于以寺子屋为主的庶民教育一般是持着不

---

① 绕从满，《日本现代化进程中的道德教育》，山东人民出版社，2010 年第一版，第 53 页。

② 《寺子屋》，百度百科，见 http：//baike. baidu. com/view/1125338. htm，2012 年 2 月 13 日。

管不问的态度的。也不提供任何经济上的援助，寺子屋在一定程度上自由的发展着。但是这并不意味着庶民教育完全处于毫无限制的无政府状态。在当时的日本，所有的教育特别是德育的实施，必然不能损害幕府的封建统治。事实上，幕府和各藩对于庶民的道德教育有着浓厚的兴趣，因为他们期望幕府和各藩的所属庶民在道德上受到教化，在精神完全服从政府的统治，服从天皇服从武士。因而幕府和各藩经常会发布一些道德训诫法令和"御达"通告，这些法令和通告多以"御条目"、"触书"、"触状"、"定"、"高札"等为名，以达振兴忠孝道德的目的。

除却这些法令与通告，幕府和各藩对于寺子屋庶民道德教育的干预与影响还远不止此，其中两项措施对于庶民未成年人的道德教育是必须提及的。

其一是编纂发行教科书。其中1722年出版并发行的《六谕衍义大意》可称为日本江户时代未成年人庶民官方教科书，在全国广泛流传并使用。这本《六谕衍义大意》由八代将军德川吉宗下令对中国的首先教科书《六谕衍义》进行训点，翻译出版而成的。德川吉宗对庶民教育十分关注，并抱有浓厚的兴趣。在他的倡导下，《六谕衍义大意》得以广泛流传。此书直接反映了江户时代统治者的庶民道德教育理念。

其二幕府对寺子屋的教师进行了表彰奖励。为促进寺子屋的教师能够使用幕府要求的教科书，贯彻幕府的道德教育政策和理念，幕府采取了对使用教科书的寺子屋的教师进行表彰的措施。

幕府之所以要介入原本不太管问的庶民教育主要原因如下。日本社会在德川家康通过关原之战（1600年）等战役，1603年确立了自己的封建统治地位后，日本社会由战国时代混乱状态逐渐步入和平发展时期，并建立起统治长达260年之久的江户幕府。江户时代日本告别了战乱，进入了一个长期的和平稳定局面，商品经济得到促进和发展，但同时，也加束了农村自给自足经济的瓦解。当时的日本苛捐杂税众多、经济萧条，农民生活困苦不堪，流离失所。种种道德沦丧现象如流浪、弃子、偷盗等日渐严重。因此幕府意识到不仅武士阶级需要道德培养，普通平民的精神意识也有有统一的必要。因此，如何教育庶民子弟，维护封建统治和安定社会成为了幕藩政治决策的一个重要问题。因此幕藩从加强庶民教育和陶冶庶民道德情操的立场出发，对平民教育机构的寺子屋教育采取了一些介入和保护措施，将寺子屋教育作为其统治政策的一环。

基于幕府和各藩政治上的目的，江户时代未成年人庶民的道德教育成为了寺子屋的一大支柱内容。而道德教育中也以忠与孝为主导。日本有《童子教》

中有言：

> 父母者高山，须弥山尚下。母德者深海，沧溟海还浅。
> 白骨者父淫，赤肉者母淫。赤白二谛和，成五体身分。
> 处胎内十月，身心恒苦劳。生胎外数年，蒙父母养育。
> 昼者居父膝，蒙摩头多年。夜者卧母怀，费乳味数斛。
> 朝交于山野，杀蹄养妻子。暮临于江海，渔鳞资身命。
> 为资旦暮命，日夜造恶心。为嗜朝夕味，多劫堕地狱。
> 戴恩不知恩，如树乌枯枝。蒙德不思德，如野鹿损草。①

《童子教》的这段文字是告诉日本未成年人父母对儿女有养育之恩，母亲十月怀胎，痛苦生产，父亲含辛茹苦、捕鱼狩猎将其抚养，所以儿女必须对父母敬孝。父母对子女有如此重大的恩情，子女就必须知恩图报，以尽孝作为回报。该段文字的下半段还大力宣扬不尽孝道者就如同禽兽草木，会受到上天的惩罚。同时也指出，那些恪守孝道，竭力孝敬父母的人将会受到上天的褒奖。这虽使孝这一道德教育带有一定的神秘色彩，但是易于被未成年人铭记于心。

除却关注于家庭的"孝"的道德教育，幕府参与庶民教育的更重要目的是宣传"忠"的道德教育。从小培养未成年人庶民与适应当时日本社会的身份等级制的"安分守己"意识。江户时代的社会盛行等级差别的观念。幕府为保证政局的稳定，因此将等级差别的观念融于寺子屋的教科书中，并奖励那些用幕府颁发的教科书的教师，以宣扬等级身份制不会改变，庶民们应当接受并甘于被统治。

与武士阶层的未成年人道德教育不同，庶民的道德教育的初衷不似武士被要求以礼仪行事而具有威严，庶民的道德教育是要求其接受自己的庶民身份，安分守己，接受统治。虽然这很不公平，但在当时的社会环境中的确起到了稳定社会的作用。

（二）现代日本的未成年人道德教育

明治维新开启了日本摒弃封建社会，开创现代化的进程，这就为日本现代道德教育创造了环境，也对未成年人道德教育提出了新的要求。"对于新生的日本来说，文明与独立相辅相成，二者缺一不可。因为文明的含义首先是指先进的社会生产力水平，富裕的物质生活条件和强大的国力，而这些正是一个国

---

① 朱玲莉：《日本江户时期的平民道德教育》，《伦理学研究》2010 年第 6 期。

家要实现真正的民族独立所必不可少的内部条件。"① 因此明治维新后的日本不再以儒学为未成年人主要学习内容，国学、汉学、洋学三足鼎立，互相争夺教育的主导权。

现代日本的未成年人道德教育不再是以朱子等儒家学说为主，忠孝的要求渐渐退化，由于国门的开启，日本也开始更注重科学的重要性，重视医学、自然、天文等实用性科目的培养。德川时代以五伦之道为正学的传统道德主义教育向着以人智开发为中心的主智主义教育转变。因而明治时期的日本总体而言是比较轻视道德教育的。自明治维新至二战这段时期内的日本，崇尚科学，追求实用主义学科，好战，其间对未成年人道德的培养逐渐式微或者说不适合中国借鉴学习，因而本书对此不再详述。战后的日本，由于法西斯的战败和两颗原子弹的轰炸，日本也遭受了相当大的战争损失。如何在战后重建，战后的日本直至今日又成为一个世界知名的资本主义强国，其间的道德教育是值得我们正处于飞速发展的中国来学习借鉴的。

1. 日本战后道德教育的主要内容

（1）爱国主义教育

任何一个国家在未成年人道德教育中都会渗入爱国主义的教育，爱国主义是一种高层次的道德情感，是道德情操在政治意识形态上的体现，因此爱国主义一直是道德教育的一个永恒主题。只是不同国家在爱国主义教育的内容、途径上不尽相同。二战后，日本的爱国主义教育在战后仍旧延续，在传统的基础上增加了新的内容，呈不断加强趋势。2006 年春，小泉政府向日本国会提交《教育基本法》修正案。根据该法案，在未来的日本教育体系，"爱国主义"将取代"个人尊严和价值"，成为核心理念。具体而言，日本爱国主义教育主要有两方面内容：虔敬天皇与忠诚国家。

第一，虔敬天皇。

日本两千多年的天皇制度造就了天皇在日本的至高无上的地位。但是1946 年 1 月 1 日，日本天皇发表了《人间宣言》，宣布自己是人而不是"神"，从而自我否定了天皇的"神性"。同时，日本宪法也规定天皇只是国家的象征，但不再享有任何政治、经济、军事权利，因此日本开始从专制天皇制向象征天皇制转变。这样在一定程度上，日本国民对天皇不再像以前那样顶礼膜拜，但日本不可能在短时间内将日本国民几千年来内心至高无上的除天皇形

---

① 武寅：《近代日本政治体制研究》，中国社会科学出版社 1997 年第 1 版，第 53 页。

象消灭殆尽。因此，战后日本对未成年人道德教育仍继续在各级学校普及虔敬天皇的教育。

第二，忠诚国家。

对国家的忠诚是日本爱国主义教育一贯的重要组成部分。如前文所述，早在日本幕府时代，日本就在未成年人道德教育中强调"忠"这一来源于中国儒学的精神，但当时的"忠"主要是强调对封建主的忠诚，并没有上升到对国家的"忠"。直到明治维新后，对国家和天皇的忠诚开始成为爱国主义教育的核心价值取向。但在二战时期，对国家的忠诚与狭隘民族主义和军国主义结合，日晒走向了极端爱国主义的误区。战后，日本在《中小学道德教育指导纲要》中对"忠诚于国家"提出了具体要求："要有纯正的爱国的，即忠诚于国家，致力于它在国际事务中的价值的提高。"①

（2）人格和个性教育

人格和个性教育也是日本战后道德教育的首要内容。日本在二战时期侵略他国，其冷酷的军国主义形象令人胆颤。战后日本期望通过人格和个性教育来改变战争给国民所带来的不良道德倾向及自我认识，期望培养国民具备良好人格和个性意识，期望日本人民从原来的"战争人"成功过渡向"和平人"。

日本于1947年公布的《教育基本法》中指出"教育必须以完成陶冶人格为目标，……培养尊重个人的价值，培养独立自主，身心健康的国民。"②1946年公布的日本新宪法中提出"国民享有的一切基本人权不得受到妨碍"以及"全体国民都作为个人而受到尊重"。③日本制定新宪法与教育基本法的目的就是为了保证日本能够实施人格和个性教育。日本教育改革机构临时教育审议会在1985年的第一次咨询报告中详细论述了"个性教育"的问题，它指出："希望能在现实的教育中实现以尊重个人的尊严，……每个人都以自己独特的个性存在着，而有个性的个人团结起来就构成了有生气的集体。"所谓个性，不仅仅指个人的个性，而且也味着家、学校、社区、企业、国家文化以及时代的个性，因此，它是"贯穿在个人、社会、国家等一切方面永恒的哲理。"④日本在未成年人道德教育中期望每一个日本人，尤其是未成年人能够充分发挥自己的聪明才智与创造精神，培养丰富的个性，在过度的集体主义中

---

① 曾巧玲：《日本战后道德教育研究》，广西民族大学硕士学位论文。
② 王桂：《日本教育史》，吉林教育出版社1987年第1版，第146~147页。
③ 同上，第160页。
④ 王桂：《日本教育史》，吉林教育出版社1987年第1版，第168页。

能够自我觉醒，解放个体，成为一名"独立的人"。在明确自我，苏醒自我后再将个人融入到社会中去，成为时代的建设者。因而，其实日本在倡导培养个性的同时，并没有否定集体意识的价值。

2. 日本战后道德教育的途径

（1）学校教育途径

学校道德教育自然是未成年人道德教育关键所在地，是最为直接的途径来进行未成年人道德教育。日本现代的学校道德教育从小学到初中乃至大学都有一套完整的体系模式。日本学校的未成年人道德教育主要可以分为专门的道德教育课程以及各学科的德育渗透两个部分。

第一，专门的道德教育课程。在不同的历史阶段，日本的学校均有设置道德课程来进行道德教育。例如战前的修身科，战后的道德课、公民科等等。日本通过在学校设置专门的未成年人道德课程旨在系统而有计划地对学生进行道德理论知识的传授和道德能力的训练。

第二，各学科的德育渗透。日本学校的未成年人道德教育不仅通过专门的德育课程来实施，而且还致力于将未成年人道德教育贯穿于各学科的教学之中。早在1946年3月，赴日的美国教育使节团在一份报告书中指出，民主主义就意味着价值多样性，所以实现民主的目的的手段也应该是多样的。这也是为什么日本通过学校各种课程全部教育活动来进行道德教育的根据之一。日本现行《中学学习指导纲要》的总则中明确规定，学校的道德教育以通过学校全部教育活动来进行。因此，日本的学校不仅在专门的道德课程中进行道德教育，而且各学科及课外活动都必须按照各自的特点渗透对学生的道德教育。

（2）家庭教育途径

如前文所述，日本的未成年人道德教育不仅在学校中以课程方式进行，而且还会带入家庭。日本家庭的道德教育不仅培养孩子养成良好的基本生活习惯，与此同时能够把学校的道德教育得到落实，运用到具体生活中。父母言传身教对孩子进行影响，对孩子道德上切身的启迪，尊重孩子，让孩子明是非，知善恶。应该说，良好的家庭道德教育更能将优秀的道德观渗透给未成年人。

在日本，每个家长都会从学校领到一个"家庭教育笔记本"，主要用于记载家庭的教育、管教情况，孩子的日常生活表现等内容，以配合学校的道德教育。日本的妇女很多在结婚以后不再工作，全身心投入家庭，照顾家庭的饮食起居以外，肩负起对未成年人道德教育的重任。日本还通过建立家长教师协会等组织来促进学校和家长的沟通和配合。例如，家长教师协会 PTA（Parents

Teacher Association）就是由众多家长按地区组织起来，学校教师自愿参加，会长由家长担任。这个组织主要是开展关于家庭教育的学习讨论和咨询活动，举办家庭教育班、座谈会、学习交流会等，以保障未成年人健康成长。

（3）社会综合教育途径

对于未成年人道德教育，日本除却家庭教育与学校教育外，还侧重于社会综合教育。日本的社会教育被定义为"有组织的校外教育活动"。从教育范围来看，社会教育比学校教育更为广泛。社会综合教育已经超越了仅仅对未成年人的教育，它还担负着对成年人继学校教育之后进行终身教育的重任，当然还要配合学校加强对在校未成年人学生的道德教育。日本政府非常重视利用社会教育的场所、设施、人力、财物等资源，对未成年人进行直接或间接的道德教育。

四、韩国、新加坡未成年人道德教育

东亚另两个国家韩国与新加坡的未成年人道德教育也十分有特色，与日本类似，韩国与新加坡也有着丰厚的儒家文化底蕴，也经历了战争，殖民以及复兴。而这两个国家又不像日本曾经有过侵略亚洲各国的历史，发展路线与中国更为接近。因此，韩国与新加坡的未成年人道德教育也值得中国借鉴与学习。

（一）韩国未成年人道德教育

韩国作为一个以儒家伦理为主要道德理念的国家，其未成年人道德教育历来受到国家政府和教育行政部门的重视。几十年来，韩国的道德课从第一次教育课程颁布至今已经通过七次改革，得到了不断的完善，也经历了一个曲折发展的过程。可以说，韩国不断改革未成年人道德课程体系的过程，也是韩国不断强化道德教育的过程。韩国道德课在不断演变的过程中逐渐形成了自己独有的特色。

从20世纪60年代开始，韩国通过四个"经济社会开发五年计划"，创造了举世瞩目的"汉江奇迹"，由曾经的日本殖民国一跃成为"亚洲四小龙"之一，跻身于世界新兴工业国家和地区的行列。究其原因，除却适用的经济发展战略之外，作为经济发展背后的全民教育似乎更为重要。韩国重视提高全民思想道德教育水平，加强学生的道德教育，因而培养了一大批思想道德素质好、工作能力强的人才。韩国的经济发展成就，其实从另一方面来说也反映出了韩国教育的成功，反映出韩国在未成年人道德教育上的成功。

1. 重视传统文化道德

在韩国的未成年人道德教育中，重要的课程之一就是儒家伦理教育，这是

作为安身立命的最高准则，也是塑造民族精神的主要内容。韩国所形成的家族共同体就是儒家伦理深化于韩民族与国家之后的特有发展。获奖颇多的《韩国电影》即是宣传这种家族共同体，与西方电影宣传个人英雄主义的主旋律极为不同。这种家族共同体有很强的家族式秩序，能够使家族内各个体产生彼此相互依托充分信任的感情，并以特定的道德规范来约束上下行为。特别是在异族入侵的背景下，这种共同体的道德传统愈加浓厚，共同体也愈加强固。韩国这些年所取得的成就可以说就是受这种中国传统文化中的儒家伦理所影响，由传播儒家伦理来铸造的韩国民族精神，培养了一批批忠效祖国又有文化的韩国人，为韩国的崛起和江汉奇迹的出现奠定了精神基础。甚至有人夸张地称，儒家伦理思想在韩国比在中国本土还发扬光大。

目前，韩国所重视的传统道德仍然是中国宋代的"八德"："孝、梯、忠、信、礼、义、廉、耻"。以"孝"为例，韩国相当重视对未成年人进行"孝道"的熏陶，除了平时学校道德课中讲授"孝"的知识和礼节外，每到寒暑假，学生还必须回学校听"忠孝教育"讲座，接受"忠、孝、礼"等传统伦理道德的教育。因此，韩国孩子从小就认为孝敬老人、赡养父母是一种神圣的义务，一旦哪个不尽孝者被曝光，将被社会唾弃和排斥。可以说，当今韩国是在继承和发扬"孝道"传统上做得最好的国家之一。"孝道"思想已经在社会物质生活和精神生活的各个角落中得以存在。如此一来，韩国在协调社会人际关系、维护社会稳定等方面都发挥了积极作用。也能够很好地摒弃"欧美文化"中个人主义、金钱至上、人情淡薄等不良倾向的影响。

2. 注重道德教育的学科整合与渗透

韩国的未成年人道德教育课程体系可以说由纵、横两方面的课程构成。在纵向的课程体系中，韩国按照学生的年龄、知识、心理的不同特点同，建立起了不同的道德教育课程而构成了一整套教育体系。而在横向的课程体系方面，不仅要求道德课、社会课和国民伦理教育课要直接体现道德教育的内容，此外国文、文学、历史等课程中也要间接地反映未成年人道德教育的内容。另外值得一提的是在数学、自然、体育、音乐、实验和劳动技能等课程中，韩国也用潜移默化的方式，渗透入道德教育的内容。可谓将未成年人道德教育无时无刻进行着，未成年人在人生观、价值观形成时期，悄无声息地在各个课程中接受到道德伦理的教育，效果显著。

此外，韩国的未成年人道德教育除却在坚持理论性道德知识教学的同时，还非常注重实践活动的开展。具体做法有如下几种：①在课堂教学中引入学生活动使许多道德教育教学在活动中完成，让学生在活动中扮演各种生活中的角色，接受相应的教育。②在课外开展丰富多彩、多种多样的课外活动。使得未成年人能够在课外继续道德教育。③引导学生积极参与社会活动。韩国学校德育的实践性还体现在十分重视未成年人的道德养成教育，强调"坐而言不如起而行"，对学生进行行为规范的训练，使未成年人做到行正言顺。

3. 学校、家庭、社会三管齐下

未成年人道德教育是一项系统的教育工程。仅靠学校的单纯教育是无法达到使未成年人形成正确的价值观和道德规范的效果的。只有将学校、家庭和社会与每一未成年人息息相关的三者联系起来才有可能真正实现优质的道德教育。而韩国未成年人道德教育富有成效的又一突出经验就是建立了学校、家庭与学校三位一体的综合教育体制。

长期以来，韩国立足于动员学校、家庭和社会的力量，形成了对未成年人进行道德教育的强有力的聚合体。

具体做法如下：其一，学校成立家长联谊会，使学校道德教育与家庭建立密切联系，充分发挥家庭这一未成年人成长的港湾的教育作用；其二，建立广泛的社会教育网、监督站，创立融学校和社会机构一体的互助合作、共同活动的文明社区等。① 韩国学校、家庭、社会三位一体，三管齐下，三者互助配合、协调一致，大大增强了未成年人道德教育的良好效果。

（二）新加坡未成年人道德教育

新加坡是一个多元种族国家，以华人为主要民族，与我国有着相似的文化传统和价值观，同属儒家文化圈。在现代化建设的进程中，新加坡与我国一样遇到了应如何处理现代文化与传统文化之间关系的问题。然而新加坡自独立以来，就一直非常重视公民道德教育，在新加坡人看来，如果道德衰退，经济必然会出现问题。因而，新加坡在处理传统伦理道德与现代化之间关系的成效上要好于我国。新加坡作为亚洲地区的一个后起之秀，在五十年中经济建设中取得了巨大的成就，而与此同时新加坡的精神文明建设也同样创造了令世人瞩目的奇迹。这其中无不得益于新加坡较为成功的未成年人公民道德教育。新加坡道德教育与法制教育所取得了卓越成效，有力地保证了新家坡的政治稳定和经济繁荣。我国与新加坡同为亚洲国家有着相似的国际环境和相同的文化根基，因此研究新加坡道德教育与法制教育融合的成功经验对我国道德教育与法制教

① 张鸿燕：《韩国学校道德教育特色之探析》，《外国教育研究》2002 年第 3 期。

育相结合、以德治国与依法治国相结合有一定的启示价值和借鉴意义。

新加坡将公民道德教育与经济发展相结合，但并不是将这两个问题建立简单且直接的关系，而是认为，国家经济的发展是与人的道德素质有着密切的内在关系，这不无道理。正是基于这种观念，使新加坡对其公民道德教育给予了莫大的重视与支持，其未成年人道德教育实施中的一些成功经验，如对儒家伦理的重视与创新等，是非常我国学习和借鉴的。

1. 法制教育与道德教育相结合

道德是是一种"软约束"，是人类社会在不断发展中意识形态长期进化而形成的一种制约，是在一定社会关系下，调整人与人之间以及人与社会之间关系的行为规范总和。道德约束不像法律那般会受到国家强制力保证，它通常是人们在心里对善与恶、正义与非正义、光荣与耻辱、公正与偏私等一系列标准来进行评价的信念。而法律是国家制定或认可的，由国家强制力保证实施的，以规定当事人权利和义务为内容的具有普遍约束力的社会规范。它是一种"硬约束"。

新加坡是一个高度法治的国家，同时也是一个非常注重法制教育的国家。新加坡政府认为，精神文明的建设和发展，必须具有相应的法制和社会政策作为基础和后盾，只有通过立法和制定政策，强制人们遵守行为规范，才能形成良好而文明的社会秩序和社会风尚。因此新加坡把道德教育在内的精神文明建设的许多内容纳入了法制化轨道。比如对随地吐痰、乱扔废弃物、随地大小便、便后不冲水、乱涂乱画、随便攀折花木、在公共场所抽烟、吐口香糖渣等可能在世界各地法典中都无从可寻的内容，均一一立法规定相应处罚并严格执行。更为值得一提的是，新加坡的惩戒制度不同于其他国家，不仅项目繁多，罚款数目大，并且还有在许多国家并没有的鞭刑等"肉刑"作为惩戒方式。例如在禁止吸烟的地方吸烟罚款 500 新元相当于 240 美元；在路上乱丢弃垃圾和随地吐痰，除罚款 1000 新元外，还要挂着"垃圾虫"的牌子在繁华的地段打扫卫生若干天。对于小偷一经抓获，将判答刑三鞭。新加坡用于刑罚的鞭子是特制的，仗鞭的人身高体壮，非常专业。行刑时要求先看到一条深陷苍白的鞭痕，尔后再慢慢看到血，受刑者最终皮开肉绽。同时规定每次只答一鞭，刑过之后，即让家人抬去医治，医好后再来行刑第二鞭。一般被判三鞭答刑者，至少要受一个月以上的皮肉之苦。但凡尝过这种答刑的人无不刻骨铭心。这就是新加坡有名的"重罚出文明"制度。

新加坡的鞭刑可能源自封建时期中国的答刑杖刑，而延续至今。虽然也曾有学者诟病新加坡的"肉刑"制度与现代人道主义文明不相适应，但是新加坡干净的城市卫生状况，国人良好的公民道德素质确也闻名世界。黑格尔曾说过法律是规律的一种，是社会的规则，是人的规律，这种规律被人的理性所认识，并以共同意志的形式制定形成，遵守法律就可获得自由。新加坡人认为只要不触犯本国严酷的法律即不会受到严酷的刑罚，因此新家坡的法律已被新加坡人理性认识并且接受。还使人们养成了遵纪守法的良好习惯，为道德教育提供了良好的社会环境。

2. 重视儒家传统文化

新加坡位于东西交通枢纽，是东西方文化汇集地。这一特殊的地理位置使新加坡在发展过程中面临东西方文化的双重冲击。早期的新加坡华人移民尽管文化水平不高，但都深受儒家思想的影响。20世纪80年代中期新加坡政府决定在学校里开设儒家道德课程。儒家伦理作为东南亚一种主要的文化传统，缘自中国，继而在各个东南亚国家得到延续。儒家伦理系统地向学生讲述了儒家的做人道理，比如己欲立而立人，己欲达而达人；己所不欲，勿施于人等等在中国耳熟能详的传统伦理在新加坡也作为道德标准进行着教育。新加坡把儒家的思想与新加坡的社会现实问题有机地结合起来，引导未成年人做一个道德高尚的人。新加坡将儒家伦理直接引入学校德育，让其为本国现代的精神文明建设服务。在新加坡建国后的一段时期内，曾一度为了发展经济，实现工业化，一味引进西方先进技术，实行全盘西化的政策。诚然依靠西方技术的协助，新加坡的物质文明建设取得了举世瞩目的成就，但政府发现精神文明建设却每况愈下。因为，西方的享乐主义、拜金主义、极端个人主义等不适用于东方传统道德伦理的思想也伴随着西方技术的引入开始在新加坡盛行，严重侵蚀新加坡固有的价值体系，造成整个社会物欲横流、人际关系淡漠、家庭伦理丧失、文化认同告急，影响了社会的安宁与和谐。上述道德危机使新加坡政府认识到，为了发展经济、提高科技水平，可以向西方学习，但是新加坡人价值观的形成，只能植根于东方的优秀文化，借助东方人民的道德思想。由此，新加坡各级各类学校开始对在校未成年人进行东方价值观教育。

在新加坡华人占总人口的近70%，新加坡的东方价值观教育主要是指儒家伦理思想教育。各级学校积极对儒家伦理思想进行扬弃，取之精华，弃之糟粕，把一些最具有普遍性、永恒性、适应性的人生哲理和优秀传统发扬光大，对那些已不适用于现代工业社会的旧思想，旧观点进行舍弃，以形成符合时代要求的未成年人道德教育。新加坡的未成年人道德教学内容包括"忠孝仁爱礼义廉耻"的八德、"亲爱关怀、互敬互重、孝顺尊长、忠诚承诺、和谐沟通"的家庭观、以整体利益为重的集体主义精神、"修，齐，治，平"的个人修身模式、"和而不同"的文化观、"推及己人"的忠恕之道等等。新加坡道德教材的思想内容主要是华人的文化与传统的价值观，比如华人的节日、华人的礼仪、华人的家族观念以及反映华人道德观的中国古代戏曲与神话故事等。通过对这些课文的学习，学生们得以了解中华民族的传统文化，吸取课文所提倡的爱国、孝亲、仁爱、礼让、诚信等儒家思想。

3. 注重培养国家意识

新加坡的爱国主义精神即"国家意识"是"行为主体的个人与国家之间发生感情上的结合，在心理上认为我是国家的一部分。在自我内部，国家也内摄而成为自我的一部分"①，是人们对新加坡的归属感和认同感。这种"国家意识"使新加坡人民不仅在形式上，而且在心理上认为新加坡是自己的国家，是自己生活所依存的所在，并且对自己是新加坡一分子意识非常明确。新加坡国家意识培养的核心就在于做"新加坡人"。对此，李光耀做出了解释；新加坡人是一个出生、成长或居住在新加坡的人，他愿意保持这样一个多元种族的、宽宏大量、乐于助人、向前看的社会，并时刻准备为之贡献出自己的生命。② 在 1990 年新加坡建国 25 周年时候，新加坡政府提出了"一个民族，一个国家，一个新加坡"的口号，引导全体国民不分种族、宗教差异，为共同的新加坡民族、新加坡共和国而奋斗。

爱国主义精神是人们对自己祖国的一种强烈感情，是每一个公民最基本的要求。对于一个有着悠久的历史文化的国家来说，培养国民对国家的认同和爱国情感相对来说比较容易，但新加坡建国时间非常短，又无悠久历史，人口由多元种族移民组成，存在着多元文化。对于这样一个弹丸小国来说，培养爱国主义精神是有很大困难的。但新加坡人现在都能热爱自己的祖国，对新加坡怀有深厚的感情，这与新加坡的学校公民道德教育中始终贯穿的爱国主义和民族精神教育是密不可分的。

第二节　我国未成年人道德教育与各国之比较与借鉴

我国虽是儒家文化的发源地，但我们对于传统儒家文化的掌握竟然比不

---

① 宋明顺：《新加坡青年的意识结构》，教育科学出版社 1980 年第 1 版，第 226 页。
② 王瑞苏：《比较思想政治教育学》，高等教育出版社 2001 年第 1 版，第 28 页。

上一些东亚国家；中国素有"礼仪之邦"之称，而如今违反社会公德的现象比比皆是。应当看到，我国道德领域中出现的许多问题，不是道德文化本身的失误，也不是政府重视程度不够，而是我们没有把握好继承和创新的契合点，以至于造成了思想上的混乱好迷失。对照外国的未成年人道德教育，我们应该博采众长，学习他人优点，也可以吸取教训，在前人的基础上避免走弯路。

一、中西方道德教育对比与借鉴

中西方在道德价值观上差异显著，首先体现在是集体主义为上还是尊崇个人主义上。

中国传统道德价值观念的基本点是集体主义的，强调集体本位，此倾向来源于小农经济生产方式。儒家传统中的集体主义体现为国家本位，也就是说个人对国家尽"忠"和家庭本位即个人对父母尽"孝"。修身齐家，治国平天下，就是以家作为走向社会的基点，而五伦（即君臣、父子、长幼（兄弟）、夫妇、朋友）中主要是围绕着家庭范围展开。强调"孝"和"忠"的重视。"孝"具有祖宗崇拜的人文宗教意义。"百善孝为先"，"孝者，德之本也"说明了孝的伦理领先地位，以孝治天下的家国同构的政治运行机制。

西方人的友爱是平等的。孝与友爱是中西方在亲子关系之道上的基本差异。这就是为什么西方人特别是无甚历史传统的美国人小辈可以对长辈直呼其名，以示平等。但这在中国即使是现在也是极不敬的行为。中国人以祖宗为神圣，但西方认为上帝才是至上而神圣的，人伦关系以神伦关系为基础。爱上帝胜于爱家人。西方人认为除神之外，人与人之间是平等的。"众生平等"（Everyone is born equal）也被记录在圣经中。但中国的孝讲"无违"，不可违逆父母的意志；西方讲平等，不需求子女无条件地服从。西方人有强烈的认识自我、完善自我、实现自我、超越自我的要求。

其次，中国的未成年人道德教育多以"仁爱"为核心，而西方则更趋于以利益为核心。

基于道德价值观的不同，伦理标准也就不同。中国传统道德推崇"仁爱"原则，追求人际和谐。春秋时期孔子为代表的儒家提出的以"仁爱"为核心，以"尊尊"为道德规范的伦理体系，成为中华民族两千多年来的思想道德规范。孔子强调"己所不欲，勿施于人"，"克己复礼为仁"①，从仁爱精神出发，我国传统观念历来主张以和为贵，在人与人的关系上承认等级次序的差别，把"中庸之道"作为处理人际关系的重要原则。讲求谦敬礼让，追求人际和谐。而在西方，人与人的关系上强调的是理智和利益关系，其伦理思想集中表现为对个人利益的不断追求。认为在社会中个人的价值最为高尚。早在古希腊时期，西方就强调个人主义，理性自律。亚里士多德曾说过"我爱我师，我尤爱真理"，这一名言就深刻反映了这种伦理的原则。近代随着充满竞争的商品经济的发展，进一步形成了以自我为中心的观念，即以满足、发展个人利益作为伦理价值的主要标准，认为人与人之间是公平的，允许"优胜劣汰"，人与人之间利益边界清晰，重竞争重法制。尽管也有思想家提出过"中庸、和谐"的思想，但一直占据主导地位的是以利益为核心、以竞争求生存的道德观，这是由资本主义性质所决定的。

尽管中西方未成年人道德教育的基础道德价值观不尽相同，西方重视个人主义，具有享乐主义，利益至上的特点，而中国尊重集体主义，重视仁爱精神，重义而轻利。但是近年来随着中国的经济迅猛发展，整个社会尤其是年轻人拜金思想风潮渐长。因而西方的道德教育历程也值得我们去借鉴与学习。

（一）逐步改变灌输的道德教育方式

我国未成年人道德教育的课堂教学虽然几经改革，但说教强灌的方式仍然为主。从小学到大学十几年的教育历程中思想品德课一直贯穿其中。虽然这种方式可以使德育内容更加系统、完整，也易于将道德要求全面地传输给受教育者，然而这种方式枯燥乏味，迫使学生接受狭窄的、早已规定好了的内容，而这些内容又往往与现实生活严重脱节，忽视了学生各个方面的能力培养。学生既无法将生活中的体会印证书本上的道理，又不能将书本上的原理去应用指导生活中的现实问题。单一、刻意的道德教育越来越受到学生的排斥。特别是在大学的思想课上，逃课睡觉的学生比比皆是。甚至有的大学生坦言，若不是学校德育课程考试成绩对最终毕业有影响，他们是绝对不会去上课的。他们甚至认为大学开设的思想政治课无甚作用。这虽然是个别现象，但反映了学生对思想政治课强灌方式的排斥。

我国道德教育早在古代孔孟时期开始就认识到了除了讲授以外，实践在个

---

① 《论语·颜渊》

人道德形成中是必不可少的。所谓"学而时习之，不亦乐乎"①，今天的品德心理学研究也科学印证了道德养成需要认知、道德感情、道德判断、道德意志和道德行为综合发展而成。因此我们在进行未成年人道德教育的过程中应当不断去探索道德教育如何贴近生活，注重个体，增强师生以及未成年人之间的互动性和适应性。学校德育不能脱离社会现实，无视社会和个人需要，应当针对日新月异的社会情况及时调整内容，更新教育方法，以适应社会发展和个人发展的需要。

另外，我国未成年人教育必须实现道德教育与课业教育的有机结合。一直以来，我国未成年人的道德教育方式显得过于单调呆板。授课模式成为未成年人道德教育的主要模式，这容易造成教与学的分离现象。同时，对于年纪较小的学生来说，在还未有过多自主意识，单一的课堂道德教育效果还算满意，甚少有过多的反对声音。但对于大学生来说，单调的课堂灌输方式也越来越受到主体意识不断增强的学生的排斥。随着高校学分制度的实施、完善和高校后勤社会化改革步伐的加快，纯粹的德育时间会越来越少。在这种形式下加强学生的道德教育工作，我们可以借鉴一下美国高校公民与道德教育的渗透式教育方式，充分发挥专业课在公共课中的载道作用和渗透作用，在专业教育中拓展道德教育的空间。这样开展德育工作，效果必然会事半功倍。

（二）拓展道德教育的方法

随着世界全球化的进程不断发展，西方文化也对中国有着极大的冲击。社会信息不断膨胀，生活节奏不断加快，不同利益群体矛盾冲突不断加剧，人们所承受的心理负荷越来越大，不可避免地产生一些困惑、苦闷，出现一些心理障碍。因此，开展心理咨询工作，帮助人们排忧解难，消除困惑、偏差，恢复心理平衡，培养健康心态，为他们良好道德品质的形成打下坚实的心理基础，是学校为未成年人开展道德教育的重要任务。学校道德教育的改革必须注重实践环节。只有通过实践，学校道德教育才能收到实效。要努力克服重理论、轻实践的倾向，改变一味授课的方式，注重道德教育的实践环节。要通过各种方法去感染、陶冶教育对象，使未成年人在耳濡目染中受到教育。近年来，一些学校在学生和青年中开展了一些社会调研、科技扶贫、社会服务等社会实践活动，收到了很好的效果，也受到了社会的广泛赞誉。这样在实践中对未成年人进行道德教育，不仅使未成年人易于接受，且能更

① 《论语·学而》

为直观的感知道德教育。

二、中国与东亚各国道德教育对比与借鉴

在与"西洋"未成年人道德教育进行对比借鉴后，中国自然要与"东洋"继续做下比较并借鉴其长处。如果说西方的未成年人道德教育对中国有一定的可借鉴性，那么与中国一衣带水的日本、韩国还有新加坡，有着极为相似的文化传统，比如前文所述日本在江户时代时期引进了大量的中国儒学思想来进行未成年人道德教育，而韩国、新加坡均以中国传统儒家文化进行未成年人道德教育。而进入新世纪以来，日本在东亚崛起，甚至曾一度扬言要脱离亚洲，经过战争的洗礼后，日本又迅速恢复原子弹爆炸的创伤，又成为东亚数一数二的资本主义国家。韩国和新加坡也在经济上突飞猛进，同属亚洲四小龙之称，且对本国未成年人的道德教育成果可见一斑。因此，这三个东亚国家在未成年人道德教育上的关注重点与教育方式都是值得中国借鉴与学习的。

（一）重视传统文化

历史悠久的中国是儒家文化的发源地，日本及其他东亚国家过去就是向中国学习儒文化来培养本国的道德教育。而现如今，中国虽素有"礼仪之邦"之称，违反社会道德的报道比比皆是。向去年广东的两岁"小月月"被撞路人不扶事件，不仅在国内引起轩然大波，在日本也被人所诟病。我们应当看到，中国在道德领域中出现了许多问题，这些问题可能是因外中国经济正在飞速发展，而国家将大部分精力关注于经济腾飞上。就像其他国家曾经在发展过程中也会碰到道德上的空档期，比如日本明治维新时期就过于注重科学的教育，而减弱对传统儒学道德的教育。但发展至现今处于发达国家前列地位的日本现在对未成年人道德教育仍注重传统道德的结合。因此，中国在当今可以向一衣带水的日本学习，结合发展的现实，弘扬传统文化来进行未成年人道德教育。

日本战后在道德教育中十分注重把继承传统道德和现代文明相结合。日本是一个非常善于学习他国优势的国家，过去中国强盛之时，日本正处于江户幕府时代，日本即学习中国文化，将儒文化运用于未成年人道德教育中去。如今，日本在未成年人道德教育改革中不断加强西方的民主、法制意识、尊重个性等的教育，使未成年人道德教育能够与现代经济社会相适应。日本许多世界一流的大企业，尽管他们的设备都是极具现代化的，但是在他们的管理模式中，仍然存在传统儒文化的影子，并且认为这样做不会影响企业的生存发展，反而会起到如虎添翼的作用。比如日本不少企业家都十分重视"人即资本"、

"和气生财"、"忠诚勤劳"等儒学观点。可见，日本当代道德教育模式是在现代意识和文明成果的背景下继承传统，融入传统。这样未成年人道德教育既可适应社会的发展需要，也可适应人们思想观念的不断更新，可谓是一举两得。而二战后，随着西方技术和文化的大量涌入，韩国社会的道德传统曾受到了一定程度的破坏，韩国出现了许多社会问题。在这种情况下，韩国政府意识到强调传统道德和传统文化教育的必要性。为维护传统美德习俗，防止欧美价值观对传统道德观念的过度冲击和侵蚀，韩国积极有效地对未成年人进行了传统道德习俗和历史文化方面的教育。而新加坡华人移民占人口的大多数，儒家思想一直作为未成年人的道德教育首重，且取得良好的效果。

而中国的传统思想道德作为我们五千年传统文化的精髓和成果发展到今天，也出现了与现实社会不和谐的一面，五四辛亥时期全面否定旧传统，而文革十年破四旧也在相当程度上毁坏了中国的传统道德教育。现今社会上也不时发出否定中国传统道德的声音。如何处理传统道德和现代文明成为当前我们面临的一个重要课题。日本战后在处理传统道德和现代文明这两者之间的关系的做法就值得我们去借鉴。首先肯定"传统"的价值。

"一个民族必定有自己独特的思想文化传统，这是理解世界事物的基础。世界上任何一个民族都会有自己的文化传统，文化的积累就是传统。传统支配人们的习惯，决定人们的思维方式。它构成了一个民族文化的核心力量，体现在一个民族观念和行为的方方面面。中国传统的道德观早已渗透到了华夏民族百姓的思维方式和日常行动中。"① 因而中国的传统道德并不能也不可能被否定。虽然中国的传统道德源自于封建社会，更适合于皇权社会与小农经济，在工业经济时代可能会有不适应与局限性。但就如日本，依旧将儒文化的优秀传统融合进未成年人道德教育，甚至进入高新企业作为企业文化发展经济。中国也可以向日本学习，将传统结合现实，建立起有中国特色的社会主义道德体系。

（二）道德教育与法律教育相结合

将道德教育与法律教育相结合的政策做得最好的国家非新加坡莫属。虽然新加坡的有些刑罚存在过于严厉的现象，并不一定适用于中国大陆，但新加坡道德教育的方法启示我们：道德教育必须因势利导、因人而异，必须随着具体

---

① 《现代精神文明与中国传统道德》，南方网，见 http://www.southcn.com/nflr/wszj/200603070618.htm，2012 年 2 月 14 日。

情况的变化不断改进道德教育的方法。毕业于剑桥大学法学院的李光耀深知法律在规范人们行为中的效力。他认为，一个国家，只有实行法治，社会才可能实现公正平等、秩序井然。但是，仅有法治也不行，因为"法治治表，德治治本；法治治身，德治治心；法治惩恶，德治劝善；法治和德治是相辅相成的关系。"① 所以，新加坡学校采用德法兼施的策略，这也是其教育成功的秘籍之一。实践证明，思想道德建设的许多内容可以法制化，比如新加坡事无巨细将许多道德事项以法律形式进行规定，比如吐痰、小偷小摸等等均处以大额罚款甚至鞭刑。并且新加坡执法严明，毫不含糊。曾有个美国青年在新加坡因污染公共汽车，被判以 4 个月劳役、3500 美元罚款和 4 记鞭刑。即便时任美国总统克林顿向时任总理吴作栋写信恳求手下留情，依旧没能逃脱惩罚。严明的法律与良好的道德教育相结合，使得新加坡未成年人从小养成了良好的法制意识，形成了遵纪守法的良好习惯。

对于我国来说，要从根本上改变道德领域知行脱节的现象，提高德育成效，也可以借助法律的作用，以法律促进道德教育。我们并不一定需要照搬新加坡的严厉刑罚，但是可以学习新加坡以法律促进道德教育的方式。我们也可以将许多违反道德的事项写入法律条例，而最关键之处在于执法严明。比如对于吐痰罚款，必须行之有效的实施，则吐痰之人必会减少。再者，对于未成年人从小就施以法制教育，而不是单纯的理论性道德教育，使道德感知与生活中的法律更为贴近，也易于在新一代公民中从小形常不违法不违反道德的观念。

（三）重视隐性道德教育

我国的未成年人道德教育通常是在学校以显性教育的方式来进行，比如通过学校、班会及德育课程等直接的正面的说理为主的教育方式。这种方式是未成年人首先教育最基本又最首要的方式。能够创造德育环境，树立道德形象给未成年人以直接的道德感知，以形成正确的道德价值。但这种直接教育模式有时过于刻板，简单的说教又易引起未成年人的逆反心理，道德教育效果并不十分理性。而隐性道德教育是指通过各学科的正常教学以及各学科的课外活动的途径来进行德育渗透的一种教育。以"随风潜入夜，润物细无声"的方式，悄无声息的影响未成年人道德感知，树立道德形象。它能绕开学生的意识障碍和逆反心理，起到潜移默化的道德熏陶作用。

提倡隐性教育，重视渗透性，是日本、韩国等国学校未成年人道德教育的

---

① 李光耀：《李光耀 40 年政论选》，现代出版社 1994 年第 1 版，第 563 页。

一大特色。一来这些国家将德育渗透在各种正规课程之中，强调知识教育的育人作用。另一方面，将德育渗透到学生的各类活动和学校管理之中，使之潜移默化。与这些国家相比，我国的学校道德教育在改革开放之前主要是以课堂和教材为中心，重灌输，少渗透，一定程度上忽略了学生的道德实践性，使道德教育多停留在理论上，欠缺实际锻炼和运用。当然，这种情况在改革开放之后已经逐渐得到改善。但远不及日本与韩国的隐性教育做得好。

因此在我们重视显性道德教育的同时应当向日本与韩国学习，重视隐性教育，将显性德育方式与隐性德育方式相结合，协调好课堂教育与自我教育的关系，变单纯"灌输"为平等互动，注重隐性思想渗透，以不断完善我国的道德教育方法体系。

（四）家庭、学校与社会教育三管齐下

日本、韩国与新加坡三国未成年人道德教育的一大特色均是重视家庭道德教育，使家庭、学校和社会教育三位一体、三管齐下。在家庭中由家长言传身教，与学校教育相结合，巩固孩子的道德教育。家长是孩子品德形成的第一道关口，是孩子效仿的永恒榜样。日本向来以出色的家庭教育为自豪。在日本，学校通常都发给家长记录家庭德育的教育手册和家庭教育笔记本，家校之间保持着密切的联系和沟通。而韩国学校会成立家长联谊会，使学校道德教育与家庭建立密切联系，充分发挥家庭这一未成年人成长的港湾的教育作用，并且建立广泛的社会教育网、监督站，创立融学校和社会机构一体的互助合作、共同活动的文明社区等。而新加坡也非常重视家庭与社会对未成年人道德教育的重要性，为了补充学校教育，新加坡对各种新闻机构和大众传媒进行强制管理，"把各种进口影片分成不同的等级，严格规定 RA 级的外国影片不能在居民区放映；如果 21 岁以下的未成年人观看 RA 级的外国影片，一经查出，电影院就会受到惩罚，罚款金额高达 2 万新加坡元"①。

相比之下，我国的道德教育在一定程度上比较简单化，往往把未成年人道德教育看作是学校或者只是某些部门和机构的事情，对道德教育的整体运行机制重视不够，还没有建立一套系统的学校、家庭、社会相互相配合的道德教育体系，学校道德教育和家庭教育缺乏结合，学校道德教育力量势单力孤，未成年人们在学校单纯受到道德教育后没在在家庭与社会中真正运用起来，所以只是泛泛而学很难真正将道德教育结合于自身的行为中去。而且和另三个亚洲国

---

① 周承云：《新加坡青少年公民教育的研究和启示》，中央民族大学硕士学位论文。

家的百姓相比，我国可能因为独生子女政策的普及，家长对孩子过于宠溺，而给孩子的榜样示范性要差得多，且对孩子的道德要求很低。这都使我国的学校道德教育处于尴尬的境地，道德教育效果不甚理想。

因此，对于当前的中国未成年人道德教育，我们应该向日本、韩国及新加坡三个国家汲取智慧，吸收精华，要把家长作为德育的第一大资源来对待与开发。当然学校的主阵地地位不变，并且结合社会的有效资源，将家庭的道德教育与社会的协助融合进来作为道德教育的辅助方式和重要的实践渠道。建立起学校、家庭与社会相互配合、相互衔接、相互影响的道德教育模式，三位一体，三管齐下充分发挥教育的合力作用，从而提高道德教育效果。

参考文献

一、中文著作部分

张锡勤：《中国传统道德举要》，黑龙江大学出版社 2009 年版。

张晋藩：《中国法制史》，高等教育出版社 2003 年版。

瞿同祖：《中国法律与中国社会》，中华书局 2003 年版。

罗国杰：《罗国杰自选集》，中国人民大学出版社 2007 年版。

王正平：《中国传统道德论探微》，上海三联书店 2004 年版。

许章润主编：《犯罪学》，法律出版社 2004 年版。

魏世梅等 著：《儒家和谐观的转换与建构》，中国社会科学出版社 2009 年版。

李湘云：《道德的悖论》，九州出版社 2009 年版。

蒋一之：《道德原型与道德教育——道德原型及其教育价值研究》，浙江大学出版社 2008 年版。

柴文华等 著：《中国现代道德伦理研究》，社会科学文献出版社 2011 年版。

冯树梁：《中外预防犯罪比较研究》，中国人民公安大学出版社 2003 年版。

张宏生等主编：《西方法律思想史》，北京大学出版社 1990 年版。

郝卫江：《尊重儿童的权利》，天津教育出版社 1999 年版。

苏惠渔：《刑法学》，中国政法大学出版社 1994 年版。

张明楷：《刑法学》，法律出版社 1997 年版。

马克昌：《刑罚通论》，武汉大学出版社 1999 年版。

王牧：《犯罪学》，吉林大学出版社 1992 年版。

李仁武：《制度伦理研究》，人民出版社 2009 年版。

王彬彬：《独白与驳诘》，百花文艺出版社 1999 年版。

荆学民：《社会转型与信仰重建》，山西教育出版社 1999 年版。

黄希庭等 著：《当代中国青年价值观研究》，人民教育出版社 2005 年版。

罗国杰：《罗国杰文集（下卷）》，河北大学出版社 2000 版。

戚万学：《活动道德教育论》，南开大学出版社 1994 年版。

赵一凡：《美国的历史文献》，生活·读书·新知三联书店出版社 1989 年版。

王玄武：《比较道德教育学》，武汉大学出版社 2000 版。

周洲：《20 世纪英国学校道德教育发展》，山东人民出版社 2010 年版。

宋成有：《新编日本近代史》，北京大学出版社 2006 年版。

石川谦：《日本庶民教育史》，四川大学出版社 1998 年新装版。

王中田：《江户时代日本儒学研究》，中国社会科学出版社 1994 年版。

森岛通夫：《日本为什么"成功"》，四川人民出版社 1986 版。

宋成有：《新编日本近代史》，北京大学出版社 2006 年版。

王家骅：《儒家思想与日本文化》，浙江人民出版社 1990 年版

武寅：《近代日本政治体制研究》，中国社会科学出版社 1997 年版。

王桂：《日本教育史》，吉林教育出版社 1987 年版。

宋明顺：《新加坡青年的意识结构》，教育科学出版社 1980 年版。

王瑞荪：《比较思想政治教育学》，高等教育出版社 2001 年版。

李光耀：《李光耀 40 年政论选》，现代出版社 1994 版。

刘济良：《青少年价值观教育研究》，广东教育出版社 2003 年版。

《辞源》（修订本）第 3 册，商务印书馆 1979 年版。

《邓小平文选》第 2 卷，人民出版社 1994 年版。

《国语》。

《论语》。

《管子》。

《墨子》。

《老子》。

《韩非子》。

《尚书》。

《孟子》。

《易经》。

《荀子》。

《春秋繁露》。

《正蒙》。

《二程遗书》。

《陆九渊集》。

《尔雅》。

《唐律疏义》。

《礼记》。

《汉书》。

《明夷待访录》。

二、中文译著部分

涂尔干著、崔载阳译：《道德教育论》，民智书局出版社 1930 年版。

A.C. 奥恩斯坦著、刘付忱等译：《美国教育学基础》，人民教育出版社 1984 年版。

莫里斯·迪克斯坦著、方晓光译：《伊甸园之门——六十年代美国文化》，上海外语教育出版社 1985 年版。

艾伯特·班杜拉著、陈欣银等译：《社会学习理论》，辽宁人民出版社 1989 年版。

埃德温·奥·赖肖尔著、陈文寿译：《当代日本人——传统与变革》，商务印书馆 1992 年版。

丹尼尔·贝尔著、严蓓雯译：《资本主义文化矛盾》，三联书店 1992 年版。

托尼·博萨著、赵文书等译：《美利坚帝国的衰落——腐败、堕落和美国梦》，江苏人民出版社 1998 年版。

托马斯·里克纳著、刘冰等译：《美式课堂——品质教育学校方略》，海南出版社 2001 年版。

三、论文部分

廖小平：《未成年人道德建设研究及其路径的批判性审视》，《天津社会科学》2008 年第 4 期。

杨慧：《试论中国传统道德教化的工具性》，《连云港职业技术学院学报》2009 年第 2 期。

刘最跃：《论中国古代的"道德法律化"》，《湘潭师范学院学报（社会科学版)》2006 年第 2 期。

刘平：《民间文化、江湖义气与会党的关系》，《清史研究》2002 年第 1 期。

丛梅：《社会转型时期犯罪人的犯罪目的研究》，《犯罪研究》2004 年第 2 期。

谢林淙、何剑：《青少年犯罪原因的道德结构分析》，《浙江省政法管理干部学院学报》1999 年第 1 期。

宋少柱：《当前青少年道德防线面临的主要挑战及对策》，《理论与改革》2005 年第 4 期。

刘昌明：《学习道德教育的实践与思考》，《煤炭高等教育》1999 年第 1 期。

王序荪：《谈对青少年的性教育》，《教育理论与实践》1985 年第 3 期。

王士国、刘景生：《谈开展青少年预防艾滋病教育的迫切性》，《中国学校卫生杂志》2000 年第 21 期。

陈萍：《601 例未婚先孕相关因素分析》，《中国计划生育杂志》2000 年第 8 期。

胡佩诚：《瑞典性教育的经验与启迪》，《青年研究》2001 年第 8 期。

李传俊：《学习借鉴西方性道德教育经验，开辟我国性道德教育的道路》，《中国医学论理学》1994 年第 3 期。

汪长明、彭丹丹：《当前我国青少年性道德教育析论》，《北京青年政治学院学报》2011 年第 2 期。

潘绥铭：《北京高校学生性观念与性行为》，《青年研究》1994 年第 5 期。

李海荣：《网络道德研究综述》，《法制与社会》2009 年第 5 期。

侯波、白玉文：《青少年网络道德问题略论》，《中国青年政治学院学报》2004 年第 5 期。

田国秀、闫小鹤：《青少年网络道德教育研究述略》，《思想教育研究》2006 年第 3 期。

邓小燕：《道德滑坡还是道德爬坡——论社会转型期青少年道德的进步和道德教育观念的转变》，《德阳教育学院学报》2006 年第 2 期。

胡克州：《新时期中学思想道德教育方法初探》，《福建论坛（社科教育版）》2011 年第 2 期。

方婷：《纵观新加坡道德教育与法制教育的融合及其启示》，《沙洋师范高等专科学校学报》2010 年第 3 期。

李明达、郭靖：《试论"三位一体"思想道德教育模式的构建》，《燕山大学学报（哲学社会科学版）》2011 年第 2 期。

张世珊：《论法律与道德的关系》，《光明日报》1999 年 4 月 2 日。

陈瑛：《共同关注中华民族未来 切实推进未成年人思想道德建设——首届中国未成年人思想道德建设论坛发言摘登》，《光明日报》2008 年 12 月 30 日。

《"市民道德记录卡"将推出，你怎么看？》《深圳日报》2009 年 2 月 21 日。

周华蕾，徐丽：《"给年前人一个机会"拯救援交少女》，《南方周末》2011 年 12 月 22 日。

彭忠信：《当代中国社会转型与道德教育模式的转变》，华中师范大学硕士学位论文。

王静：《中国古代道德法律化研究》，河北大学博士学位论文。

于洪燕：《中国传统"道德"内涵的现代解读与转换》，西南大学博士学位论文。

张启伟：《传统义利观的历史发展及其当代价值》，哈尔滨工业大学硕士学位论文。

四、文件部分

《中共中央国务院关于进一步加强和改进未成年人思想道德建设的若干意见》，《人民日报》2004 年 3 月 23 日。

《中共中央国务院关于进一步加强和改进大学生思想政治教育的意见》，《人民日报》2004 年 10 月 15 日。

《国家中长期教育改革和发展规划纲要（2010~2020 年）》

《中共中央国务院关于进一步加强和改进大学生思想政治教育的意见》，《人民日报》2004 年 10 月 15 日。

北京市高级人民法院（2002）高刑终字第 494 号。

湖南省怀化市中级人民法院（2011）怀中刑一终字第 50 号。

湖南省长沙市中级人民法院（2009）长中刑一终字 0194 号。

湖南省郴州市中级人民法院（2011）郴刑一终字第 31 号。

重庆市第四中级人民法院（2009）渝四中法刑终字第 38 号。

湖南省益阳市中级人民法院（2009）益法刑一终字第 5 号。

海南省海南中级人民法院（2008）海南刑终字第 197 号。

陕西省府谷县人民法院（2011）府刑初字第 85 号。

河南省平舆县人民法院（2011）平刑初字第 194 号。

浙江省高级人民法院（2008）浙刑三终字第 195 号。

河南省安阳市安阳县人民法院（2011）安少刑初字第 171 号。

上海市第二中级人民法院（2011）沪二中行终字第 34 号。

宁夏回族自治区石嘴山市中级人民法院（2008）石刑初字第 25 号。

北京市第一中级人民法院（2008）一中行终字第 351 号。

苏方元："被害人的特征论"，载《行政与法》2006 年第 7 期。

重庆市黔江区人民法院（2009）黔法刑初字第 131 号。

上海市浦东新区人民法院（2011）浦刑初字第 1530 号。

福建省长泰县人民法院（2000）泰刑初字第 117 号。

北京市房山区人民法院（1999）房刑初字第 408 号。

湖南省城步县人民法院（2011）城刑初字第 21 号。

天津市河北区人民法院 一九九六年十一月二十五日判决。

湖南省东安县人民法院（2011）东法刑重字第 5 号。

河南省西平县人民法院（2011）西刑少初字第 112 号。

福建省闽清县人民法院（2009）梅刑初字第 132 号。

湖南省株洲市中级人民法院（2010）株中法刑一初字第 32 号。

河北省邢台县人民法院（2011）邢刑初字第 106 号。

陕西省渭南市临渭区人民法院（2011）临刑初字第 00305 号。

上海市普陀区人民法院（2011）普少刑初字第 86 号。

福建省三明市梅列区人民法院（2009）梅少刑初字第 24 号。

湖南省麻阳苗族自治县人民法院（2011）麻刑初字第 28 号。

河南省郸城县人民法院（2008）郸少刑初字第 7 号。

五、网络下载部分

《这里有个"道德法庭"》，乐平市人民政府网，见 http：//www. lepingshi. gov. cn/，
2009 年 5 月 31 日浏览。

《关于女性地位提高的思考》，深圳信息港，见 http：//www. szinfo. com/c/2009/6/21/5618_ 1. html，2012 年 2 月 8 日浏览。

《我国自今日起实现城乡义务教育全部免除学杂费》，新华网，见 http：//news. xinhuanet. com/edu/2008～09/01/content_ 9746655. htm，2012 年 2 月 10 日浏览。

《中国法院 27 年判处未成年罪犯 120 余万人》，中国新闻网，见 http：//www. chinanews. com/fz/2011/12～04/3506408. shtml，2012 年 2 月 10 日浏览。

《德育专家谈：学业失败是未成年人走上犯罪道路的起点》，北辰教育网，见 http：//www. bchedu. net/jyky/shownews. asp？id＝96，2012 年 2 月 10 日浏览。

《10 月份上海地铁文明出行指数出炉》，新华网，见 http：//www. xinhuanet. com/chinanews/2010～10/25/content_ 21218791_ 1. htm，2012 年 2 月 11 日浏览。

《从观世博到看社会公德和公民教育》，浙江文明网，见 http：//www. zjwmw. com/07zjwm/system/2010/11/29/017124459. shtml，2012 年 2 月 13 日浏览。

《操学诚：我国未成年人犯罪动向数据报告》，法制网，见 http：//www. legaldaily. com. cn/fxy/content/2010～09/01/content_ 2268803. htm？node＝21209，2012 年 2 月 13 日浏览。

《我国未成年人犯罪数量呈波浪式变化》，法制网，见 http：//www. legaldaily. com. cn/bm/content/2010～09/01/content_ 2268587. htm？node＝20737，2012 年 2 月 13 日浏览。

《现代精神文明与中国传统道德》，南方网，见 http：//www. southcn. com/nflr/wszj/200603070618. htm，2012 年 2 月 14 日浏览。

百度百科中有关词条。

六、外文部分

Curtis, S. J. , History of Education in Great Britain, London：University Tutorial Press Ltd. , 1963, p. 1.

Mike Bottery, The Morality of the School, Cassell, 1900, p. 18.

后 记

全书框架结构与各章章节基本内容由杨鸿台负责总体构思，各参写者分别就自己承担的章节内容作出部分更动。杨鸿台对全部初稿从内容到体例进行修改、删节、补充并统稿。第一章："附一：'90后独生子女公民意识家庭教育调查报告'"为戴若愚执笔。

本著撰写具体分工如下：

杨鸿台、戴若愚：第一章

杨 震：第二章

吴海峰：第三章

葛茜茜：第四章

杨鸿台：第五章

徐 琼：第六章

喻 芳：第七章

杨静妍：第八章

作者

2012 年 7 月 20 日于上海